美国住房抵押贷款违约与止赎问题研究

何光辉　杨何灿　著

中国金融出版社

责任编辑：肖丽敏
责任校对：刘　明
责任印制：丁淮宾

图书在版编目（CIP）数据

美国住房抵押贷款违约与止赎问题研究/何光辉，杨何灿著．—北京：中国金融出版社，2019.11
ISBN 978－7－5220－0379－5

Ⅰ.①美…　Ⅱ.①何…②杨…　Ⅲ.①住房抵押贷款—信贷管理—研究—美国　Ⅳ.①F837.124

中国版本图书馆CIP数据核字（2019）第271188号

美国住房抵押贷款违约与止赎问题研究
Meiguo Zhufang Diya Daikuan Weiyue yu Zhishu Wenti Yanjiu
出版
发行　中国金融出版社
社址　北京市丰台区益泽路2号
市场开发部　（010)63266347，63805472，63439533（传真）
网上书店　http://www.chinafph.com
　　　　　（010)63286832，63365686（传真）
读者服务部　（010)66070833，62568380
邮编　100071
经销　新华书店
印刷　北京七彩京通数码快印有限公司
尺寸　169毫米×239毫米
印张　18.75
字数　302千
版次　2019年11月第1版
印次　2019年11月第1次印刷
定价　58.00元
ISBN 978－7－5220－0379－5

目　录

第一章　引言 …… 1
第一节　选题背景 …… 1
第二节　文献综述 …… 3
一、国外研究现状 …… 3
二、国内研究现状 …… 5
第三节　研究框架 …… 6
一、概念界定 …… 6
二、结构安排 …… 9
第四节　主要观点内容 …… 10
一、美国住房抵押贷款及其违约与止赎 …… 10
二、对中国的启示 …… 16
第五节　创新与价值 …… 20
一、主要特点与创新 …… 21
二、学术价值和应用价值 …… 22

第二章　美国住房抵押贷款市场 …… 23
第一节　抵押贷款市场构成 …… 23
一、一级市场 …… 23
二、二级市场 …… 25
第二节　抵押贷款机构及其经营活动 …… 31
第三节　抵押贷款市场结构 …… 36
一、抵押贷款申请与发放 …… 36
二、购房贷款与再融资贷款 …… 39

三、非自住房贷款 …………………………………………………………… 40
四、常规商业贷款与政府担保贷款 ……………………………………… 42
五、优级贷款与其他贷款 ………………………………………………… 44
六、次级留置权贷款 ……………………………………………………… 48
七、私人抵押贷款保险 …………………………………………………… 49
八、贷款销售 ……………………………………………………………… 52

第三章 FHA 及其在保障房抵押贷款市场的功能 ……………………… 55
第一节 发展历史 ………………………………………………………… 55
第二节 帮助弱势群体圆住房梦 ………………………………………… 60
一、关注低收入家庭 ……………………………………………………… 60
二、首付比例非常低 ……………………………………………………… 64
三、资助首次购房者 ……………………………………………………… 65
四、为少数民族提供融资支持 …………………………………………… 67
第三节 通过反向抵押计划助老者安享晚年 …………………………… 68
第四节 反经济周期功能 ………………………………………………… 72
第五节 平衡各地区间的发展 …………………………………………… 78
第六节 资助住房特别项目 ……………………………………………… 80
一、特定贷款担保项目 …………………………………………………… 80
二、特殊购房项目 ………………………………………………………… 81

第四章 美国住房抵押贷款违约与止赎状况 ……………………………… 83
第一节 住房抵押贷款的违约状况 ……………………………………… 85
第二节 住房抵押贷款的止赎状况 ……………………………………… 91

第五章 次贷危机期间高风险贷款及其违约与止赎 ……………………… 97
第一节 数据处理与研究思路 …………………………………………… 97
一、数据处理 ……………………………………………………………… 97
二、研究思路 ……………………………………………………………… 98
第二节 次级贷款及其违约与止赎 ……………………………………… 99
一、整体概况 ……………………………………………………………… 99

二、州际差异 …… 105
三、年度间变化 …… 111
第三节　Alt－A 贷款及其违约与止赎 …… 118
一、整体概况 …… 118
二、州际差异 …… 124
三、年度间变化 …… 130
第四节　本章小结 …… 137
一、整体差异比较 …… 137
二、州际差异比较 …… 140
三、危机期间变化比较 …… 143

第六章　美国住房抵押贷款违约的影响因素 …… 146
第一节　理论基础 …… 146
一、支付模型 …… 146
二、违约期权模型 …… 148
三、基于期权理论的最优违约模型 …… 151
第二节　相关实证研究 …… 152
一、贷款特征的影响 …… 152
二、相关因素的影响 …… 154
三、住房特征的影响 …… 155
四、预期损失、资本要求与违约率 …… 156
五、违约过程中的拖欠决定 …… 158
六、违约期权理论的预测性 …… 160
第三节　违约影响因素检验 …… 163
一、样本及变量 …… 163
二、违约影响因素分析 …… 165
第四节　本章小结 …… 167

第七章　美国住房抵押贷款止赎的影响因素 …… 170
第一节　相关实证研究 …… 170
第二节　实证检验 …… 172

一、数据与变量 …… 172
二、实证分析 …… 174
第三节 本章小结 …… 178

第八章 止赎危机的外部效应 …… 180
第一节 止赎住房被低价出售 …… 180
第二节 止赎住房贬值降低正常住房的价格 …… 182
第三节 止赎引致犯罪 …… 186
一、止赎引致犯罪的理论解释 …… 186
二、止赎引致犯罪的证据 …… 188

第九章 美国政府应对违约和止赎的干预措施 …… 197
第一节 布什政府防止止赎的政策 …… 198
第二节 奥巴马政府防止止赎的政策 …… 201
第三节 缓解止赎的外部性：社区稳定计划 …… 207
第四节 州政府的干预措施 …… 211
一、2007 年 …… 211
二、2008 年 …… 212
三、2009 年 …… 213
四、2010 年 …… 219
五、2011 年 …… 222
六、2012 年 …… 226
七、2013 年 …… 230
八、2014 年 …… 234

第十章 结论与启示 …… 236
第一节 美国住房抵押贷款违约与止赎的结论 …… 236
一、住房抵押贷款产品丰富完备 …… 236
二、保障房贷款商业化运作兼顾民生与增长 …… 237
三、违约与止赎问题 …… 240
四、次贷危机期间高风险贷款及其违约与止赎 …… 242

五、违约率和止赎率上升的原因 …… 249
六、止赎危机的巨大外部效应 …… 250
七、美国政府的干预措施 …… 252
第二节　对中国的启示 …… 253
一、创新差别化住房抵押贷款产品 …… 253
二、建议成立政府住房贷款担保管理局 …… 254
三、关注违约和止赎危机的隐忧 …… 258
四、美国政府干预违约和止赎的经验教训 …… 272
参考文献 …… 283
后记 …… 289

第一章 引 言

第一节 选题背景

住房抵押贷款问题不仅仅是经济、金融问题，更是民生问题。然而，中国住房贷款市场发展相当滞后，制度不太完善。差别化产品少，只有公积金委托贷款和商业贷款两种，而且这两种贷款几乎是“一刀切”，直到近年来房价暴涨后部分地区商业银行对商业贷款利率进行了首套房和非首套房的区分。与美国政府通过对住房贷款进行担保的商业化运作来实现“居者有其屋”同时兼顾民生、经济增长与地区平衡的保障房制度不同，中国是采用建造经济适用房、限价商品房和商品房的制度。与之形成对照的是，美国拥有世界上最发达的住房抵押贷款市场，其中政府在保障房抵押贷款市场起着决定性作用。该市场产品丰富完备，能够充分满足富人和穷人不同社会群体需求。然而，住房抵押贷款特别是次级贷款却在2007年成为美国金融危机的源头，此后出现了违约和住房丧失赎回权危机，无数家庭因此失去住房；美国金融体系几乎陷入崩溃边缘，不仅众多中小商业银行、贷款公司纷纷倒闭；而且华尔街五大投行全部覆灭，从此成为历史，其中贝尔斯登和美林被收购，雷曼兄弟宣布破产，高盛和摩根士丹利为求生存不得不更换营业执照，转型为银行控股公司；更有甚者，房地美和房利美这两家抵押贷款融资巨头在遭受实质性破产后被美国政府接管以避免美国经济崩盘。

人们不禁想问：美国住房抵押贷款市场具体是怎样的？贷款违约和止赎危机特别是高风险贷款危机状况怎样？是如何产生的？受哪些因素影响？对贷款机构乃至整个社会产生了什么样的危害？美国联邦政府和各州政府面对危机启动了哪些大规模的干预措施？取得了怎样成效？美国政府倾其所能及时有效地

遏制危机并消除危机影响的经验教训有哪些?

人们更应该关心的问题是类似美国的违约和止赎危机在中国有可能发生吗?如何避免?万一发生,银行和相关监管部门有应对措施吗?

这并非危言耸听。事实上,从导致美国住房抵押贷款违约和止赎率上升的一些主要影响因素可以看出,中国也出现了类似隐忧。

(1)房地产泡沫难以持续。2005 年以来,中国住房价格经历了四个上涨高峰,而且每个上涨高峰之后都出现了下跌,形成波谷,然后在地方甚至中央政府或明或暗的救市措施刺激下又开始新一轮上涨。但伴随着房价的进一步上涨,所经历的跌幅进一步扩大。房价越高未来的跌幅越大。因此,高企的房价是难以为继的。越吹越大的房价泡沫最终都会走向破灭的典型案例是温州。

(2)房价下跌风险已经凸显。这在温州的表现较为突出。温州新建商品住房和二手房的月同比涨幅曾经在 2010 年 4 月分别高达 26.1% 和 25.5%,经历了有统计数据以来的最大增幅,同时也在 2012 年 8 月和在 2012 年 7 月分别经历了 -16.9% 和 -16.6% 的最大月同比跌幅。在上海、北京、广州、深圳等一线城市房价又开始暴涨之际,温州的房价仍然“跌跌不休”,到 2015 年 10 月新建商品住房和二手房的同比变化依然为负值。在这个全国最市场化的地方,即便期间政府出台了不少或明或暗的救市措施,但仍然无法阻止房地产去泡沫化的进程。干扰市场价值回归的任何人为做法不但解决不了问题,反而使问题更加恶化。

(3)还款环境不尽如人意。经济高速增长不再,GDP、人均可支配收入的增幅下降;由于实体经济不景气,失业率似乎有所上升。

(4)违约率和止赎案例不断攀升。不仅商业银行个人住房抵押贷款违约率上升,而且住房止赎自 2011 年 9 月震惊全国的温州老板“跑路潮”开始进入公众视野,同年鄂尔多斯、神木等地相当多业主“弃房断供”。随后,浙江杭州、江苏无锡、福建宁德、江苏新沂、河北邯郸、珠海、西安等地诸多违约而被银行起诉。由于违约引起房产拍卖案件激增,佛山市禅城区人民法院还专门于 2013 年 2 月成立金融专业审判法庭。

无论哪种原因导致的违约和止赎对银行乃至社会均造成了不小的损失。更有甚者,如果不是一两个违约,而是像美国次贷危机期间一样有一两百万乃至一两千万违约,即便累垮银行、法院甚至保险公司,最终银行还是要因倒闭而清算资产。此时银行危机甚至金融危机难以避免，可能导致社会动荡。

就目前来看，虽然“弃房断供”还未成为全国性普遍现象，但如果不予以重视，演变成类似美国的止赎危机，后果将不堪设想。因此，中国国内住房抵押贷款市场发展急需借鉴美国这个发达市场的经验与教训完善对策，现在就应该关注并防范违约和止赎危机的隐忧变成现实。只有这样才能少走弯路，真正实现健康发展。

为此，本书选题“美国住房抵押贷款违约与止赎问题研究”，目的是在深入研究美国住房抵押贷款中最突出的违约率与止赎率等相关问题，从中吸取经验教训，以确保中国住房信贷市场这一既关系民生又关系金融与经济增长的重要领域能够持续、快速、健康发展，在借鉴美国经验的同时避免发生违约和止赎危机。

第二节　文献综述

国外关于抵押贷款的文献非常丰富，特别是在次贷危机爆发之后（有关违约和止赎方面的详细综述，参见第六、第七章的相关内容）。国内关于抵押贷款的研究大多限于定性方面，次贷危机爆发后，一些学者对相关问题进行了研究，但少有人研究抵押贷款违约和止赎方面的问题。而将中国住房抵押贷款的制度设计创新放到美国经验教训中来探索的文献根本就很少见。

一、国外研究现状

从贷款结构看：负分期付款、无本金贷款等非传统抵押贷款在美国出现于20世纪80年代初，当时即被视为将获得迅速发展的新产品（Hendershott等，1983；Carr等，1983；Hendershott等，2002）。Chambers等（2009）通过数量均衡理论探讨了贷款结构如何影响借款人选择和总体经济，认为对住房融资决定具有显著影响。家庭可在长期（名义）抵押贷款菜单中进行选择，其偏好取决于年龄、收入，这些影响在低通胀时更重要。

从贷款违约和止赎及其原因看：Mian等（2008）认为，抵押贷款在2001—2005年放松了发放标准。标准放松与贷款增加、房价上升及随后的违约增加有关。Agarwal等（2008）发现次贷活动集中于凤凰城内较旧、较穷区域，而非自住房投资者集中于休假区附近。Foote 等（2008b）利用新英格兰两个大型数据库研究后发现，负担不起的利率重设是贷款违约的重要因素，大多数次贷违约人在利率重设前还款正常，浮动比固定利率次贷违约对房价下降更为敏感；且许多信用高的借款人在房价高涨时申请了次贷，致使马萨诸塞州70%被止赎的住房最初是申请优贷购买的。但次贷再融资在违约前可能获得了大量房产升值利益的房主之间非常盛行。Clauretie 等（1990）研究了州止赎法案（司法程序、法定救赎权与不足额裁决）对私人担保（PMI）与政府担保（FHA）贷款损失的影响，发现司法程序、法定救赎权延缓了止赎和清算程序从而增加了贷款损失；不足额裁决减轻了 PMI 担保贷款的损失程度，但对 FHA 贷款的回收率没有显著影响，原因是前者由于共保而不存在利益冲突，后者则相反。Sanders（2008）发现房价和抵押贷款违约率具有明显的地区趋势，但这种趋势止于2005年，然后形成了共同趋势。次贷违约率上升比基于历史数据的计量经济模型预测值更高。他还部分解释了金融机构是如何误解房价下降和次贷违约率上升的。但 Foote 等（2008a）通过实证和理论模型说明负房产只是房贷违约的必要条件，但不是充分条件。马萨诸塞在1991年底的负资产房主在以后三年中发生一次止赎的比例不到10%。

一些学者研究了房价与次贷之间的关系：如 Coleman 等（2008）认为经济基本面解释了2003年初之前的房价变动，虽然有明显证据表明投资导致了房价上涨，但次贷并没有对随后的房价下跌有影响。然而2003年后期之后，信贷制度转变、新产品盛行、监管宽松使得市场元素在房价回归的影响下变得无关紧要，房地产泡沫产生。因此，次贷总量很可能在其他因素的作用下上升从而推动了房价的上涨。

还有一些学者对止赎的经济和社会影响进行了研究：Schuetz 等（2008）认为止赎不仅伤害了失去住房的家庭，而且还会降低临近地区房价而伤及其他人进而减少税基。Immergluck 等（2006）第一次使用享乐回归模型估计了芝加哥1～4居户住房止赎对周围同类住房价值的影响，发现1/8英里内每增加一次止赎房价降低约1%有关。Leonard 和 Murdoch（2007）运用享乐模型估计2006年达拉斯县止赎对单户住房销售的影响，发现在住房拥有率低于80%的社区，在250英尺内，每增加一次止赎房的出售与销售价格降低约1%相关。Lin 等（2009）集中于研究止赎通过评估机制对周边物业价值的负面影响。

Immergluck 和 Smith（2005）采用截面数据考察了芝加哥单户家庭止赎对犯罪率的影响，认为止赎增加暴力犯罪但非财产犯罪。Lauria（1998）、Lauria 等（1999）、Baxter 等（2000）发现止赎在新奥尔良加速种族融合，原因是止赎抑制了房价，为低收入的黑人家庭迁入白人居住区创造了机会；高止赎率与高空置率和低自有住房率有关。根据 Apgar 等（2005）的估计，芝加哥的止赎给市政府增加了大量成本。

就信息不对称的研究看：经典的银行理论认为抵押品能降低道德风险，即使借款人无力偿付贷款，银行还可以没收抵押物（Bester，1985；Matutes 等，2000；Blum，2002；Chiesa，2001；Niinimäki，2001；Repullo，2004；Decamps 等，2004）；Freixas 等，2004；Jeitschko 等，2005；Kopecky 等，2006；Lepetit 等，2008；Kang 等 2008；Nikitin 等，2008；Niinimäki，2009）。

就期权理论用于抵押贷款的研究看：早期关于抵押贷款定价的研究是将其价值视为金融衍生品，其基本状态变量是利率和房价。Kau 等（1987，1993）刻画了基础资产分别为固定和浮动利率贷款的抵押支持证券的估值，家庭以财富最大化的方式选择对贷款违约还是付款。Dunn 等（1982）最早在实物期权模型中考虑了家庭可能由于个人或除房价和利率之外的其他经济原因而以次优方式选择违约或再融资；Kau 等（1992）则认为可在固定利率抵押贷款估价中与最优选择混合使用。Stanton（1995）检验了固定利率借款人做出贷款再融资决定的影响因素；Deng 等（2000）、Calhoun 等（2002）分别考察了固定和浮动利率贷款后发现，家庭违约和再融资决定受相关期权货币性的强烈影响：当房价低于未来付款现值时，借款人通常会违约，在未来付款市值高于未清偿本金市值时会再融资。Deng 等（2000）指出，借款人尽管面对实物期权的复杂问题，但如果能观察到抵押贷款的市价，则很容易根据是否执行期权的条件做出决定。Daglish（2009）指出违约率对利率和房价的变化高度敏感。

二、国内研究现状

与美国的情况截然不同，中国由于开始发放个人住房抵押贷款的时间较晚、数据录入不全面，公开数据非常少，因此国内关于住房抵押贷款的研究大多限于定性研究，相关的实证研究较少。而针对止赎权展开的研究在国内更是没有先例。

杨建莹等（2008）认为抵押是商业银行重要的信用风险缓释技术之一，指出银行要根据抵押资产价格走势调整抵押率、准确定价、充足拨备，避免经营的剧烈波动。监管当局也要加强经济景气和有关抵押资产价格走势分析，并制定有关抵押的监管指引。王志诚（2004）运用期权定价理论，通过抵押品的市场价值变化信息给出了抵押品所具有抵偿贷款信用风险的抵押率及其与贷款利率之间的关系，并进行了实证检验。崔新明（2003）通过跨期预算约束模型对购房者的按揭方式选择和住宅价格变化的动态关系进行实证研究，发现存在显著关系，并认为引入抵押贷款后住宅价格对收入的变化更为敏感。张涛等（2006）对已有房地产贷款理论模型进行改进并对中国2002年以来房产价格与房地产贷款、按揭贷款利率的关系进行了实证研究，结果表明中国房产价格水平与房地产贷款有较强的正相关关系。住房按揭贷款利率的提高可以有效抑制房地产价格的上涨。

第三节 研究框架

一、概念界定

（一）优级贷款和高风险贷款

美国住房抵押贷款，按照信用记录和收入分为三个等级：优级抵押贷款（Prime Mortgage）、Alt－A（Alternative－A）和次级抵押贷款（Subprime Mortgage），其中后两个等级被称为高风险贷款。优级抵押贷款的信用分数在660分以上、能够提供稳定可靠的收入证明、个人债务负担较轻。Alt－A贷款介于优级贷款和次级贷款之间，包括信用分数在620～660分者，以及高于660分，但缺乏稳定收入、存款、资产等合法证明者。这类抵押贷款被金融机构认为比次级贷款更安全一些。次级抵押贷款信用分数低于620分、无稳定收入证明、负债较重。

（二）贷款违约

与其他贷款一样，住房抵押贷款分为正常贷款和逾期贷款，其中贷款逾期又分为逾期30～59天、逾期60～89天、逾期超过90天。美国住房抵押贷款偿还期限大多数为15年期以上。于还款期内未按合约规定每月向贷款机构还款就形成“抵押贷款拖欠”（Mortgage Delinquency），累积三次拖欠就形成“抵押贷款违约”（Mortgage Default）。严重违约则失去抵押住房的赎回权，即止赎，贷款机构依据合约和法律收回违约的房屋所有权。

（三）止赎

止赎的英文是“Foreclosure”，即失去抵押住房赎回权的简称，指的是借款人严重违约或停止缴纳月供时，贷款人获得房产所有权的过程。个人采用按揭形式购买房产时由于没有资产可供抵押，便用所购买的住房充当抵押品，此时住房所有权归提供贷款的机构。如果房主在一定时间内无法按时支付每月的贷款额，住房便被贷款机构没收，停止赎回。住房完成止赎程序后归银行所有，成为银行屋即英文缩写“REO”。

中国对止赎没有专门的法律条文规定。而美国的每个州都有止赎法规，虽然程序和时间表在每个州都不同，但绝大多数止赎法规都可以归入以下两个框架中的一个：对是保护性的或不是保护性的，这里的保护性指的是法律对违约所提供保护的程度。两种法律之间的主要区别是法令是否规定法庭干涉、是否有赎回权、贷款机构是否可以进行不足额判决。

法定止赎包括法律程序，特征是法定的住房售卖。当违约时，贷款机构必须提出诉讼，说明贷款额和付款日期。同时需要通知其他方，比如承租人和第一或次级留置权抵押权人，并对“待决诉讼”行动进行公告。同时也有机会为自己辩护。如果法庭发现贷款机构有止赎的权力，法庭就会对其进行宣判。在止赎之后，住房就要通过政府售卖或公共拍卖出售。最后出价最高者会得到住房。

而非法定止赎要求法庭不干预。这加速了止赎过程，通常在4～8个月内就能完成（是法定止赎时间的一半）。这样的止赎是基于抵押权人的“出售权”，这使抵押权人（或受托人）可以在没有法律干涉的情况下出售住房，以此来弥补未偿贷款。一旦住房被出售，购买者就得到了住房的所有权。如果对此没有回应，或在规定时间内不能偿还拖欠的贷款数额，贷款机构就可以进行止赎，将住房进行拍卖。

法律理论在“所有权州”之间有区别，“所有权州”是指在这些州贷款机构以自己的名义通过信托契约持有住房所有权。在“留置权州”，契约仍然有效，贷款机构只能用抵押手段取得住房的留置权。一般来说，在所有权州止赎要通过非法定程序，而在留置权州，要进行法定程序。然而，这一区别不是那么明显，在很多州法律允许止赎的两种方法，虽然只有其中一种经常被用到。

还有两个其他的方法通过在止赎过程中限制贷款机构来保护。一个常见的机制是规定法定的赎回权，如果在止赎后能支付拍卖价格加上止赎费用，法律可以延长其在住房出售后的赎回时间。在赎回过程中（通常在 75 天到 18 个月），可以一直住在住房里，而贷款机构不会从所有者那里得到收益。该法定的赎回促使竞拍者公平出价。但赎回过程延长了止赎过程，实际上也挫伤了止赎住房的投标者，因为他们只能到赎回过程期满后才能占用住房。法定赎回在法定止赎和有权出售止赎住房的州都可能适用。

州止赎法律中的第三种机制，不足额判决，使止赎过程更加复杂。不足额判决指的是当抵押品的售卖价格不能弥补贷款时，贷款机构就可以获取资产的权力。在禁止不足额判决的州，贷款机构的财产只限于抵押住房的价值，有住房的出售选择权，更可能违约。没有不足额判决会减少贷款机构从止赎中得到的期望回报。比如说，在一些州，得到判决权要付出成本，否则贷款机构得到的价值就是未付贷款与市场价格之差，而市场价格要高于拍卖价格。然而，这种对策所包含的风险可能会影响行为，并导致协商中贷款机构的损失减少。

图 1.1 显示，止赎过程开始于违约。在违约之后，各方都可能参加到一系列的再协商过程中以保护和追求各自利益，在预测损失的基础上决定是对贷款项目进行再协商还是启动止赎程序。只要贷款机构能从那里得到偿付而不是进

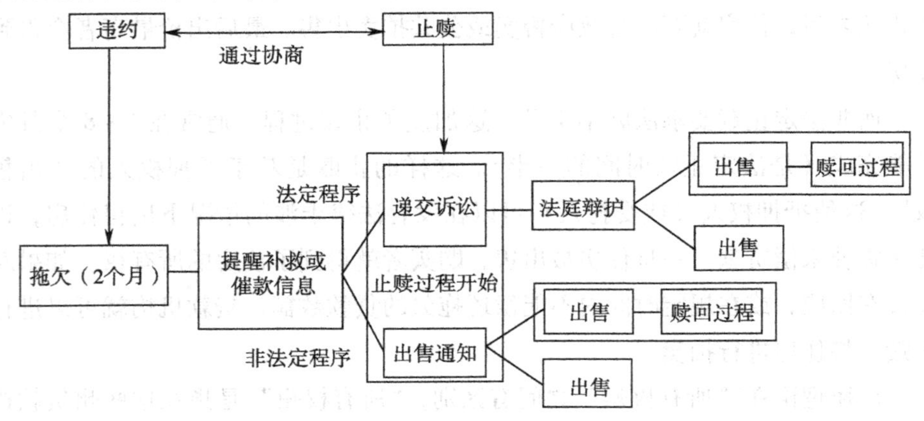

图 1.1　止赎过程

行成本更高的止赎住房管理来使其利益最大化，他们就愿意合作。然而，再协商的关键因素取决于贷款额的减少能否比贷款机构在止赎中所遭受的损失要低。因此，不是所有违约都以止赎结束，其中有一些会进行贷款调整。

一旦贷款拖欠了，还有很多方法可以避免止赎和住房价值的损失。当没有偿还贷款时，贷款机构会提醒注意贷款的期限。通常情况是借贷双方会开始对话来寻求可获得的解决方法。此时，可以恢复贷款，卖掉住房取消贷款或是在止赎过程开始前为未偿债务再融资。此外借贷双方可以选择一个减少损失的方法，包括贷款调整、放松要求、再偿还计划、卖空住房、自动转让或承担贷款。这些方法既可以避免止赎又不会太伤害其信用等级。如果无视催促和付款通知，也没有和贷款机构商定解决方法，贷款机构就会向法庭递交正式的止赎通知（在法定止赎的州）或发出出售通知（如果合同中包括出售条款）。一旦止赎开始，止赎程序就会在法庭参与、是否有赎回权、对贷款机构是否可以进行不足额判决这些方面依法行事（见图 1.2）。

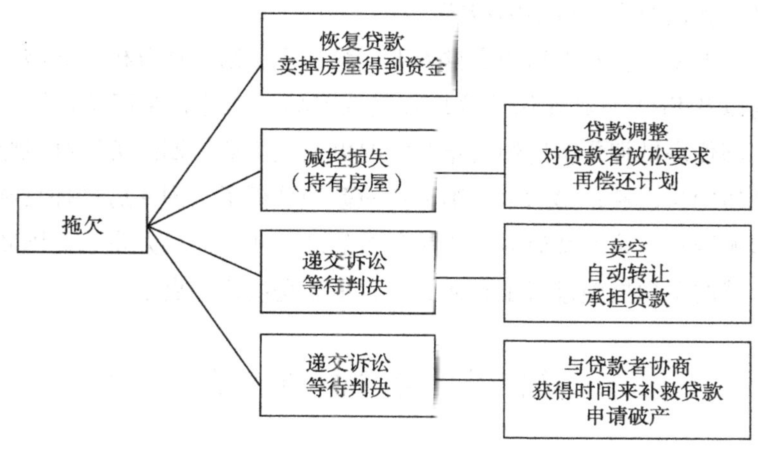

图 1.2 避免止赎程序

二、结构安排

美国次贷危机的风暴席卷美国乃至全球金融市场，引起经济动荡。类似的危机在中国是否也有可能发生？为此，本书以美国住房抵押贷款危机中最突出的问题即违约与止赎问题为研究对象，在分析美国住房抵押贷款市场构成、抵押贷款机构及其经营活动以及抵押贷款市场结构的基础上，进一步探讨美国联邦住房管理局（FHA）及其在保障房抵押贷款市场的功能：帮助弱势群体圆住房梦；为少数族裔提供融资支持；通过反向抵押计划助老者安享晚年；资助住房特别项目以及反经济周期功能和平衡各地区间的发展。然后详细分析美国住房抵押贷款违约与止赎状况；深入探讨次贷危机期间美国高风险住房抵押贷款的违约与止赎；检验和分析了美国住房抵押贷款违约和止赎的影响因素。由于止赎危机产生包括止赎住房被低价出售、止赎住房贬值降低正常住房的价格、止赎引致犯罪率上升等巨大的不良外部效应，美国联邦政府和各州政府不遗余力地投入历史上最大规模地阻止和缓解违约和止赎危机的全国性干预行动。由于美国联邦政府和各州政府在违约和止赎危机期间迅速而有效地介入，危机基本成功地得到遏制并逐步恢复常态。其经验教训特别是明确的干预目标及时机、救市并非救房价、救助对象是陷入困境中的低收入家庭、救助方案行之有效且注重防范道德风险、建立激励惩处机制、定期公布和曝光执行情况等方面的经验教训非常值得中国借鉴。

基于以上思路，本书结构安排如下：第二章、第三章分析了美国住房抵押贷款市场以及 FHA 及其在保障房抵押贷款市场的功能；第四章、第五章深入分析了美国住房抵押贷款违约与止赎状况以及次贷危机期间美国高风险住房抵押贷款的违约与止赎；第六章、第七章检验和分析了美国住房抵押贷款违约和止赎的影响因素；第八章研究了止赎危机的外部效应；第九章就美国政府应对违约和止赎的干预措施进行了具体分析；最后是结论与启示。

第四节　主要观点内容

本书分为两部分，第一部分是有关美国住房抵押贷款及其违约与止赎的研究，第二部分是对中国的启示。

一、美国住房抵押贷款及其违约与止赎

（一）住房抵押贷款产品丰富完备

与中国不同，美国住房抵押贷款产品丰富完备，美国家庭只要想买房，都能根据自身情况找到合适的实现方式。其一级市场由常规商业贷款和政府担保

贷款组成。常规商业贷款基本形式有优级贷款、AlT－A 贷款和次级贷款三类，能够从三个层面满足不同收入家庭的购房需求，无论富人还是穷人都有贷款购房机会。除常规商业贷款外，美国还通过设立政府机构对特殊人群在申请住房贷款时给予保险，包括联邦住房管理局为中低收入者提供贷款担保，退伍军人管理局为退伍军人提供担保，农业金融机构和农村住房服务局为农民提供担保。常规商业贷款和政府担保贷款这两类基本贷款又衍生出形式各异的产品，目标是为融资、降低首付、少交或不交保险费、偿还其他负债等多样化选择。

（二）保障房贷款商业化运作兼顾民生与增长

除常规商业住房抵押贷款完全按照市场化运作外，美国政府为中低收入家庭提供保障房也完全通过市场化运作，在充分发挥资源配置效率的同时实现了社会公平，并具有反经济周期、平衡区域发展的功能。

在保障房抵押贷款市场，FHA 起决定性作用。提高住房拥有率一直是美国政府长期努力的目标。“居者有其屋”是美国梦的核心部分，而让低收入者拥有住房则是实现美国梦的关键，穷人也要有“体面的生活”。FHA 通过为购房者提供贷款担保以提高住房拥有率。FHA 比常规商业机构的标准更宽松，对待比商业性机构更加平等。FHA 通过关注低收入家庭、非常低的首付比例、资助首次购房者以及为少数民族提供融资支持等方式帮助美国弱势群体圆住房梦；通过反向抵押计划帮助老者安享晚年；并负责特别住房救助项目。FHA 还有反经济周期和平衡区域发展的功能，成为稳定经济的主要力量。在经济繁荣期，FHA 贷款的市场份额相对较低；而在当经济状况恶化时，商业贷款机构会收回其资金，政府项目在极端情况下甚至成为信贷的唯一来源。FHA 第二次世界大战时期的占比曾一度高达 30%；在第二次世界大战后的 1943 年、1958 年、1970 年和 2008 年前后，FHA 的市场份额在 18% 以上，而在 2001—2007 年，市场份额不到 5%。根据 HMDA 报告的数据，政府担保购房贷款在 2009 年占总量的 48%；对于 1～4 居户自住住房的购房贷款，常规商业贷款的市场份额由 2005 年的 91.17%，下降到 2009 年 46.13%，而 FHA 担保贷款分别从 2005 年的 6.15% 升至 2009 年的 41.58%。FHA 平衡地区发展的功能也非常明显。在经济风险特征较明显的区域，FHA 在市场上所占的份额更高。特别是在经济不景气、流动性受限的时期，FHA 平衡地区发展的这一功能表现得尤为突出。2006—2009 年，FHA 的市场份额在大城市上升最多，而这些地区的房价下降也是最严重的。

（三）违约与止赎问题难以避免

美国即便拥有完备的住房抵押贷款制度依然无法避免违约和止赎问题，甚至难以避免次贷危机的发生。

次贷危机发生之前，美国住房抵押贷款违约率和止赎率变化较为稳定。但随着房价持续上涨而形成的房地产泡沫的必然破灭，抵押贷款特别是次级贷款此前积累的风险迅速暴露，逾期还款乃至丧失住房赎回权的比例也随之大幅上升，最终引发美国乃至全球范围内的金融海啸，产生了巨大的不良外部性。

美国住房抵押贷款的逾期率变化在次贷危机发生之前基本平稳，即便在20世纪80年代后期至90年代初的储贷协会危机期间，总逾期率也仅在5%左右；逾期90天及以上的比例不超过1%。然而，从2006年第三季度起，所有类别贷款的逾期率开始上升，其中次级贷款出现了巨幅上升，而且无论是固定利率还是浮动利率的次贷升幅都相当大。到2009年底前后，达到了次贷危机中的高点。而浮动利率贷款的逾期水平远高于固定利率贷款。

全部贷款的逾期率与逾期90天及以上的比例在次贷危机前基本在4%、5%的水平上波动，在2009年底达到此轮金融危机中的最高值，分别为10.4%和5.1%，是危机前的2～3倍。优级贷款的逾期率次贷危机前在3%水平以下，逾期90天及以上的比例在0.5%以下。然而在2009年底分别达到最高值27.8%和15%，约为危机前的2.5倍和7倍。可见，优贷的逾期90天及以上的占比也即贷款机构的坏账出现了巨幅上升。虽然次级住房抵押贷款表现的变化趋势与优贷基本一致，但逾期水平比优贷要高得多。次贷危机前，逾期率基本在15%水平以下，逾期90天及以上的比例在4%以下；但到2009年底两者分别达到27.8%和15%的最高值，是危机前的近2倍和4倍。正是由于次贷坏账率居高不下，直接引起美国乃至全球金融市场动荡不安，故而称为次贷危机。值得注意的是，浮动利率贷款的逾期率高于固定利率贷款，在次贷危机期间尤为突出。就优级贷款来看，固定利率的低而稳定，而浮动利率的逾期率在2009年底高达13.5%的最高水平，逾期90天及以上的占比在2010年第一季度达到7.8%的最高水平。2006年底以来，浮动利率优贷逾期90天及以上的占比至少是固定利率优贷的两倍。浮动利率的次贷的逾期率、逾期90天及以上的比例在2010年第三季度分别达到29.6%、18.4%的最高比例。

与住房抵押贷款违约率状况相呼应，美国止赎率自2006年底开始全面上升，而此前整体上来说比较稳定，其中优级贷款的止赎权比率一直都非常稳定，次级贷款的止赎权比率则稍有波动。但此后，各类抵押贷款的止赎权比率均大幅上升，其中优级贷款的止赎权比率达到了危机前的数倍，而次级贷款的止赎权比率也达到了危机前的近两倍。正因为如此，美国政府才倾其所能，采取各种政策措施降低减缓止赎危机的危害。

止赎率具有地域特征，与房价之间的相关性较强，而四个“沙州”亚利桑那（AZ）、加里福利亚（CA）、佛罗里达（FL）和内华达（NV）在经历最大幅度的房价下跌后伴随着止赎率上升。

虽然各类贷款止赎变化趋势基本一致，但止赎水平不同。最高的是次级贷款，其次是FHA担保贷款，VA担保贷款与优贷相差无几。此外，浮动利率贷款比固定利率贷款止赎率在次贷危机期间要高得多。止赎最严重的时期介于2008年第二季度到2010年第一季度，各类贷款止赎率最高峰出现的时间有些差异。从开始进入止赎程序的比例看，全部贷款在2009年第二季度达到次贷危机中的最高点1.5%，约为危机前的3倍。其中次级贷款最早，在2008年第二季度达到高点4.7%，而浮动利率次贷高达7.09%；优级抵押贷款在2009年第三季度达到最高止赎水平1.12%，约为危机前的5倍。从存量看，浮动利率优贷的最高水平10.4%出现在2010年第一季度，浮动利率次贷在2009年第四季度达到24.93%的最高点。从逾期90天及以上与止赎存量之和的指标看，次贷的高峰期比优级抵押贷款早一个季度，出现在2009年底，高达30.6%，也就是说，超过三分之一的次贷可能制造了银行坏账；浮动利率的次贷更是达到42.7%的惊人水平，也即近一半的选择严重违约。优级贷款的最严重时期是在2010年第一季度，为7.1%，是危机前的7倍以上；而优贷中的浮动利率贷款居然达到18.3%，是危机前的18倍以上，也就是说，10个浮动利率优贷中有将近两笔贷款成为贷款机构的坏账。在这种情况下，金融机构不破产几乎是奇迹。

（四）次贷危机期间高风险贷款及其违约与止赎各具特点

次级贷款和AlT－A贷款是美国境内住房抵押贷款中的高风险贷款。在次贷危机中暴露出了很大风险。作为住房贷款中两类最平民化的商业贷款。（1）规模大，每千个总住房单位中就有34.3笔是这两类高风险贷款。（2）自住率高，即使是 AlT－A 贷款的自住率也有 68%。(3) 信用低，特别是次级贷款的平均信用分只有 614 分。(4) 贷款动机分散，无论是次级贷款还是 AlT－A 贷款，用于购房的比例均不超过 50%。(5) 贷款条件宽松，贷款时候没有或者提交文件少的人在次贷中超过 1/4、在 AlT－A 贷款中超过 2/3。(6) 违约率高，即使是 AlT－A 贷款的违约率也大于 22%。(7) 银行止赎率高，即使 AlT－A 贷款也有 6.1% 的止赎率。

除了服务对象外，次级贷款和 AlT－A 贷款的市场表现还存在整体上的差异。前者比后者规模略大且自住房比率高；其整体信用偏低因而市场利率比后者高。次级贷款的主要目的是提现金而 AlT－A 贷款用途主要是购房；相应地，前者超过一半是浮动利率贷款而后者相反。前者信用评分低、违约率高而后者信用评分高、违约率低，前者银行止赎率高而后者止赎率低。

次级贷款和 AlT－A 贷款在美国境内各州表现也不尽相同。危机期间，美国境内次级贷款市场是高度统一融合的。相对来说，美国境内 AlT－A 贷款市场却不然，表现出一定的区域差异。这种差异突出表现在各州 AlT－A 贷款利率的显著差异上，尽管各州 AlT－A 贷款规模也显示出与次级贷款类似的特征。原因可能是因为次级贷款得到美国政府的担保而 AlT－A 贷款是纯商业贷款。

危机期间，美国境内次级贷款与 AlT－A 贷款规模均变化不大。无论次贷还是 AlT－A 贷款余额变化也不显著，但是它们平均利率持续下降、平均贷款期限延长。无论次级贷款还是 AlT－A 贷款，其购房动机整体在下降，它们的违约率和银行止赎率都在继续加重。

当然，次级贷款的特殊性也有突出表现：由于自住房贷款比率上升因而单位自住房的贷款笔数出现下降；用于提现的动机显著上升；次级贷款中浮动利率贷款比例下降。而 AlT－A 贷款在这些方面均无显著变化。此外，AlT－A 信用评分显著下降而次贷者无此变化，可能是因为次贷本身信用不高且得到政府重点救助。

（五）违约率和止赎率上升的原因

住房抵押贷款违约理论和实证研究基本都认同失业、房价、收入、利率等变量影响到住房抵押贷款的违约和止赎。本书的实证结果基本支持了以上因素会导致违约率和止赎率发生变化。

失业率上升会导致违约率和止赎率显著上升，这是由于失业作为收入剧降的主要原因，会引起借款人违约乃至最终失去住房止赎权。房价对违约率和止赎率产生显著的负向影响。尤其对信用较差的借款人影响更大。GDP 或收入与违约率和止赎率的关系显著。GDP 指标显著影响住房抵押贷款违约率，意味着总体宏观经济环境对违约率的影响显著。人均收入对次级贷款的影响显著，而对优级住房抵押贷款的影响不显著，说明房地产市场、个人生活水平的变动对信用较差的借款人影响更显著。个人可支配收入对止赎率则有着显著的负向影响，个人可支配收入上升时，止赎率也会随之下降。抵押贷款利率对止赎率有显著的正向影响，利率上升会引起止赎率的上升。

（六）止赎危机存在巨大的外部效应

美国次贷危机期间出现的大量住房抵押贷款违约并最终引发止赎危机，成为美国非常严重的社会问题，引起了美国乃至全球的高度关注。

止赎对贷款机构乃至整个社会来说代价巨大。要承担搜寻和搬迁费用，将来再次获得信贷将困难重重。贷款机构的损失是止赎住房最终售价与贷款价值以及相关成本（如法律、物业管理、交易费用以及机会成本）之差。与止赎有关的社会损失来自直接的政府开支和房产价值下跌。空置住房导致的损失尤其严重，会招致犯罪活动（这又导致了政府开支的增加）以及更差的物理环境（进一步导致价值降低）。

止赎的巨大外部不良效应突出表现在：（1）止赎住房被低价出售；（2）止赎住房贬值降低正常住房的价格；（3）止赎引致犯罪率升高。

（七）美国政府的干预不遗余力

为阻止止赎危机产生巨大的不良外部效应而导致难以估量的社会损失，美国政府自次贷危机爆发后即开始了历史上最大规模的干预行动。美国联邦政府出台了一系列干预措施，各州政府颁布诸多法律规定。

美国联邦干预政策分为两类：一是针对有可能和已经违约的贷款，注重防止并减少止赎；二是针对已经进入止赎程序和已经止赎的住房，注重减轻集中的止赎住房对临近社区的影响。第一种应对措施包括布什和奥巴马联邦政府在2007 年底公布的国家缓解止赎咨询项目，在美国证券化论坛上被率先提出的希望联盟（Hope Now Alliance）和与之相关的调整计划，在2009 年开始实施的住房可负担计划（MHA）项目（包括住房可负担调整项目和住房可负担再融资计划以及它们的辅助性项目）。第二种政策侧重于减缓止赎对当地社区的影响，这类政策包括三个阶段的社区稳定计划（NSP），NSP1，NSP2 和 NSP3。与联邦政府干预政策相对应，各州也倾其所能防止并减少止赎以及降低止赎住房对社区产生的不良影响。

概而言之，美国政府应对违约和止赎的干预措施从多方面综合考虑，创新方法，很大程度上使止赎得到了控制。其救助重点是针对居民住房抵押贷款的负担能力，让居民走出债务困境，同时减缓止赎对社区产生的不良影响，而非像中国那样救房价，让过高的房价或房地产泡沫得以持续。美国地方和州政府的市场干预措施主要包括以下四个方面的内容。

（1）协商修改住房抵押贷款合约条款。为推迟还款提供条件，包括降低贷款利率；减少本金；延长还款期限；延长还款拖欠容忍期限。

（2）保证借贷双方的信息沟通顺畅。告知提醒其违约行为，并在改变抵押品销售日期后进行通知；建立业主保护办公室；建立互联网平台，公开信息。

（3）采用激励措施鼓励贷款机构、保险公司等金融机构积极发挥参与贷款修改计划的作用。

（4）运用国家宏观经济手段。财政拨款设立基金，发布紧急贷款援助计划，提供援助咨询和救助。

二、对中国的启示

（一）创新差别化住房抵押贷款产品

与美国能够充分满足富人和穷人不同社会群体需求不同，中国现行的个人住房抵押贷款只有两种：公积金委托贷款和商业贷款，而且几乎是“一刀切”，贷款条件和条款在全国各地、各家银行雷同，不能适应市场需求以改善居民居住环境。

公积金贷款仅适合缴存住房公积金的家庭，覆盖率过低。统计数据显示，截至 2017 年底，缴纳公积金的职工仅占全部人口的 10% 左右，绝大多数农村家庭几乎都被排除在外。而各家商业银行的住房抵押贷款也大致相同，将相当一部分刚性需求的购房客户挡在门外，只允许相当于美国优级客户进入市场。更有甚者，许多商业银行还以“控制风险”为名私自增加一些内部成文和不成文条件，甚至还隐藏许多歧视性条款。其结果必然加剧住房市场错位。一方面，许多刚性需求者无法及时购房；另一方面，许多房哥、房叔、房姐拥有大量住房空置，助长住房市场价格扭曲失真，中低收入者怨声载道。

因此，中国有必要借鉴美国，通过创新差别化住房抵押贷款品种，满足市场多样化需求，既是市场成熟的体现，有助于提升银行盈利能力，又可以圆刚需者的“住房梦”，缓解住房市场的错位。虽然美国次级抵押贷款、AlT－A这类高风险贷款引发了金融危机，但不可否定的，正是这些高风险贷款帮助无数人拥有了自住房，为实现美国历届政府提高住房拥有率作出了贡献。次级贷款产品本身没有问题，问题出在操作过程中的不规范和欺诈行为发生。

（二）成立政府住房贷款担保管理局

美国FHA借助市场力量实现政府所期望的“既保证民生又顾及增长”目标在国际上堪称典范，其成功经验值得中国借鉴。

既与民生和社会安定密切相关，又直接影响着经济增长的速度和质量，住房市场的重大作用历来为各国政府的一个重点关注领域。如何纾解民生问题与经济增长之间的困顿、平衡二者之间的关系直接考验政府的智慧，是一种高超的艺术。近年来，中国深受住房市场上的民生与经济增长难以兼顾的困扰。一方面，高房价使得相当比例的低收入家庭望而却步，为此，政府出台一系列措施控制房价过快上涨；另一方面，房价稍有下降，不少地方立即就有各种各样救市措施出台，使得好不容易取得的调控成果化为乌有，原因是在保增长的背景下，房价下跌必然拖累经济增长率。笔者认为可借鉴美国的做法，成立中国政府住房贷款担保管理局。

1. 用政府贷款担保取代房价补贴制度

当前，我国保障房的乱象来自保障房制度缺陷，建议借鉴美国经验，推出适合中国的“居者有其屋”贷款担保计划，用抵押贷款政府担保制度取代房价补贴制度。

一直以来，我国保障房领域存在“骗钱、骗售、骗住”乱象，其背后都是利益使然，只要有利可图，这些乱象就不会消失。因此只有切断利益输送的制度根源才能杜绝很多非受惠群体通过非法手段挤占受惠群体权益。政府不是为保障房提供房价补贴，而仅仅为目标人群在商业银行的贷款提供信用担保，银行因为政府担保降低了违约风险而提供更低的利率贷款。这样既可以规范贷款市场，又可以满足中低收入者的住房需求，还可以助推经济走出低谷。

2. 用政府担保取代商业“以房养老”

借鉴 FHA 的做法，推出政府“以房养老”的反向抵押贷款担保计划，避免如今有行无市的现状。

随着老龄化问题越来越突出，从 2005 年起，我国开始“以房养老”试点。南京、上海、北京、杭州推出的方案都无疾而终。2013 年 9 月，国务院提出“开展老年人住房反向抵押养老保险试点”。中国保监会则于 2014 年 6 月宣布北京、上海、广州、武汉四个城市于 2014 年 7 月 1 日至 2016 年 6 月 30 日开展试点工作。2018 年 8 月，银保监会要求将试点推广至全国。其间，幸福人寿推出国内首款保险公司以房养老产品于 2015 年 3 月 27 日获中国保监会批准。然而这个政府主导的试点同样不顺利，全国四个试点城市一年中只有 22 户家庭参与。幸福人寿 4 个月仅有 12 户家庭签约。更有甚者，由于越来越多公司以“以房养老”之名行集资诈骗之实，政策的推行遭遇到巨大障碍。

之所以不顺利是因为反向抵押业务风险高同时又具有社会保障功能，以营利为目标的商业化经营根本难以胜任。而美国的成功做法是由 FHA 以政府信誉提供担保后由银行经营，借此达到住房保障和养老保障的双重目的。

3. 纾解住房市场民生与经济增长的困扰

近年来，中国深受住房市场上的民生与经济增长难以兼顾的困扰，而政府住房贷款担保管理局所承担的反经济周期的功能与支持中低收入家庭的功能能够纾解这一困扰。

一方面，住房关系到民生这一重大问题。从 1998 年 7 月开始，中国政府将解决低收入家庭住房问题作为一项重大政策，“住有所居”是维护社会稳定、构建和谐社会的重要举措；另一方面，房地产业又是支柱产业。不仅如此，土地财政已经成为地方政府的重要特征。因此，住房价格上涨不仅对地方经济增长，而且对其财政均有重大贡献。然而，高房价导致相当多的家庭特别是低收入家庭“望房兴叹”，成为影响社会稳定、构建和谐社会的隐患。为消除隐患，政府出台一系列措施以控制房价过快上涨。然而房价稍有下降甚至上涨放缓，为保增长，不少地方又会出台各种各样的救市措施，导致艰难取得的调控成果化为乌有。

若想打破“房价涨—调控—房价跌—救市—房价涨……”的恶性循环，一个好做法是借鉴美国 FHA 的成功经验，借助市场力量实现政府所期望的

“既保证民生又顾及增长”目标。在经济不景气时期，商业住房贷款担保机构的抵押愿意减弱，商业银行减少贷款，此时政府担保支持那些处于劣势地位、信用等级不高的人进入住房市场，因此可以阻止商业性抵押业务以及商业银行贷款的下降，在极端情况下，美国 FHA 的发展历史显示，政府担保贷款甚至成为住房市场的唯一信贷来源。而在经济繁荣时，商业贷款担保机构活跃，政府担保抵押贷款市场份额相对较低。

4. 以立法规范市场发展秩序

我国中央财政每年为各地住房保障项目提供了巨额资金，但并未达到预期效果，似乎缺少应有的市场秩序，甚至出现严重的腐败现象，原因是地方财政利益高于一切，特别在房地产市场调控、住房供需矛盾调节的敏感时期更是如此。

而美国 FHA 成功的借鉴意义在于，如果中国成立类似机构将有助于改变这一现状。FHA 成功的背后是全面的法律法规体系作支撑。（1）FHA 本身就是《国家住房法》的一部分。（2）FHA 制定全国统一的规定，如以八条标准作为其项目价值评估的基础。同时制定最高贷款限额，防止利用政府担保贷款购买奢侈住房。（3）营运受到严格监管，每年须接受独立机构的评估并向国会报告，确保政策执行的效率与安全。（4）运作过程及其经营绩效公开透明，需向社会公开，接受公众监督。

FHA 成功的另一个标志是美国唯一完全自筹资金的政府机构，用自己的担保收入进行运行，没有使用纳税人税金，尽管次贷危机期间国会对其进行了注资，但 FHA 在经营过程中并没有动用这些资金。

5. 平衡区域发展

区域发展不平衡阻碍了经济发展和社会公平。而从美国的经验看，FHA 通过统一保险费率，使得所有地区不会因风险不同而不同，从而由于费率作用而使政府担保贷款在经济风险较高区域占有更高份额，导致地区间的供需自动达到平衡。而商业性贷款保险公司恰恰相反。

6. 缓释银行风险

如果中国能构建类似 FHA 的担保支持机制，房贷违约风险将大大降低，这是由于获得政府担保的贷款对银行来说是无风险的，因此可以在一定程度上降低因泡沫集聚而形成的高企房价最终可能大幅下降而引起大量房贷违约的风险。

（三）关注违约和止赎危机的隐忧

类似于美国的住房抵押贷款违约和止赎危机会不会在中国出现？这种可能性并非不存在。相反，如果不进行实时监控和防范，一旦危机爆发将可能导致无所适从的严重后果。

从导致美国住房抵押贷款违约和止赎率上升的一些主要影响因素可以看出，中国也出现了类似隐忧。（1）房地产泡沫难以持续。（2）房价下跌风险已经凸显。（3）还款环境不尽如人意。（4）违约和止赎案例不断攀升。止赎是“弃房断供”的结果，最早随着2011年9月震惊全国的温州老板“跑路潮”引起关注。接着，内蒙古鄂尔多斯、神木等地区相当多的业主停止偿还贷款，由此揭开了止赎序幕。虽然“弃房断供”还未成为全国性普遍现象，但如果不予以重视，演变成类似美国的止赎危机并非耸人听闻。

无论主动违约还是被动违约对银行乃至这个社会均造成巨大损失，如果是演变成全社会现象即出现止赎危机，后果将不堪设想。此时银行危机甚至金融危机难以避免，可能导致社会动荡，因为被止赎的住房太多，即使房价因供给剧增而非常便宜也可能几乎找不到买方。因此，为避免违约和止赎危机发生，现在就应该关注并防范违约和止赎危机的隐忧变成现实。

（四）美国政府干预违约和止赎的经验教训

一旦违约和止赎危机发生，美国的经验教训值得借鉴。美国政府在违约和止赎危机期间迅速介入，危机基本得到遏制，与其有效的做法干预措施有直接关系，包括（1）有明确的干预的目标及时机；（2）救市并非救房价；（3）救助对象是陷入困境中的低收入家庭；（4）操作方案行之有效；（5）防范道德风险；（6）建立激励和惩处机制；（7）定期公布和曝光执行情况。这些经验教训值得中国借鉴。

第五节 创新与价值

本书选题“美国住房抵押贷款违约与止赎问题及启示”，目的是希望通过对全球最发达的美国住房抵押贷款市场研究来探索中国正在成长的住房抵押贷款市场后发优势。与其他研究不同，本书紧紧抓住住房抵押贷款“违约”与

“止赎”这两个最本质、最核心问题，以全球最发达的美国住房抵押贷款市场为背景，透彻地分析了美国住房抵押贷款制度及其违约和止赎问题及其产生的原因，联邦政府以及各州为防范和控制违约和止赎风险所采取的措施和努力；并对不甚成熟的中国住房抵押贷款制度进行了理性反思，为其健康发展提出了许多防范和控制违约和止赎风险的对策建议。

一、主要特点与创新

1. 在国内率先研究住房抵押贷款的违约和止赎问题。本书认为美国次贷危机实际上是住房抵押贷款危机，也即违约率与止赎率持续上升。贷款证券化及其衍生品的杠杆交易只是起到放大效应。违约和止赎是住房抵押贷款健康发展的最基本和最核心问题。任何国家或地区住房抵押贷款市场要想健康发展，必须科学地正视这两个问题。美国拥有全球最发达的住房抵押贷款市场，由于长期以来对这两个问题没有给予应有重视，结果付出了2008年国际金融危机全面爆发的代价。中国住房抵押贷款市场不甚成熟，一些地区如温州和鄂尔多斯早在2011年即已经暴露“弃房断供”问题。因此，如何面对这些问题将直接关系到下一步中国住房抵押贷款市场的健康发展。

2. 视角宽广系统。能够较为全面、客观而又准确地把握住房抵押贷款中的违约与止赎问题。本课题自成体系，具有原创性，完全通过第一手资料对美国这个全球最发达的住房抵押贷款市场进行深入研究分析，有效克服中国住房抵押贷款市场起步晚、缺乏必要的系统完善的公开数据而难以直接展开研究的局限。美国住房抵押贷款市场起步早，结构完备，数据齐全，且刚经历次贷危机，对这样的市场进行研究能够客观全面地找到住房抵押贷款违约和止赎问题特征与规律，为“后发”的中国住房抵押贷款市场提供经验与启示。

3. 研究逻辑和方法科学。本书认为违约和止赎问题是住房抵押贷款市场特有的问题，无论发达还是欠发达市场都有其共同的特征与规律。沿着这一逻辑，采取“先研究制度后研究问题、先研究规律后反思制度”层层递进的方法来探讨对中国住房抵押贷款市场健康发展的有益启示。

4. 结论可靠。把美国住房抵押贷款制度及其违约和止赎问题放在促进中国房贷市场发展中来探索经验教训，对推动中国市场持续健康发展具有重要的理论价值。中国住房市场尽管起步晚但其房价已经历了多次起落，甚至不少地方正出现违约和止赎上升现象。这些问题如果不尽快科学理性面对，最终也可能引发类似美国的次贷危机，其代价将是巨大的。

二、学术价值和应用价值

1. 学术价值在于将“违约”和“止赎”作为住房抵押贷款的本质与核心问题加以分析，有助于相关学术研究的发展。美国次贷危机的爆发已经充分证明了这一点。本书一定程度上填补了相关研究的空白，将会激发更多学者关注住房抵押贷款的违约和止赎问题。

2. 应用价值在于直接为推动国内住房抵押贷款市场健康发展服务。本书以美国住房抵押贷款为背景研究违约与止赎问题，目的就是要探索对中国住房抵押贷款健康发展的有益启示。这些启示包括制度设计、违约和止赎问题及其影响因素、干预目标及时机、救市并非救房价、救助对象是陷入困境中的低收入家庭、救助方案行之有效且注重防范道德风险、建立激励惩处机制、定期公布和曝光执行情况等方面的经验教训，对于不甚成熟的国内住房抵押贷款市场发展非常难得。特别是在经历过前几年房地产宏观调控之后，一些地区如温州、鄂尔多斯、佛山等城市已经出现相当“弃房断供”现象。中国住房抵押贷款市场要想发挥“后发优势”就必须充分借鉴美国的经验教训，防止出现类似美国的抵押贷款危机。

3. 本书的社会价值在于通过住房抵押贷款市场带动房地产业健康发展，进而繁荣和发展国民经济。

第二章　美国住房抵押贷款市场

第一节　抵押贷款市场构成

为实现人人拥有住房的美国梦，自20世纪30年代起，美国在政府部门的推动下建立起了庞大复杂的住房金融体系。就住房抵押贷款而言，美国通过政策保障和金融手段形成了活跃的一级房贷市场和二级证券化市场。在房贷一级市场，完备的贷款担保和保险提供了良好的信用保障，从而降低了二级市场的风险。这其中包括联邦住房管理局（FHA）为中低收入者提供的贷款担保，以及退伍军人管理局（VA）、农业金融机构（FSA）和农村住房服务局（RHS）为各自服务对象所提供的贷款担保。此外，贷款机构还会要求不同的贷款者提供相应的其他私人保险或担保。

一、一级市场

美国住房抵押贷款一级市场由常规商业贷款和政府担保贷款组成。而政府担保贷款的产生源起于挽救大萧条时期几近崩溃的商业贷款市场。

美国之所以要建立政府贷款担保部门是基于经济大萧条带来的惨痛教训。在20世纪30年代之前，政府不介入住房市场，抵押担保完全由私人公司提供；住房贷款的门槛非常高，居民通常只能获得住房市值50%的抵押贷款，贷款大多是短期的，期限只有3～5年，而且主要是气球贷（Balloon Payment）。该类贷款又称大额尾付，即先少量、分期偿还贷款利息和部分本金，剩余本金到最后一期一次偿清，整个还款的模式就像气球一样“头小尾大”。大萧条的开始使得自1930年起，美国出现了流动性危机，阻止了许多好的项目的进展，流动性危机也影响到了新的住房抵押贷款，许多现有贷款的违约，并且造成了近200万户居民因无力偿还贷款而丧失住房。这对住房供给者和需求者都造成了深远的影响。尽管许多贷款机构都在设法自保，但20世纪30年代初期设立的这些住房抵押贷款机构效益还是受到影响，规模大幅减小，许多机构都倒闭了。1930—1933年大约9000家银行破产；储蓄贷款协会从1929年的12342家下降到1933年的10596家；私人抵押担保公司不是破产就是停止提供保险业务。与此同时，商业银行将新增抵押贷款削减了50%，储蓄贷款协会也削减了76%的抵押贷款。

大萧条使得美国政府充分意识到没有政府支持的住房抵押贷款市场将会产生灾难性后果，中低收入者的住房问题已成为影响经济发展和社会稳定的一件大事。为此，政府设立专门机构为中低收入者贷款提供保险以化解信用风险，并为住房抵押贷款承贷机构提供流动性供给。

为拯救几近崩溃的住房抵押贷款市场，美国国会根据1934年通过的《国家住房法》（*National Housing Act of* 1934）创设了FHA，专门为中低收入家庭、第一次购房者或边远地区的居民的住房抵押贷款提供全额保险。此外，随着退伍军人的住宅需求增加，美国国会在1944年成立了退伍军人管理局（Veterans Administration，VA），为退伍军人及其配偶的住房抵押贷款提供部分担保。FHA和VA的设立大大降低了放款机构的风险，并吸引更多的私人资金进入住房抵押市场。由于美国政府的介入，为符合标准的抵押贷款提供全额担保，从而控制了整体局面，恢复了抵押一级市场上的金融机构信心，大大推动了住房投资的增长。

此外，为保证抵押贷款机构能够获得低成本资金，美国国会在1932年通过了《联邦住房贷款银行法》（*the Federal Home Loan Bank Act*），成立了联邦住房贷款银行（Federal Home Loan Banks，FHLB）。FHLB仿效联邦储备体系，设立了12个区域性银行，由会员储蓄机构所有，并接受联邦住房贷款银行委员会（Federal Home Loan Bank Board，FHLBB）的监管。FHLB通过发行由政府提供隐性担保的债券筹集资金，向成员机构提供优惠利率的批发贷款。这种流动性的提供主要通过预付款或抵押借贷的形式，接近于美联储的“贴现窗口”，因而具有“类最后贷款人”的角色。事实上，储蓄贷款业早在1919年就曾将建立FHLB的设想提交国会但没有后文，而1931年的储蓄贷款协会危机最终促成了该计划付诸实施。FHLB最初的主要受益者是储蓄贷款协会，如今覆盖了商业银行、储蓄银行、储贷协会、信用社和保险公司，每年向美国家庭提供数十亿美元的低息资金（见表2.1）。

表2.1　　FHLB 区域银行的规模和成员　单位：十亿美元，个，%

FHLB	总资产	成员数目	成员集中度（5家最大成员）	
			资本占比	未清偿贷款占比
亚特兰大（Atlanta）	189.7	12[illegible]7	47.3	55.2
波士顿（Boston）	78.3	457	52.3	61.2
芝加哥（Chicago）	89.1	841	30.0	42.1
辛辛那提（Cincinnati）	87.5	725	50.5	61.9
达拉斯（Dallas）	63.6	886	49.5	58.7
得梅因（Des Moines）	60.8	1243	47.9	51.6
印第安纳波利斯（Indianapolis）	56.1	421	48.3	57.2
纽约（NewYork）	109.7	291	47.4	48.3
匹兹堡（Pittsburgh）	101.2	332	66.7	72.2
旧金山（SanFrancisco）	323.0	405	74.9	79.0
西雅图（Seattle）	64.2	380	58.0	70.5
托皮卡（Topeka）	55.4	877	41.0	53.3

资料来源：2007年FHLB合并财务报表。

以政府信用为中低收入家庭住房抵押贷款提供保险以及扩大住房抵押贷款发放机构低成本资金来源的措施极大促进了美国抵押贷款一级市场的发展。同时改变了美国住房抵押贷款的主要类型，从大萧条前的中短期气球贷转变成长期贷款，固定利率、固定付款、低首付的长期贷款由此兴起。FHA所推广的为期30年、利率固定的全部分期偿还的抵押贷款，后来成为美国住房抵押贷款系统的中流砥柱。

二、二级市场

美国住房贷款二级市场的形成离不开政府支持机构的创立和发展。

大萧条时期，大多数银行除了破产外几乎均陷入流动性危机。为解决流动性问题，1934年的《国家住房法》授权FHA可以发放不动产抵押贷款协会执照，协会的职责是买卖由FHA保险的贷款并受FHA监督。当时成立的唯一一家这样的协会是成立于1938年的华盛顿国民抵押协会（National Mortgage

Association of Washington)，同年改名为联邦国民抵押贷款协会（Federal National Mortgage Association，也称 Fannie Mae），即最初的房利美。房利美是一家政府支持企业（GSE），其最初的经营模式是在市场萧条时从抵押贷款机构那里购买住房抵押贷款合同，为市场注入资金；在市场繁荣时通过出售贷款合同回收资金。这种“逆风向”运作的政策功能从一定程度上解决了贷款流动性问题，提高了贷款机构提供住房贷款的积极性。房利美交易的抵押贷款主要是 FHA 和 VA 担保的贷款，这种流通格局一直维持到 1968 年房利美改组前后。

由于美国经济的稳定发展和世界局势较为平稳，贷款机构的资金来源较为稳定，放贷利率波动不大，20～30 年期的房贷利率可以维持在 7%～8% 的低利率水平。由于投资者从二级市场购买 FHA 或 VA 担保的住宅抵押贷款可能会遭遇拖欠本息的问题，FHA 或 VA 虽然承担了拖欠本息的责任，但会给投资者带来额外的成本和时间，因而抵押贷款交易市场并不活跃，投资标的流动性不佳，但并不影响一级市场的发展，贷款机构的收益基本上可以得到保障。

随着住房抵押贷款市场的进一步发展，一级市场流动性风险日益增加，迫切需要提供金融创新解决流动性问题，抵押贷款证券应运而生。

当时美国住房抵押贷款主要由节俭机构发放，其中储贷协会（S&L）占了一半的市场份额。S&L 是在政府支持和监管下专门从事储蓄和住房抵押贷款的非银行金融机构，通常采用互助合作或股份制的组织形式。受大萧条的冲击，商业银行由于住房抵押贷款损失惨重而不敢再介入该市场，S&L 则承担了协助政府实现低收入者“住房梦”的政策责任，享有商业银行没有的特殊优惠，是 20 世纪 30—80 年代美国住房抵押贷款的主要提供者。S&L 的资产负债结构极不匹配，它们只在当地发放期限在 25～30 年的固定利率住房抵押贷款，而资金却来自当地期限较短的存款，储户收取固定利率，可随时提取资金。大额定期存单（CD）的利率水平高于储蓄存款，但 S&L 必须留存 1～3 年才可转让。这种“短存长贷”的资产负债结构使 S&L 业务处于极高的风险之中，流动性风险不断积聚，一旦实际利率上升并高居不下，S&L 无疑将遭受亏损。

在此背景下，住房贷款二级市场原有的贷款交易形式已妨碍了一级市场的发展。为此，需要一种新型住房抵押贷款模式，既能分散贷款机构的流动性风险，使得长期债权能够流动；又可增加住房抵押市场的资金供给，保证中低收入者获得贷款。这种新型模式即通过三大政府特殊目的机构将住房抵押贷款证券化。1968 年，房利美拆分为新房利美和政府国民抵押贷款协会（GNMA，也称 Ginnie Mae，吉利美）。前者于 1970 年在纽约股票交易所上市；后者承担了房利美早期的角色，资助贫困家庭住房抵押贷款项目，隶属于 HUD。1970 年，为鼓励竞争，成立了联邦房贷抵押贷款公司（FHLMC，也称 Freddie Mac，房地美），并于 1989 年在纽约股票交易所上市。吉利美在 1970 年首先发行了政府信用担保的住房抵押贷款支持证券（MBS），成为美国住房抵押证券化的标志。该证券为转手证券（Mortgage Pass - through Securities）。事实上，吉利美的职责仅限于为二级市场上的投资者提供及时还本付息的担保。由于吉利美转手证券的基础资产是由 FHA、VA 等联邦机构保险的住房抵押贷款，而吉利美本身享有美国政府的充分承诺及信用担保，故而该证券是与政府债券相当的无风险证券，加上其收益率又比政府债券高，一度占到转手证券市场的 80%。随后，房地美和房利美也分别于 1971 年和 1981 年发行了转手证券；1983 年，房地美创造了第一份担保抵押债券（Collateralized Mortgage Obligation，CMO）。房利美和房地美虽不像吉利美那样享有政府的充分信用支持，但获得政府的部分信用支持和各种优惠政策。根据 1970 年的《紧急住宅金融法》（*Emergency Home Finance Act*），房利美通过发行债券获取资金，用于购买 FHA、VA 贷款和无联邦担保机构保险的普通抵押贷款，房地美可以购买私营机构保险的普通抵押贷款。1989 年，国会修订了金融机构改革，恢复和强制执行法案（FIRREA），从而使房利美和房地美的监管标准化。根据《1992 年联邦住宅企业金融安全和健全法》，两大公司需向中低收入家庭和特定地区提供信贷服务，通过促进二级市场的发展使普通百姓能更方便地从贷款机构获得优惠贷款，两者在实现公共政策目标上均受 HUD 控制，隶属于联邦住房贷款银行体系，受美国联邦住房贷款银行委员会监管。1995 年，房地美开始购买次级抵押贷款。①

政府信用的支持引导了大量私人资本充分进入住房抵押贷款的一级市场、二级市场，并创新出各种抵押债券衍生证券产品，使得越来越多的中低收入家

① 2008 年 9 月 6 日，由于美国次贷危机的影响，美国联邦住房金融局正式接管房地美和房利美。2010 年 6 月 16 日，美国联邦住房金融局发表声明，要求其监管的美国两大抵押贷款巨头房利美与房地美从纽约证交所和其他全国性证交所退市。为缩减房利美与房地美的市场份额，美国联邦住房金融局要求“两房”自 2014 年 1 月 10 日起只能购买优级抵押贷款。

庭能够拥有自己的住房，政府利用私人资本逐步实施其住房政策目标。

在一级市场，20 世纪 90 年代以前，政府担保机构 FHA 和 VA 承担了 80% 以上的住房抵押贷款保险，刺激了 S&L、商业银行特别是非银行抵押贷款机构的贷款发放，这又进一步吸引了私营保险机构大规模介入，由非政府机构担保的抵押贷款迅速增加，包括市场份额约占 12% 的次级贷款。次级贷款虽然引发了后来的金融危机，但毋庸置疑的是，对解决低收入阶层和少数裔群体购房问题起了重要的支持作用，并对经济增长有着积极推动作用。

常规保险是指私营保险公司提供的普通抵押信用保险。它与 FHA 保险的区别是，常规保险只对抵押贷款中超出抵押成数 8 成的部分贷款额提供担保，而且担保额和保险费与首期款的成数有关。联邦法律规定，住宅贷款如果贷款额超过 9 成，必须买抵押信用保险。实际操作中，凡贷款成数超出 8 成的，超出部分都要购买房地产抵押信用保险。法律规定，只要贷款余额降至房价的 78% 以下（并考虑房屋增值情况），贷款机构必须自动取消抵押贷款保险费。抵押保险的保险费一般计入贷款中，由抵押权人代为支付，保险费标准通常与个人信用情况、贷款额有关。

在二级市场，为实现“住房梦”的政策目标，政府资助机构一直是培育和发展证券化市场的主导力量。到 2003 年，三大机构占抵押贷款证券发行市场的份额仍在 80% 以上。但其后，投资银行、商业银行等新兴的私营机构所发行的抵押证券规模迅速增长，在 2007 年曾一度占据约一半的市场份额。事实上，私营机构早在 20 世纪 80 年代中期就介入二级市场的证券发行业务。1983 年 Fidelity Mutual 人寿保险公司将价值六千万美元的非政府担保的房地产抵押贷款通过证券化的方式出售给另外三家人寿保险公司，这一交易被评为 AAA 级。而此前投资者投资此类抵押贷款时主要是通过交易整笔贷款进行的。私营机构通过各种竞争手段及证券化产品创新推动了市场规模的扩大，起到了政府无法起到的作用并朝着政府预期的方向发展。正是这些私营机构的参与，解决了贷款机构的流动性问题，特别是那些不吸收存款的非银行机构如抵押贷款银行（Mortgage Bank）等，使其很容易出售手中的住房抵押贷款从而能够更快地融通资金。抵押贷款银行虽然自身没有稳定的存款资金来源，但机动灵活，更了解当地市场信息，可以满足各类主体特别是低收入者的贷款需求（见表 2.2）。

表 2.2　　美国历年抵押贷款证券的发行额　　单位：十亿美元,%

	三大政府资助机构[1]（A）	私人机构	总计（B）	A/B
1996	440.7	51.9	492.6	89.46
1997	535.0	69.4	604.4	88.52
1998	952.0	191.9	1143.9	83.22
1999	884.9	140.5	1025.4	86.30
2000	582.3	102.1	684.4	85.08
2001	1454.8	216.5	1671.3	87.05
2002	1985.3	263.9	2249.2	88.27
2003	2725.8	345.3	3071.1	88.76
2004	1375.2	403.8	1779.0	77.30
2005	1321.0	645.7	1966.7	67.17
2006	1214.7	773.1	1987.8	61.11
2007	1371.7	678.4	2050.1	66.91
2007				
一月	100.1	53.4	153.5	65.20
二月	105.5	82.4	187.9	56.14
三月	111.9	87.1	199.0	56.24
四月	119.4	64.5	183.9	64.93
五月	123.9	83.8	207.7	59.65
六月	138.0	98.6	236.6	58.34
七月	127.3	57.9	185.2	68.72
八月	108.1	53.0	161.1	67.08
九月	108.0	30.5	138.5	77.98
十月	105.6	24.1	129.7	81.42
十一月	110.6	26.8	137.4	80.51
十二月	113.3	16.0	129.3	87.66

续表

	三大政府资助机构[1]（A）	私人机构	总计（B）	A/B
2008				
一月	98.6	3.6	102.2	96.50
二月	150.5	8.9	159.4	94.44
三月	123.9	6.3	130.2	95.16
四月	134.0	6.6	140.6	95.29
五月	142.2	1.9	144.1	98.71
六月	148.6	11.3	159.9	92.92
七月	100.5	0.2	100.7	99.81
八月	96.3	1.2	97.5	98.76
九月	90.4	0.0	90.4	100
十月	73.4	0.0	73.4	100
十一月	65.3	0.0	65.3	100

注：[1]包括吉利美、房利美和房地美担保的抵押支持证券和抵押担保债券（CMOs）。

资料来源：U. S. Department of Treasury, Federal Reserve System, Federal Agencies, Thomson Financial, Bloomberg, SIFMA.

总之，住房抵押贷款证券的创设是一次巨大的金融创新，开创了资产证券化的浪潮。这意味着缺乏流动性的抵押贷款可以像其他证券一样进行交易，贷款机构的流动性不再受制于贷款期限的困扰。购房者获得抵押贷款的可能性不再完全依赖于所在地区的金融机构，通过交易抵押贷款资金可以从任何地方流向投资需求旺盛的区域，并为投资者提供了新的金融工具。①

① 1975 年 10 月，美国芝加哥期货交易所（CBOT）在美国政府有关机构的协助下，经过数年的调查研究后，推出了有史以来第一张利率期货合约：政府国民抵押协会抵押凭证（Government National Mortgage Association Certificates, GNMA）期货合约，开创了三大现代金融期货（外汇期货、利率期货、股指期货）之利率期货先河。

第二节　抵押贷款机构及其经营活动

美国住房抵押贷款机构及其经营活动可以借助《住房抵押公开法》（HMDA）数据加以分析。该法于1975年颁布，要求大多数位于大城市的抵押借款组织每年向公众披露它们房贷活动的具体信息。HMDA要求披露每一笔抵押贷款的具体运用情况，包括抵押贷款的类型、目的、特点；与贷款相关的家庭财产情况；贷款定价信息；贷款申请者的人口统计信息及其他信息，包括他们的种族和收入；有关贷款出售量的信息。

在2013年，根据HMDA规定，7190家贷款机构报告了其住房贷款活动，其中银行和储蓄机构（以下统称银行）有4216家，银行或银行控股公司的子公司127家，信用合作社2015家，独立抵押贷款公司832家。银行发放的抵押贷款占比超过一半，独立抵押贷款公司约占三分之一。与2006年房地产繁荣的高峰期相比，贷款机构构成格局的最大变化是银行系的抵押贷款公司分支机构发放的贷款大幅下降，2006年占比超过了21%，而在2013年不到6%。

这些报告机构的数量每年都会改变，这是由于报告的法定要求会发生变化，例如最小资产规模每年会随着消费者物价指数的变化而进行调整，2013年，要求机构发布报告的最小资产规模是4100万美元。兼并、收购、破产也会导致一些变化。此外，大城市数量和地理区域的改变也会影响每期的报告，因为HMDA要求其所包括的机构在每一个大城市至少有一个办公地点。2012年的贷款机构超过7400家，其中银行4370家；信用合作社2004家；抵押贷款公司1026家，其中814家不属于银行机构的组织。相比于2011年，2012年的贷款机构下降了3%，并且从2006年（超过8900家）持续下降。2012年17家机构部分停止运作，它们没有被其他机构并购，但也没有报告任何贷款活动。这些没有报告的公司占2011年贷款申请记录的0.08%。到2017年，这些贷款机构下降到5852家。

尽管住房抵押贷款机构数量庞大，但大多数机构的规模很小。2012年，HMDA所覆盖的机构有56%的存款机构（银行机构和信用合作社）总资产不超过2.5亿美元，其中的71%所发放的贷款不超过100笔。在所有的存款机构中，50%发放的贷款少于100笔。在2013年根据HMDA规定报告的7190家机构中，发放的抵押贷款不到100笔的超过三分之一（共有2615家），合计只有111000笔，约占全部贷款发放量的1.3%。超过10%的机构所发放的贷款少于25笔，占全部贷款的0.1%。

不同类型的贷款机构各具特色。独立抵押贷款公司相对于其他机构倾向于发放更多数量的贷款（2012年，50%的独立抵押贷款公司的贷款超过1000笔，这一数字超过存款机构的5倍）。

与独立抵押贷款公司相比，从业务类型偏好来看，银行更倾向于再融资；从购房和再融资借贷看，银行的常规商业贷款的份额更高。信用社的绝大多数贷款都是常规商业贷款（见表2.3）。

表2.3 贷款机构的住房抵押贷款业务活动

贷款机构及其业务	贷款机构类别				
	银行	银行子公司	信用社	抵押贷款公司	全部
数量	4216	127	2015	832	7190
贷款申请（千笔）	7354	780	993	4860	13987
贷款发放（千笔）	4731	490	611	2876	8707
贷款购买（千笔）	1967	397	18	413	2795
低于100笔贷款的机构数量	1654	26	874	61	2615
贷款发放（千笔）	72.0	0.9	36.1	2.4	111.4
低于25笔贷款的机构数量	523	10	296	20	849
贷款发放（千笔）	6.4	0.1	3.6	0.2	10.3
购房贷款（千笔）[1]	1152	198	127	1138	2615
常规商业贷款（%）	72.0	58.5	91.3	49.3	62.0
高息贷款占常规商业贷款比例（%）	3.7	1.2	3.9	1.9	2.9
LMI（%）[2]	26.0	30.6	28.8	30.5	28.4
LMI社区（%）[3]	11.6	11.9	12.5	14.0	12.7
非西班牙裔白人（%）[4]	72.5	72.4	74.2	67.0	70.2
少数民族（%）[4]	16.3	16.5	11.8	21.7	18.5
社区再投资法案评估区域（%）[5]	67.0	39.1	…	…	…
出售（%）[6]	74.1	98.2	55.4	97.6	85.2
再融资贷款（千笔）[1]	2438	227	311	1364	4340

续表

贷款机构及其业务	贷款机构类别				
	银行	银行子公司	信用社	抵押贷款公司	全部
常规商业贷款	87.7	78.7	98.8	73.5	83.6
高息贷款占常规商业贷款比例	1.6	0.6	2.5	1.3	1.5
LMI（%）[2]	22.1	19.1	24.2	19.1	21.1
LMI 社区（%）[3]	11.9	10.8	12.4	12.6	12.1
非西班牙裔白人（%）[4]	71.5	71.0	74.6	67.5	70.5
少数民族（%）[4]	14.6	13.9	10.9	16.3	14.9
社区再投资法案评估区域（%）[5]	67.8	45.1	…	…	…
出售（%）[6]	79.0	98.3	44.1	98.1	83.4

注：[1] 1～4 居户固定点建造、自住住房的第一留置权抵押贷款。

[2] 中低收入（LMI）：低收入指收入低于当地家庭收入中位数 80%，中等收入指收入介于中位数 80%～120%。

[3] 中低收入（LMI）社区的界定同中低收入。

[4] 少数民族指非白人或西班牙裔白人申请人。

[5]《社区再投资法案》（CRA）评估区域是指银行要在符合条件的县里至少设一个分支机构；对于银行子公司，同一银行组织内的任何银行至少要设一个分支机构。

[6] 表中的…为不适用。

数据来源：http：//www.ffiec.gov.

在发放与出售贷款的倾向性方面也存在显著差异。2013 年根据 HMDA 提供的报告，42 家银行出售了四分之三左右的贷款和 80% 的再融资，而独立的抵押贷款公司出售几乎所有的贷款，信用社则最不可能出售其发放的贷款。此外，构成也存在差异：独立贷款公司的购房有近 22% 是少数民族，相比之下，信用社的比例是 12%（见表 2.4）。

从贷款发放数目大小看，富国银行最高，为 81.9 万笔；其次是摩根大通，接下来是 Quicken 贷款和美国银行。排名前 25 位的贷款机构在 2013 年共发放了 360.2 万笔贷款，占全部贷款 870.7 万笔的 41.4%。在贷款购买方面，富国银行最高依然最多，其次是摩根大通和 U.S. 银行，这三家机构在贷款发放与贷款购买笔数方面的数量相当。接下来是美国银行和花旗银行。排名前 25 位的贷款机构在 2013 年共购买了 196.7 万笔贷款（这些贷款可能是在 2013 年或更早些年发放的），占全部贷款 279.4 万笔的 70.4%，远高于它们贷款发放的

表 2.4　　最大的 25 家抵押贷款机构的业务状况（2013 年）

	总发放（千笔）	总购买（千笔）	购房贷款[1]								再融资贷款[1]							
			数目（千笔）	常规（%）	高利率（%）[2]	LMI（%）[3]	LMI社区（%）[4]	非西班牙裔白人（%）[5]	少数民族（%）[5]	出售（%）	数目（千笔）	常规（%）	高利率（%）[2]	LMI（%）[3]	LMI社区（%）[4]	非西班牙裔白人（%）[5]	少数民族（%）[5]	出售（%）
富国银行	819	842	188	71.4	0.1	21.3	11.1	69.6	20.2	83.2	467	78.1	0.5	16.6	12.6	70.3	18.1	91.6
摩根大通	426	426	59	72.5	0.5	25.4	12.3	63.7	24.8	79.1	287	85.9	0.7	27.1	13.5	68.8	18.1	94.2
Quicken 贷款	376	0	30	56.0	2.7	25.2	12.2	61.7	12.9	100.0	300	76.7	1.9	21.8	13.1	65.5	12.9	99.9
美国银行	359	117	40	77.4	0.1	21.5	11.8	59.5	25.1	55.0	249	88.5	0.2	27.8	14.5	62.7	21.5	80.1
花旗银行	232	104	19	93.7	0.0	13.7	12.3	46.8	25.6	63.6	175	97.5	0.1	28.1	13.6	64.3	14.2	96.0
U. S. 银行	178	166	32	75.1	0.6	28.4	11.1	75.5	11.1	79.4	111	92.7	3.0	25.7	12.3	65.1	9.4	57.5
PNC 银行	118	1	20	66.0	0.0	33.9	13.3	63.8	14.7	90.5	71	86.5	0.0	27.5	13.1	69.3	11.4	61.4
Flagstar 银行	114	42	38	57.9	1.3	26.1	11.7	66.6	26.0	99.6	61	79.4	0.5	15.6	10.7	66.1	24.0	99.9
Nationstar 抵押	98	26	9	53.9	0.1	25.3	14.4	57.1	33.1	98.5	67	93.1	3.3	34.5	18.6	66.2	23.6	99.5
太阳信托抵押	85	42	18	84.2	0.0	19.4	8.8	66.1	16.8	98.7	52	91.7	0.0	22.6	11.3	69.6	14.2	99.6
Branch 银河信托公司	84	95	25	68.5	2.8	30.0	13.1	71.0	11.0	68.8	37	90.5	0.3	22.7	12.8	75.9	9.5	55.3
五三抵押公司	82	25	21	65.1	1.2	32.1	12.1	71.5	13.5	93.1	51	60.5	0.9	17.6	12.7	66.9	11.3	98.3
USAA 联邦储蓄银行	77	0	37	36.5	0.0	13.1	8.7	64.7	12.7	99.3	31	59.5	0.1	8.5	8.2	59.7	11.2	98.2
自由抵押集团	63	14	8	46.2	0.1	28.8	12.6	69.8	20.2	100.0	49	18.8	0.1	4.7	14.9	59.4	16.9	100.0
Navy 联邦信用社	57	0	19	45.2	11.5	20.9	11.7	58.4	17.8	55.9	24	44.6	0.4	12.6	10.2	58.3	20.3	61.6
PrimeLending	56	0	36	52.6	2.1	30.8	12.5	68.7	16.9	99.9	13	85.0	0.8	19.8	10.1	75.1	12.1	99.9

续表

	总发放（千笔）	总购买（千笔）	购房贷款[1]								再融资贷款[1]							
			数目（千笔）	常规（%）	高利率（%）[2]	LMI（%）[3]	LMI社区（%）[4]	非西班牙裔白人（%）[5]	少数民族（%）[5]	出售（%）	数目（千笔）	常规（%）	高利率（%）[2]	LMI（%）[3]	LMI社区（%）[4]	非西班牙裔白人（%）[5]	少数民族（%）[5]	出售（%）
地区银行	55	0	17	56.7	4.7	33.5	12.8	74.1	21.3	74.1	26	91.8	1.2	24.7	12.6	83.5	12.7	45.1
Guaranteed Rate	50	0	23	74.2	0.9	23.1	12.5	71.6	13.9	100.0	20	91.7	0.2	13.0	8.8	76.1	10.0	100.0
Stearns Lending	46	6	18	58.0	0.7	35.2	16.3	63.5	24.6	100.0	22	86.0	0.1	21.9	12.8	64.8	20.2	100.0
Shore 抵押	46	0	18	65.5	2.4	32.5	14.2	64.5	29.2	100.0	22	89.2	1.1	20.2	10.3	73.2	19.1	100.0
EverBank	41	5	8	77.4	0.6	21.8	12.6	64.4	20.4	90.4	24	92.0	0.9	28.3	14.5	67.5	18.9	96.1
loanDepot. com	36	2	3	50.6	1.0	18.3	14.0	55.0	32.4	100.0	29	74.8	0.9	19.1	13.2	72.7	15.2	100.0
PHH 抵押公司	35	49	6	52.9	0.8	26.6	10.1	61.3	11.3	99.9	21	94.0	3.0	33.4	13.9	71.7	11.7	99.9
Huntington 国民银行	34	1	9	74.7	1.3	29.6	10.0	88.5	7.0	75.4	20	88.0	6.6	24.8	9.7	89.0	5.9	52.8
Guild 抵押公司	32	4	20	37.8	3.8	38.3	19.4	62.0	23.8	99.9	6	70.7	1.0	19.7	15.0	65.4	16.9	99.9
前 25 家	3602	1967	723	65.4	1.0	24.8	12.0	66.6	19.5	85.6	2237	82.1	0.9	22.5	13.1	67.5	16.3	89.2
全部	8707	2794	2615	62.0	2.9	28.4	12.7	70.2	18.5	85.2	4341	83.6	1.5	21.1	12.1	70.5	14.9	83.4

注：[1] 为 1 ~4 居户固定点建造、自住住房的第一留置权抵押贷款。

[2] 利率较高的常规商业贷款份额。

[3] 中低收入（LMI）：低收入指收入低于当地家庭收入中位数 80%，中等收入指收入介于中位数 80% ~120%。

[4] 中低收入（LMI）社区的界定同中低收入。

[5] 少数民族指非白人或西班牙裔白人申请人。

数据来源：http：//www. ffiec. gov.

占比。

当然，表2.4中所列的数据可能仅仅是这些贷款机构的一部分业务，它们可能还有其他子公司或附属公司的数据没有包含在其中。如果将这些部分也考虑进去，25家机构规模可能要增大，例如，Wells Fargo和Company大约发放了84.1万笔贷款，其中富国银行是41.9万笔；花旗集团（Citigroup）购买了41.9万笔贷款；Fifth Third Bancorp发放了11.4万笔贷款，其中五三抵押公司的8.2万笔；SunTrust银行发放了9.9万笔贷款，包括太阳信托抵押的8.5万笔贷款。

大型贷款机构在放贷模式方面存在显著差异。花旗银行发放的购房贷款中有94%属于常规商业贷款，是比例最高的机构，其他大型贷款机构的比例要低得多，例如排名第25的Guild抵押公司，这一比例只有38%。在贷款交易方面，美国银行购房贷款发放量中只有55%被销售出去，是排名前25家最大机构中该比例最小的机构，而这25家机构的平均值在85%以上。排名前25家机构的构成也存在差异。有些机构的三分之一或更高的购房贷款是中低收入者，而该比例在其他一些机构只有20%或更低。例如，Guild抵押公司有38.3%的中低收入者，花旗银行只有13.7%。这些差异可能反映了贷款机构的经营战略、客户市场需求和经营区域的不同，或几个因素的组合不同。

第三节　抵押贷款市场结构

一、抵押贷款申请与发放

大多数贷款申请通常均获得批准。但在某些情况下，申请虽然被批准，但申请者却决定放弃这笔贷款，例如在2012年几乎所有贷款申请中的5%被批准却没有被申请者接受。

2013年，在HMDA规定下需要提供报告的7190家贷款机构收到了近1400万份住房抵押贷款申请，包括约190万份申请由于手续不全被银行拒绝或由申请人主动撤销。与2012年的1530万份各种形式的购房贷款申请相比下降了8%。而2012年比2011年的数据提高了30%，但明显低于2006年的2750万份贷款申请（见表2.5）。

表 2.5　抵押贷款预先批准请求概览

项目＼年份	2007	2008	2009	2010	2011	2012	2013	2014	2015	2016	2017
预先批准请求（千份）[1]	1065	735	559	445	429	474	474	496	531	514	481
预先批准请求被批准但未继续（千份）	197	99	61	53	55	64	69	64	63	60	36
预先批准请求被否决（千份）	235	177	155	117	130	149	123	125	115	115	107

注：[1] 预先批准请求包括两类。一类是被贷款机构否决，另一类是虽被贷款机构接受但最终放弃。而贷款申请通常与特定资产有关的贷款申请，因此它同预先批准请求（与特定资产无关）有本质性的区别。在 2004 年之前，与预先批准请求相关的信息并不要求报告。

数据来源：http：//www. ffiec. gov.

从贷款批准前的贷款请求看，2017 年有 48.1 万份，其中大约有 10.7 万份在预审阶段被否决，大约有 3.6 万份证明申请被批准但没有继续下去。2017 年相应的数据有所上升，分别为 41.4 万份、11.5 万份和 6.0 万份。

表 2.6　住房抵押贷款的申请与发放

贷款和房产性质	2006	2007	2008	2009	2010	2011	2012	2013	2014	2015	2016	2017
1～4 居户												
一、购房												
申请（千份）	10929	7609	5060	4217	3848	3650	4023	4586	4679	5196	5694	6018
发放（千份）	6740	4663	3139	2793	2547	2430	2742	3139	3248	3676	4046	4237
第一留置权自住（千份）	4429	3454	2628	2455	2219	2073	2343	2703	2815	3210	3544	3687
固定地建造常规商业贷款	3912	2937	1581	1089	1006	999	1251	1630	1741	1899	2123	2291
固定地建造政府担保贷款	386	394	951	1302	1152	1019	1033	1007	1006	1235	1340	1303
预制房常规商业贷款	101	95	68	43	45	40	44	51	51	56	59	67
预制房政府担保贷款	30	29	28	21	17	15	14	14	16	20	22	26
第一留置权非自住（千份）	880	607	412	292	285	314	355	388	378	406	435	470
次级留置权自住（千份）	1269	552	93	44	42	41	43	46	53	58	65	79

续表

贷款和房产性质	2006	2007	2008	2009	2010	2011	2012	2013	2014	2015	2016	2017
1~4居户												
一、购房												
次级留置权非自住（千份）	162	50	6	2	2	1	1	1	2	2	2	2
二、再融资												
申请（千份）	14046	11566	7805	9983	8437	7422	10526	8564	4526	5957	7187	4938
发放（千份）	6091	4818	3491	5772	4971	4330	6668	5141	2370	3234	3759	2516
第一留置权，自住（千份）	4469	3659	2934	5301	4519	3856	5930	4393	2001	2847	3375	2201
固定地建造常规商业贷款	4287	3407	2363	4264	3837	3315	4971	3634	1608	2155	2529	1630
固定地建造政府担保贷款	110	180	506	979	646	508	917	715	363	661	812	539
预制房常规商业贷款	60	56	42	36	25	25	31	32	22	21	20	19
预制房政府担保贷款	12	16	22	22	10	9	11	12	8	10	14	13
第一留置权非自住（千份）	547	474	330	350	359	394	660	673	310	329	329	252
次级留置权自住（千份）	1036	661	219	115	88	74	73	70	55	55	52	60
次级留置权非自住（千份）	39	23	9	7	6	5	5	5	4	4	3	3
三、住房改善												
申请（千份）	2481	2218	1413	832	671	675	779	833	846	926	1005	1052
发放（千份）	1140	958	573	390	342	335	382	425	411	477	536	548
多居户房产[1]												
申请（千份）	52	54	43	26	26	35	47	51	46	52	50	48
发放（千份）	40	41	31	19	19	27	37	40	35	41	40	38
申请合计（千份）	27508	21448	14320	15057	12981	11782	15375	14034	10097	12132	13937	12056
发放合计（千份）	14011	10480	7234	8974	7879	7122	9828	8744	6064	7428	8381	7339

注：[1] 多居户房产指五个或以上单元。由于小数点原因，组成部分加总后可能有出入。FHA 指联邦住房管理局；VA 是退伍军人事务部；FSA 为农业服务局；RHS 指农村住房服务局。

数据来源：http：//www. ffiec. gov.

2013 年共发放了 870.7 万笔贷款，2012 年发放的数量是 980 万笔，减少了 11.4%。该数据在 2003 年达到 2144.8 万笔的高点后一直下降，直到 2012 年有所反弹。2013 年共发放了 870.7 万笔贷款，2012 年发放的数量是 980 万笔，减少了 11.4%。该数据在 2003 年达到 2144.8 万笔的高点后几乎一直下降。2017 年进一步从 2016 年的 840 万笔下降到 730 万笔。2013 年为 1～4 居住房户进行再融资的抵押贷款 513.1 万笔，比 2012 年下降了 150 万多笔，降幅达 23%。2017 年进一步降到 120 万笔，比 2016 年下降了 33.1%。

二、购房贷款与再融资贷款

购房贷款在 2005 年之前一直处于上升趋势，大多数 1～4 居户住房的购房贷款用于购买第一留置权的自住房，这类贷款在 2005 年达到 496 万笔的高位后开始回落，2007 年发生次贷危机后开始大幅下降，至 2011 年跌至 207 万笔，降幅接近 60%。2013 年增加到 268 万笔，比 2012 年上升了 13%，但依旧保持着相对较低的水平，没有恢复到 1993 年的水平，明显低于 2000 年实现的水平，更不用说 2005 年、2006 年实现的水平（尽管这一水平呈现出过度膨胀的趋势，因为它们包括大量的次级购房贷款）。从 2011 年到 2013 年的购房贷款的增加与 2011 年所报告的二手房和新房销售量的增加是一致的。根据美国商务部的统计，2012 年，新房销售量比 2011 年增加 20%；根据美国房地产经纪人协会统计，二手房的销售量上升 9%。2017 年比 2016 年增加了 19.1 万笔，上升了 4.7%，达到了 2008 年以来的最高水平。

与购房贷款相比，再融资贷款的波动要大得多。2003 年达到最高值 1410 万笔，此前一直处于升势，此后开始下降，在危机爆发期间跌的 2008 年至 293 万笔。如前所述，再融资贷款的数量随利率变化而变化（会有一个较短的滞后期），随着抵押贷款利率的下降而扩张，随着利率的增加而减少。随着次贷危机的爆发，美联储将利率维持在非常低的水平，这一利率环境对再融资需求方十分有利。在某些情况下，个人能够利用利率下降的优势在多种情况下进行再融资。即便如此，许多抵押贷款依旧无法进行再融资，要么是因为他们无法达到需要的信用评分标准要么因为他们没有相关的抵押物，包括他们需要融资的金额超过住房抵押品的价值（见图 2.1）。

为帮助摆脱危机带来的困境，美国政府于 2009 年开始实施住房可偿付调

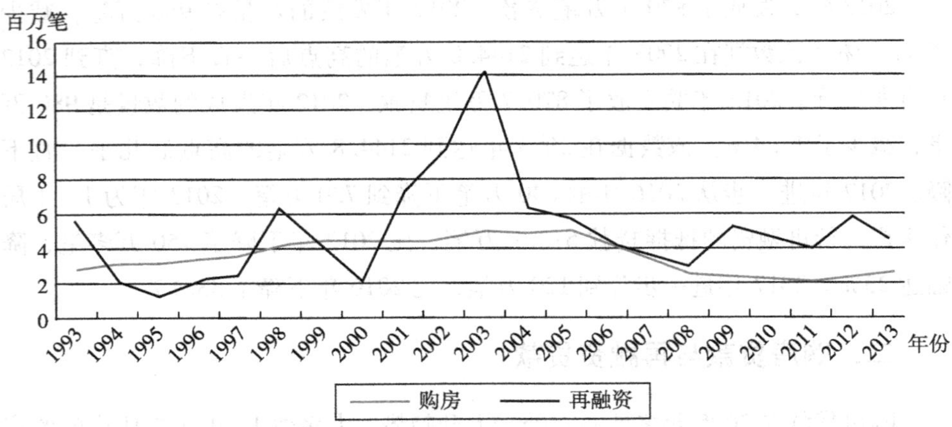

注：为1～4居户自住住房的抵押贷款，2004年及以后年份不包括次级留置权贷款。

数据来源：http：//www. ffiec. gov.

图2.1 购房和再融资住房抵押贷款

整计划（HARP），资助那些持有抵押贷款、或者有房地美或房利美保证贷款的住房业主对其抵押贷款进行再融资，尽管这些抵押资产几乎没有甚至只有负价值。在2011年的秋季，为了提高HARP项目的使用，HARP作出了一些改变，例如降低某些费用以及取消最多不超过125%的贷款比例的限制。

美国政府降低利率及相关贷款费用的努力大大降低了再融资波动幅度，使其恢复到正常水平。同2011年相比，2012年再融资贷款上升了54%，同时30年的抵押贷款利率下降到低于4%，贷款发行的高峰月是10月，达到6.8万份，而1月只有4.4万笔贷款。2012年通过HARP进行的再融资超过了2011年的2倍，从438228笔到1074755笔。2013年的再融资出现了下降，主要原因是由于美联储逐渐退出QE，住房抵押贷款利率从历史低点开始上升。根据FreddieMac的调查，第一留置权住房抵押贷款利率从2012年12月的3.35%升至2013年12月的4.46%。30年期优级贷款固定利率在2017年的平均水平为3.99%。

三、非自住房贷款

抵押贷款除了用于购买、改善自住房，还可能用于非自住房。用于购买非自住房资产的抵押贷款包括购买租赁资产、度假房和二套房。HMDA数据对此类贷款所扮演的角色进行了披露。表2.7显示，2012年，非自住房贷款比上

表 2.7　　1～4 居户住房的贷款与房屋类型　　单位：笔

	贷款				再融资				改善			
	自住		非自住		自住		非自住		自住		非自住	
年份	常规	非常规	常规	非常规	常规	非常规	常规	非常规	常规	非常规	常规	非常规
2000	3411887	963345	404133	8378	2170162	64882	198695	1293	843884	10896	37047	760
2001	3480441	1003795	440498	14128	6836106	524228	516616	12181	788560	6722	32990	548
2002	3967834	870599	547963	8474	9058654	535370	706570	9377	676515	4878	30533	197
2003	4162412	761716	667613	4560	13205472	895735	1007674	15871	642065	5226	31113	103
2004	4946423	574841	906014	2710	6649588	304591	621667	8082	904492	5557	56341	94
2005	5742377	438419	1199509	1707	6336004	158474	603914	3257	1026340	4483	62298	70
2006	5281485	416744	1040668	1425	5382950	122134	585142	1016	1067730	6115	65842	44
2007	3582949	423506	633916	896	4123507	196897	496577	894	887123	9409	61321	59
2008	1727692	972605	415930	3465	2593793	522243	337914	3824	516612	12347	39170	158
2009	1174648	1323966	290560	3765	4414509	1000911	349147	7511	349993	11256	28568	164
2010	1090328	1169729	284700	1833	3948746	655574	356183	8100	303344	11810	26190	57
2011	1076446	1025827	313138	1443	3401097	512839	384911	13023	293735	14392	27768	3532
2012	1330664	1043651	353884	1393	5054553	919372	621804	41631	335911	12545	31713	82

注：常规指常规商业贷款；非常规指政府担保贷款。

数据来源：http://www.ffiec.gov.

年增长了42%。从2006年开始，非自住房贷款比购房贷款下降得更快。然而，从2009年开始，非自主房贷款比购房贷款上升得更快，这段时间购房贷款增幅只从12%增长到15%。

四、常规商业贷款与政府担保贷款

购房贷款总量在2005年达到峰值，2006年下降了9%，随后出现了大幅下降。但事实上这些下降均来自常规商业贷款，包括由FHA、VA、农业金融机构（FSA）和农村住房服务局（RHS）在内的政府担保贷款则显著增加，相应地，它们的市场份额也相应增加，特别是FHA担保贷款的市场份额大幅上升。

2006—2009年，HMDA报告的常规购房贷款总量下降了77%，而政府担保购房贷款量达到原来的3倍。在2009年，政府担保购房贷款总量达到更高的水平，这样的贷款占到总量的48%，几乎占到半壁江山。对于1～4居户自住住房的购房贷款，常规商业贷款的市场份额由2005年的91.17%，下降到2009年的46.13%，而FHA担保贷款分别从2005年的6.15%升至2009年的41.58%，全部政府担保贷款所占市场份额在2009年高达54%，超过了常规市场贷款的份额。

这一时期政府担保购房贷款量的增长反映了美国政府在经济危机时期在住房抵押贷款市场所起到的稳定市场和反经济周期的作用。在此期间，由于常规商业贷款为了降低贷款违约风险而要求更严格的担保条件，对于高LTV贷款要求相对较高的利率，特别是对于信用分数不太高的征收高利率。次级留置权购房贷款自次贷危机发生以来一直受到抑制，2013年只有4.5万笔，2007年为55万多笔，而2006年接近130万笔。同时，由于风险上升而提高利率，一些贷款机构甚至停止发放商业贷款。此外，私人抵押贷款保险（PMI）业务到2010年降至历史低点，这是由于PMI公司收紧标准、提高价格，政府支持企业对于高LTV贷款征收额外费用。为此，FHA和VA分别提高其贷款规模限额，特别是允许的融资额超过住房价值的80%。当然，政府担保贷款在购房市场的某些特定领域扮演着小角色。例如，政府担保贷款占新增非自有房屋购房贷款的比例不到1%。

政府担保购房贷款在购房贷款市场继续扮演着最重要的角色，尽管它的市场份额从2010年开始持续下降。总的来说，2012年新增的政府担保购房贷款额比 2011 年增加 2%。然而政府担保贷款在总购房贷款中的份额从 2011 年的 43% 下降到 2012 年的 38%。对于 1～4 居户自住住房购房贷款，政府担保贷款的市场份额在 2012 年是 44%，2017 年依然高达 36.05%。

在所有的政府担保贷款项目中，2012 年 FHA 购房贷款额占全部购房贷款的比例与 2011 年相比下降 2%，但是 VA 保证贷款的数量提高 11% 且那些有 FSA/RHS 支持的贷款约增加了 13%。对于 1～4 居户自住住房购房贷款，FHA、VA 和 FSA/RHS 的市场份额在 2017 年分别是 22.42%、10.35% 和 3.28%（见表 2.8）。

表 2.8　不同类别购房抵押贷款的市场份额　单位：%

年份	常规商业贷款	FHA	VA	FSA/RHS
1993	72.86	19.16	7.84	0.14
1994	77.49	15.74	6.56	0.21
1995	76.57	16.65	6.47	0.31
1996	75.44	18.21	5.90	0.46
1997	74.84	19.26	5.38	0.53
1998	76.97	17.32	5.11	0.60
1999	76.55	18.61	4.35	0.49
2000	77.98	17.90	3.76	0.36
2001	77.61	18.25	3.71	0.43
2002	80.94	15.37	3.28	0.41
2003	84.53	12.11	2.88	0.48
2004	87.95	9.05	2.55	0.45
2005	91.17	6.15	2.28	0.40
2006	90.60	6.35	2.60	0.44
2007	87.77	8.22	3.20	0.82
2008	62.76	29.49	5.60	2.15
2009	46.13	41.58	7.50	4.79
2010	47.33	40.85	7.97	3.85
2011	50.12	35.44	9.05	5.39
2012	55.28	30.50	8.88	5.34
2013	62.43	23.65	9.09	4.83
2014	63.68	21.29	10.25	4.78

续表

年份	常规商业贷款	FHA	VA	FSA/RHS
2015	60.95	25.29	10.15	3.61
2016	61.57	24.92	10.28	3.22
2017	63.95	22.42	10.35	3.28

注：为1~4居户自住住房的抵押贷款，2004年及以后年份不包括次级一留置权贷款。

FHA指联邦住房管理局；VA是退伍军人事务部；FSA为农业服务局；RHS指农村住房服务局。

数据来源：http：//www.ffiec.gov.

大多数抵押贷款再融资涉及常规商业贷款，但由于政府担保贷款2008年以来在购房贷款市场始终扮演着重要角色，因此在再融资市场的角色也十分重要。在2007年及其之前，再融资贷款中政府担保融资不超过6%。自那时起，政府担保再融资贷款份额已经实现巨大飞跃，从2011年的12%到2012年的14%，与此同时，政府担保再融资贷款量与上年同期相比上涨了约83%。在所有的政府担保贷款中，由VA保证的贷款同2011年相比增加90%，由FHA保证的贷款增加78%。

五、优级贷款与其他贷款

美国住房抵押贷款发放总量在次贷危机前一直大幅增加，带来了信贷扩张。根据美国抵押银行家协会（Mortgage Bankers Association，MBA）的调查，抵押贷款发放总量到2007年第四季度高达4600万笔，约为1998年第一季度2322万笔的两倍；此后开始下降，在2013年第三季度的4043万笔开始止跌回升，2014年底恢复至4092万笔。优级贷款发放量的变化与全部抵押贷款发放量的变化轨迹基本一致。尤为引人注目的是次级抵押贷款的大幅度增加，在1998年只有42万笔，到2003年第三季度的152万笔，在2003年第四季度突然暴增至311万笔。2005—2009年大量发放，在2006年第二季度达到历史高点620万笔。金融危机之后有所缩减，但仍然数量可观，在2014年底为353万笔，占全部抵押贷款的9%。根据OFHEO的统计，1993—2005年，美国次级贷款的发放量从0发展到6250亿美元，年平均增长率达到26%。到2006年时，FICO信用评分在650分及以下的所借的贷款金额已达所有贷款总额的四分之一，而次级贷款也成为仅次于优级贷款的第二大贷款种类（见图2.2）。

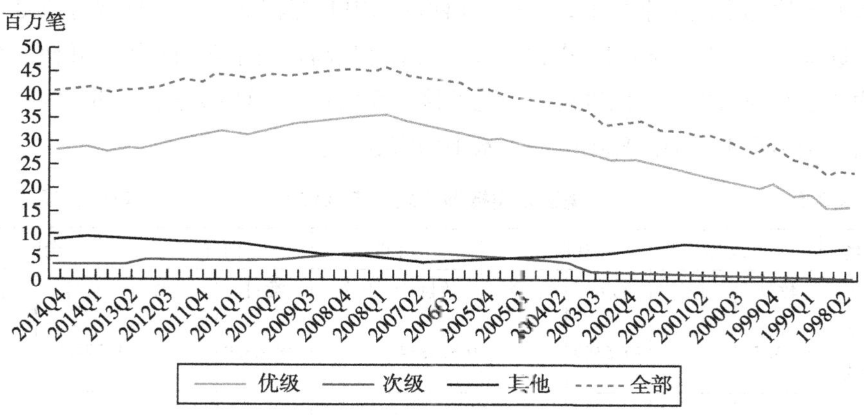

数据来源：美国抵押贷款银行家协会。

图 2.2　美国优贷和其他住房抵押贷款发放数量

2014 年美国各州之间抵押贷款发放数量有较大的差异，其中东海岸、佛罗里达及加利福尼亚是住房抵押贷款发放数量最多的地区，而中西部地区从整体上来说发放的住房抵押贷款数量较少。这是由于东海岸、佛罗里达和加利福尼亚是美国的人口密集地区，人口越多，对住房抵押贷款的需求量自然也就越大，因此这些地区拥有较高的住房抵押贷款发放量在情理之中。

从不同类别的贷款看，优级贷款的发放量比次级贷款高很多，平均达到次级贷款的 8 倍左右，而加利福尼亚和佛罗里达的优级贷款发放数量比其他任何州都要高出一大截。显而易见，尽管在过去的 20 年间次级贷款的发放数量大幅上升，但优级贷款仍然是贷款发放的主流。

美国抵押银行家协会调查了 2008 年第一季度末具有 1 ~4 单元住宅优先留置权的抵押贷款共 4500 多万笔，比 2007 年第四季度减少了大约 80 万笔，比一年前增加了 130 万笔；其中次级抵押贷款约 550 万笔，比上一季度和前一年分别下降了 30 多万笔和 30 万笔左右。该调查数据覆盖了 80% ~85% 的未清偿优先留置权抵押贷款。表 2.9 显示，在全美未清偿抵押贷款中，78.08% 的贷款是优级贷款，次级贷款占 12.26%，FHA 贷款、VA 贷款分别占 7.20%、2.46%。不同区域的次级贷款所占的比例基本与全国的水平差不多，在 12% 左右，其他类别的贷款则有所不同。优级贷款在西部最高，达到 82%，分别高于东北部、全国 1 个和 4 个百分点；南部最低，比全国低了 4%；中北部与全国持平。FHA 贷款在南部的占比比全国水平高了2.6%；在西部和中北部较低，该类贷款对象是中低收入家庭。VA贷款与FHA贷款类似，在南部最高且高于全国水平，其他三个地区均低于全国水平。可以看出，中北部接近全国水平，西部与东北部家庭收入状况高于全国水平，而南部中低收入水平的家庭较多。

表2.9 美国各类抵押贷款的市场结构 单位：笔,%

市场结构	东北部		中北部		南部		西部		全国	
	数目	比例	数目	比例	数目	比例	数目	比例	数目	比例
全部贷款	6765055		9075369		16576834		11856529		45224567	
优级贷款	5501576	81.32	7069211	77.89	12271226	74.03	9768948	82.39	35311975	78.08
次级贷款	810791	11.98	1054597	11.62	2018165	12.17	1425533	12.02	5542954	12.26
FHA贷款	379578	5.61	769682	8.48	1625966	9.81	467898	3.95	3256579	7.20
VA贷款	73110	1.08	181879	2.00	661477	3.99	194150	1.64	1113059	2.46

资料来源：根据美国抵押银行家协会2008年第一季度调查数据整理。

表2.10显示了各类抵押贷款与全部贷款的最高占比及最低占比的州。佛蒙特的优级贷款比例最高，达到89%，比最低的州阿拉斯加高出24%；次级贷款比例最高的州是内华达，为17.47%，而北达科他只有4.52%。同样地，FHA贷款与VA贷款的差异也非常大，前者的最高与最低值分别为16.12%（得克萨斯）与1.49%（加利福尼亚），后者则为11.59%（阿拉斯加）、0.43%（加利福尼亚）。

表2.10 美国各州抵押贷款的统计特征 单位：笔,%

	州	全部贷款	优级贷款	比例	州	全部贷款	次级贷款	比例
占比最高	佛蒙特	62665	55810	89.06	内华达	557758	97467	17.47
占比最低	阿拉斯加	92354	60018	64.99	北达科他	62374	2821	4.52
	州	全部贷款	FHA贷款	比例	州	全部贷款	VA贷款	比例
占比最高	得克萨斯	3077201	495924	16.12	阿拉斯加	92354	10707	11.59
占比最低	加利福尼亚	5831994	86729	1.49	加利福尼亚	5831994	24831	0.43

资料来源：根据美国抵押银行家协会2008年第一季度调查数据整理。

抵押贷款的利率特征将直接影响到未来还款状况，特别是在市场利率上升的背景下尤为如此。四类贷款中浮动利率的占比不同，有近一半的次级贷款采用浮动利率，内华达州的这一比例高达71.81%，不过最低的阿拉斯加州只有21.91%，低于西部地区浮动优级贷款占优级贷款的比例28.35%。优级贷款采用浮动利率的比例大大低于次级贷款，浮动利率贷款占全部优级贷款的比例全国平均为18.04%；最低的俄克拉荷马州为5.63%，最高的加利福尼亚州为35.85%；但大大高于FHA贷款，全国浮动利率的FHA贷款只占全部FHA贷款的4.82%，在俄克拉荷马州只有1.23%。从区域看，西部地区的比例最高，大大高于全国的平均水平；而东北部低于全国水平；南部基本上低于全国水平（见表2.11）。

表2.11　美国浮动利率抵押贷款结构　单位：%

	浮动利率优级贷款		浮动利率次级贷款		浮动利率FHA贷款	
	占优级贷款比率	占全部贷款比率	占次级贷款比率	占全部贷款比率	占FHA贷款比率	占全部贷款比率
东北部	13.40	10.90	39.40	4.72	3.88	0.22
中北部	12.85	10.01	48.13	5.59	5.85	0.50
南部	15.91	11.78	45.55	5.55	4.04	0.40
西部	28.35	23.36	61.65	7.41	6.78	0.27
全国	18.04	14.08	47.36	5.81	4.82	0.35
最高占比（州）	35.85（加利福尼亚）	30.66（加利福尼亚）	71.81（内华达）	12.55（内华达）	13.94（明尼苏达）	1.07（科罗拉多）
最低占比（州）	5.63（俄克拉荷马）	3.78（俄克拉荷马）	21.91（阿拉斯加）	1.96（北达科他）	1.23（俄克拉荷马）	0.09（怀俄明）

资料来源：根据美国抵押银行家协会2008年第一季度调查数据整理。

最引人关注的是次级与Alt－A这两类非优级贷款。表2.12列举了具有投资级别的抵押支持证券的基础产品次级贷款与Alt－A贷款的一些特征。可以看出，次级贷款中有90.86%用于购买自住房，只有不到10%的部分具有投机或其他目的；Alt－A贷款用于购买自住房的比例虽然低一点，但也高达72.2%。总体上看，有82.89%的非优级贷款用于自住房的购买，1000单位的自住房申请了37.9笔非优级贷款，其中23.8笔是次级贷款。购买自住房的次级贷款平均余额为180226美元，比Alt－A贷款的平均余额低了10多万美元。

表 2.12 非优级贷款与自住房贷款

	贷款（笔）	非自住房贷款（笔）	自住房贷款（笔）	自住房贷款（%）	贷款（笔）/1000 自住房	自住房贷款平均余额（美元）
次级贷款	3034361	277289	2757072	90.86	23.8	180226
Alt－A 贷款	2262296	628820	1633476	72.20	14.1	288867
总计	5296657	906109	4390548	82.89	37.9	220645

资料来源：根据2008年6月美联储贷款绩效数据（FRB Loan Performance Data，June 2008）整理。

美联储调查的2008年6月自住房非优级贷款全部是2007年发放的，次级贷款、Alt－A贷款的发展在2006年达到高峰，前者的风险远远高于后者，反映在利率上，前者比后者高了近2个百分点。虽然Alt－A贷款没有或较少提供文件的比例是次级贷款的2倍以上；贷款—住房初始价值略高于次级贷款，但其信用水平、贷款与住房价值比（LTV）指标均大大优于次级贷款（见表2.13）。

表 2.13 自住房非优级贷款及其信用

	平均利率	平均信用评分	信用低于600分	信用高于660分	高贷款—初始价值比笔数	高LTV且信用低于620分	低LTV且信用不低于620分	没有或较少提供文件	2007年发放	2006年发放	2005年发放	2004年及以前发放
次级贷款	8.60	618	38.50%	21.40%	36.36%	13.40%	24.30%	33.00%	14.20%	37.6%	25.80%	22.40%
Alt－A贷款	6.74	705	1.30%	80.70%	30.70%	0.50%	67.70%	72.70%	20.80%	35.80%	28.10%	15.30%

资料来源：根据2008年6月美联储贷款绩效数据（FRB Loan Performance Data，June 2008）整理。

六、次级留置权贷款

次级留置权贷款要么和初始抵押贷款一道进行申请，这被称为肩背贷款（Piggyback Loan）；要么独立于初级抵押贷款。可以利用肩背贷款以避免支付私人或者政府抵押贷款保险费。相似地，肩背贷款也可以被用作将第一留置权抵押贷款的规模减少至房地美或房利美所要求的水平而不需要在初始贷款上缴纳更高的首付金。

独立于第一留置权贷款的次级留置权贷款申请可用于诸多目的，包括为住房改善项目进行融资、偿还其他负债，或者在开放式住房净值信贷额度的情况下，提供容易获得的信用资源，当需要资金时即可获得。在 HMDA 规则下，许多独立的次级留置权贷款没有被报告，要么是因为贷款机构不知道贷款的目的，要么是因为贷款目的不满足报告要求。尽管如此，年度 HDMA 数据有助于了解用于购房和住房改善有关的次级留置权贷款。

在大萧条之前，大量的购房者使用次级留置权贷款支付购房款。2006 年，有将近 126.9 万笔用于购买 1～4 居户自住房的次级留置权贷款。该数字在 2007 年的下降幅度超过一半，55.2 万笔，并在随后的 4 年里继续锐减，2010 年只有 4.1 万笔，随后略有回升。2006 年，有 103.6 万笔次级留置权贷款用于业主自住房再融资，这一数字从 2007 年开始大幅下降，减至 66.1 万笔；2008 年进一步减至 21.9 万笔，2013 年只有 7 万笔。对于用于住房改善的次级留置权贷款，次级留置权贷款的历史最高水平也出现在 2006 年，达到 57 万笔；2012 年约有 58 万笔，相比于 2011 年的 66 万笔有所下降。

七、私人抵押贷款保险

除非能够获得某种形式的第三方担保，贷款机构一般均要求在购买个人所有资产时先预付至少相当于 20% 住房价值的首付款。对于一个希望获得低首付款的常规商业贷款的，贷款机构可能需要从私人抵押贷款保险公司（PMI）购买抵押贷款保险以保护贷款机构避免因违约而造成的损失。PMI 会与 FHA 保险和 VA 贷款保证进行竞争，PMI 在某一年的发行量不仅反映住房市场、由 PMI 公司所做的定价和保险决策的一般情况，同时也反映了由 FHA 和 VA 所做的定价和保险决策及运用在这些政府项目的贷款规模限制。PMI 也同那些愿意发放用于购房的次级留置权贷款的贷款机构进行竞争（见表 2.14）。

表 2.14　1～4 居户自住与非自住房私人保险的申请与发放数量　单位：份

年份	申请				发放			
	自住		非自住		自住		非自住	
	普通房	活动房[1]	普通房	活动房[1]	普通房	活动房[1]	普通房	活动房[1]
A. 购房								
2000	1204520	n. a.	95549	n. a.	955988	n. a.	75473	n. a.
2001	1266440	n. a.	122639	n. a.	1002385	n. a.	90929	n. a.
2002	1324958	n. a.	153277	n. a.	1022754	n. a.	115573	n. a.

续表

年份	申请				发放			
	自住		非自住		自住		非自住	
	普通房	活动房[1]	普通房	活动房[1]	普通房	活动房[1]	普通房	活动房[1]
A. 购房								
2003	1315221	n. a.	175958	n. a.	1021476	n. a.	134677	n. a.
2004	1078275	10111	192086	1287	807480	7508	143917	984
2005	886749	10470	174174	1480	676758	7512	130945	1171
2006	838304	9526	134545	1273	659755	6655	98744	993
2007	1260666	7928	148057	1113	1015240	5531	109772	774
2008	928978	4082	127773	759	591108	2012	66842	367
2009	341311	535	14372	92	206878	125	5208	29
2010	214054	172	7644	11	154716	55	4750	0
2011	245677	219	11547	8	193215	89	8272	0
2012	371729	382	15475	22	316272	197	12214	9
B. 再融资[2]								
2000	259245	n. a.	14771	n. a.	185721	n. a.	10859	n. a.
2001	856112	n. a.	29870	n. a.	663465	n. a.	17453	n. a.
2002	1056788	n. a.	40771	n. a.	775020	n. a.	23035	n. a.
2003	1372551	n. a.	46139	n. a.	1014558	n. a.	27116	n. a.
2004	597353	6037	31352	233	389563	3956	17243	138
2005	438019	3702	23217	136	309821	2384	13239	88
2006	346978	2554	24201	121	234587	1567	14187	78
2007	507137	2108	36508	104	362961	1313	22533	58
2008	454405	1442	33822	123	257189	695	11519	34
2009	275541	429	3611	15	153633	126	1121	4
2010	145953	135	1437	2	99598	56	587	0
2011	149480	196	1664	0	109866	72	838	0
2012	266100	333	2514	5	216029	155	1575	1

注：[1]2004 年以前，有关房产类型数据没有进行收集，普通建设住房和活动房都显示在"普通房"统计中。

[2]包括住房改善贷款。私人抵押贷款保险公司未区分再融资贷款和住房改善贷款。因此贷款总量是再融资贷款和住房改善贷款的总和。

n. a. 表示无法获得。

数据来源：http：//www. ffiec. gov.

1993 年，同业协会美国抵押贷款保险公司，要求 FFIEC 处理最大 PMI 公司的抵押贷款保险申请数据。这些数据在很大程度上反映由 HMDA 中包括的贷款机构提交的不同类型的信息。但由于 PMI 公司不会认同贷款机构发放所有的贷款，因此 HMDA 所报告的内容全部不包括在 PMI 数据中。特别是贷款定价信息以及事先贷款核准证明的要求在 PMI 数据中没有反映。在 PMI 数据中，对保险申请的处理反映了 PMI 公司的行为或者贷款机构的行为（撤回申请）。例如，Republic Mortgage 保险公司和 PMI Mortgage 保险公司这两家公司在 2011 年报告了经营数据，但在 2012 年没有报告任何数据，这反映出金融环境导致它们不愿意为新的保单进行担保。另外一家保险公司 Triad Guaranty 保险公司，最近一次报告数据的时间是 2009 年。另外两个抵押贷款保险公司在发行新保单上则相对活跃。Essent Guaranty 是一家相对新的公司（2010 年开始运营），CMG 抵押贷款保险公司常规上专门为信用合作社提供服务；这两家公司在 2012 年占了约 13% 的 PMI 保单（以美元为计量口径）。

2012 年，有 5 家向 FFIEC 提供数据的公司垄断了整个 PMI 行业。这些 PMI 公司报告了约 65.7 万份抵押贷款保险申请以及 54.6 万份完成的保单，2011 年分别为 40.9 万份保险申请以及 31.2 万份保单。尽管 2012 年同 2011 年相比有了反弹，但 PMI 保单发放量相较于 2009 年有了大幅度下降。PMI 保单大量减少是由于担保条件更严格、PMI 公司要求更高的价格（很大程度上是次贷危机期间所遭受损失以及还处于恢复状态的反映）以及政府保证贷款在此期间的扩张。

以 2012 年为例，几乎 60% 的 PMI 保单都是购房贷款，其余保单则是再融资抵押贷款（住房改善贷款包括在 PMI 的再融资贷款中）。尽管从 2011 年到 2012 年，PMI 保单数量在购房贷款和再融资贷款都有所增加，但再融资贷款增加的百分比却大得多，这同之前所描述的常规再融资贷款相对大幅度地增加相一致。实际上，所有 PMI 保单申请都与购买普通建设住宅有关，而且几乎所有的 PMI 申请都与业主自住房相关。

PMI 行业的数据显示大多数保险申请都通过了审批，原因是贷款机构非常熟悉保险公司的保单并且一般不会提交不可能通过的申请。2012 年，大约有 3% 的 PMI 保单申请被拒绝，比 2011 年下降了 5%，比 2010 年上升了 10%。

申请被拒绝的三个最常见理由分别是抵押品、申请者的收入负债水平及其信用记录。对于那些没有形成保单的保险申请，要么是因为申请被退回，要么是因为申请虽然被通过但是却没有保单发出。

八、贷款销售

美国住房抵押贷款的二级市场非常发达。通常，贷款机构将其发放的部分抵押贷款销售给第三方，或者从第三方购买贷款，用于信贷资产证券化。

概而言之，贷款买方可以被分为与政府不相关的机构和与政府相关的机构即政府支持企业，包括吉利美、房利美、房地美和联邦农业抵押贷款公司（Farmer Mac）。吉利美和联邦农业抵押贷款公司主要负责直接由政府担保或保险支持贷款，而房利美和房地美主要购买满足特定贷款规模和保险标准的常规市场贷款。

根据 HMDA 要求，美国贷款机构一方面报告贷款是否被出售，另一方面报告从何种机构购买了贷款。虽然要求报告日历年度贷款出售量，与贷款发放的组合持有时间不太一致。而一些被记录为出售的贷款可能被销售给附属机构，因此并没有构成真实的二级市场出售量。2012 年，HDMA 数据中约 3% 的贷款是销售给附属机构的贷款。这些因素导致贷款出售量占比被低估，但基本能够反映贷款交易的基本状况。此外，只有销售和发行在同一年度时才能被确认为贷款销售，所以在年末发行的贷款被记录为销售的可能性更小。在 2012 年，前 9 个月发行的贷款被销售的比例约为 85%。

表 2.15 显示，用于非自住的常规商业贷款所出售的份额比业主自住的贷款份额要低，其中常规性商业贷款出售的比例比政府担保贷款要低。例如，在 2012 年，业主用于购买 1 ~ 4 居户自住住房的新增常规商业贷款有 71% 被出售，其中近 40% 出售给政府支持企业（GSE，包括吉利美）；而用于购买自房的政府担保贷款的 94% 被出售，其中 35% 出售给 GSE。对于非自住房，只有 61% 的常规市场贷款被出售，79% 的政府担保贷款被出售。再融资贷款出售比例比购房贷款出售比例要高，其中出售给 GSE 的比例也比购房贷款出售比例高。2012 年，1 ~ 4 居户的第一留置权抵押购房贷款和再融资贷款被出售的比例约为 80%；另外，用于购买活动房的新增贷款中只有 16% 被销售。

表 2.15　　1～4 居户住房贷款交易分布状况　　单位：%

年份	自住				非自住			
	常规		非常规		常规		非常规	
	出售	其中出售给 GSE	出售	其中出售给 GSE	出售	其中出售给 GSE	出售	其中出售给 GSE
购房								
2000	64.8	31.3	89.1	46	53.7	29.3	81.4	22.9
2001	66.8	34.6	86.1	46.2	57.9	34	92.2	23
2002	71	36.7	88.7	43.7	62.5	36.4	87.9	29.7
2003	72.3	33.1	91.2	40.7	63.1	31.8	80.8	21.6
2004	74.2	25.5	92.2	40.5	63.5	23.6	63.7	11.5
2005	75.9	18.7	89.9	32.6	69.7	18	49.7	16.3
2006	74.8	19	88.6	31.7	69.3	19	61.3	15
2007	70.1	29.1	87.6	32.5	61.4	26.9	74.9	27.6
2008	71.6	40.1	90	36.5	60.3	36.3	95.1	21.6
2009	70.1	40.1	91.4	35	56.4	34.7	88.9	35.2
2010	69.7	37	92.7	29.7	30.3	34.8	91.7	24.1
2011	68.9	34.2	93.5	33.4	61.9	34.5	80.3	35.2
2012	70.7	39.3	93.7	34.6	60.8	38.4	78.6	24.6
再融资								
2000	47.4	18	84.5	50	47.3	21.7	86.3	42.3
2001	61.3	37.2	85	51.5	61.2	38.4	92.1	33.2
2002	66.8	40.4	85.7	45	65.9	43.2	81.3	45.4
2003	74.2	44.8	93.8	48	69.8	40.4	87.4	50.7
2004	69	27.6	93.2	44.2	62.2	22.6	88	35.9
2005	69.9	19.7	89.3	33.5	64.7	16.6	85.7	40.1
2006	65.7	15.2	86.8	31.8	64.9	15.7	79	29.6
2007	61.7	21.9	85.1	34.5	61.1	23.9	86.9	23.9
2008	65.3	38	88.8	35.4	56.8	33	95.7	20.4
2009	79.4	52.8	89.7	37.9	51.2	40.1	93.5	35
2010	76.8	46.1	90.2	37.8	65.4	40.3	90.5	43.3
2011	72.7	46.4	91.3	49.8	66.4	43.5	89.5	57.6
2012	77.1	55.4	92.3	57	73.2	56.4	91.9	69.6

续表

年份	自住				非自住			
	常规		非常规		常规		非常规	
	出售	其中出售给 GSE	出售	其中出售给 GSE	出售	其中出售给 GSE	出售	其中出售给 GSE
住房改善								
2000	6.3	1.1	15.6	4.7	4.4	0.4	52.9	0.5
2001	6.4	1.5	22.3	7.6	3.9	0.8	73.7	1.1
2002	5.9	1.4	28.4	7.1	4	0.9	55.3	3.6
2003	10.5	0.8	43.8	6.7	6.5	0.7	35	3.9
2004	23.6	6	48.7	23.5	23.1	7.5	20.2	7.4
2005	27.2	7	46.2	25.3	30.2	8.8	27.1	8.6
2006	22	5.3	60.4	31.8	29.4	8.9	29.5	15.9
2007	19.1	6.4	70.6	30.8	26.4	12.1	39	11.9
2008	14.7	8.7	80	49.2	20	14.5	74.7	6.3
2009	24.9	17.8	63.4	38.9	17.7	13.4	56.1	9.8
2010	21.2	13.2	60.6	34.7	18.3	12.6	47.4	28.1
2011	19.1	11.4	45.3	26.8	19.8	13.4	0.3	0.1
2012	21.7	14.1	60.1	24.6	19.3	13.4	48.8	8.5

注：常规指常规商业贷款；非常规指政府担保贷款，包括由 FHA、VA、FSA/RHS 担保的贷款。GSE 指政府赞助企业，包括房利美、房地美、吉利美和联邦农业抵押贷款公司。

数据来源：http：//www. ffiec. gov.

从技术上说，吉利美没有购买抵押贷款，而是为由政府保证的抵押贷款组成的抵押贷款支持证券提供保证。2012 年商业银行购买了约 35% 的政府保证的购房抵押贷款。银行也许把这些贷款放进吉利美证券中或者把它们放在资产组合中。

第三章　FHA及其在保障房抵押贷款市场的功能

提高住房拥有率一直是美国政府长期努力的目标。“居者有其屋”是美国梦的核心部分，而让低收入者拥有住房则是实现美国梦的关键，穷人也要有“体面的生活”。在保障房抵押贷款市场，美国联邦住房管理局起到决定性作用。本部分就FHA的历史沿革及其在住房抵押贷款市场上的作用进行分析。

第一节　发展历史

联邦住房管理局（FHA）是罗斯福政府在1934年经济大萧条时期依据《国家住房法》创建的美国政府机构，专门致力于为中低收入家庭提供抵押贷款担保。它不同于美国联邦住房金融局（FHFA），美国联邦住房金融局监督受政府资助的企业。设立该机构的意图是规范抵押贷款利率和由其担保的抵押贷款条款；目标是改善住房的标准和条件，通过担保以确保提供足够的住房抵押贷款，从而稳定市场。

作为美国梦的核心部分，“居者有其屋”在美国一直作为一种社会福利予以重点关注和鼓励，成为衡量政绩的一项指标。因而政府长期实行税收补贴、贷款补助并在克林顿执政期间由住房和城市发展部（HUD）推出了一系列政策，帮助低收入家庭从以前的租住房搬进了属于他们自己的新家，克林顿制定并实现了把美国家庭的住房拥有率从以往的64.2%提高至67.5%的目标。FHA是美国国会为拯救20世纪30年代低迷的房市而根据《1934年国民住房法案》（*National Housing Act of* 1934）创设，专门为低收入者提供住房贷款保险。在这项政策下，低收入者的购房首付从一般的20%降到FHA评估价或购买价（以较低者为准）的3%，利率略优于传统贷款，大大提高了低收入者的购房能力。1965 年，FHA 并入 HUD 住房办公室。HUD 的主旨是增加国民特别是少数民族住房自有率；为低收入者提供“负担得起的住房”；并支持无家可归者、老人、残疾人士和艾滋病患者。HUD 还致力于促进经济和社区发展以及执行国家公平住房法律。FHA 成立之初，美国有两百多万建筑工人失业；购房者很难找到合适的抵押贷款，通常只能获得住房市值 50% 的抵押贷款，期限只有 3 ~5 年，期末需支付的额度很高（Balloon Payment）；居民以租房为主，仅有 40% 的家庭拥有住房。20 世纪 40 年代，FHA 计划帮助退伍军人及其家属在战后获得住房贷款；50 ~70 年代，FHA 使得数百万老人、残疾人、低收入者拥有自己的住房。70 年代，严重的通货膨胀和能源成本威胁到数以千计的私人住宅建筑生存之时，FHA 提供的紧急救助挽救了处于流动性困境的房产。80 年代，在私人抵押保险商由于经济衰退而从市场撤离之际，FHA 介入价格走低的住房市场，使得潜在购房者能够获得所需要的融资。到 2004 年第三季度，美国自有住房率高达 68.1%。自 1934 年成立以来，FHA 和 HUD 为 3400 多万个家庭及 47205 多户家庭使用的项目提供了房屋贷款保险。目前，FHA 拥有 480 万单个家庭和 13000 个多户家庭项目的抵押保险。

长期以来，美国政府一直努力提高住房拥有率。自 1965 年以来，美国住房拥有率一直稳定在 63% 以上。1995—2005 年迅速上升，从占美国家庭的 64% 左右升至约 70%。在 2004 年达到 69% 的高峰后开始回落，2008 年发生金融危机后有所降低。自有住房的提高得益于许多因素，包括诸如低首付、次级贷款等住房抵押产品的增多，人口变化和低利率对需求的影响，《社区再投资法》在 20 世纪 90 年代中期的变化以及房利美、房地美对实现联邦住房目标的作用等。根据 Chambers、Garriga 和 Schlagenhauf（2007）[①] 的估计，认为人口特征的变化对住房自有率上升的影响只占 16% ~31%，其中不同年龄组的住房自有率出现不对称性变化，年纪较轻者上升最快；其余 61% ~84% 的影响则来自新抵押贷款产品特别是低首付要求产品的推出。可见自有住房拥有率的提高与美国政府机构和私人贷款机构通过提供抵押贷款融资以帮助中低收入家庭实现拥有住房的愿望是分不开的（见图 3.1）。

① Gerardi, Kristopher, Adam Hale Shapiro, and Paul S. Willen, “Subprime Outcomes: RiskyMortgages, Homeownership Experiences, and Foreclosures,” Federal Reserve Bank of Boston Working Paper 07 - 15, December 2007.

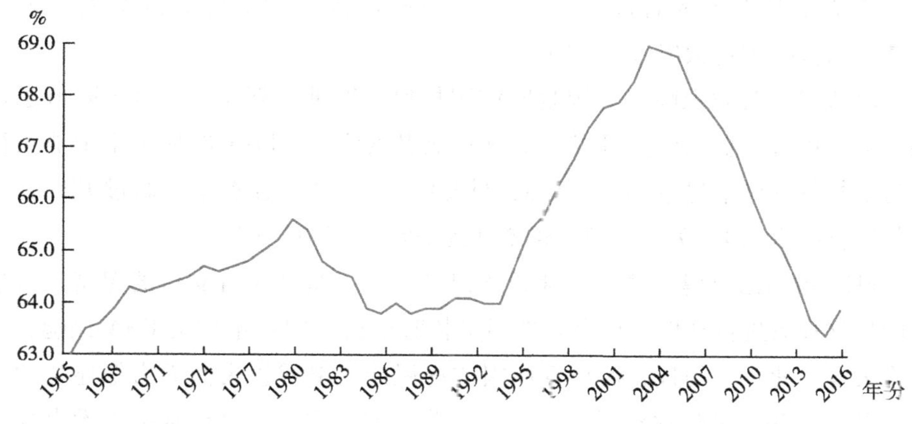

资料来源：CEIC。

图3.1 美国住房拥有率

“帮助低收入者拥有住房”在美国有着广泛深刻的传统、政治、社会和经济基础。在美洲大陆开发时期，美国是欧洲穷人们寻求生存和希望的地方，纷涌而入的穷人促进了美国经济迅速发展。第一次世界大战后，美国经济迅速崛起，造就了大量中上层阶级，同时仍然存在居无定所的低收入人群，但他们没有被遗忘。美国历届政府都把解决中低收入阶层的住房问题当成重要的社会和经济责任，而且得到广泛认同。让穷人分享经济发展的成果有助于经济进一步发展和维持社会稳定。政府如果不重视这一问题就无法获得这部分选民的支持，社会稳定也将面临挑战；无论从让自己的财富继续增值还是从人道角度看，富人在享受财富的同时自然会认同政府的做法。因此，能否提高自有住房比率一直成为评价政府业绩的一大标准，也成为国家战略的一部分。

美国住房与城市发展部（HUD）是帮助低收入者实现住房“美国梦”的联邦部门，其前身是联邦住房管理局（Federal Housing Authority，FHA）。FHA于1965年并入了新成立的HUD，成为HUD的一部分。

HUD的主旨是增加国民特别是少数民族住房自有率；为低收入者提供“负担得起的住房”；并支持无家可归者、老人、残疾人士和艾滋病患者。HUD还致力于促进经济和社区发展以及执行国家公平住房法律。然而HUD作为政府部门并不直接参与建房，也不直接向居民提供购房贷款，而是通过政策保障和金融手段形成了活跃的一级房贷市场和二级证券化市场。在房贷一级市场，为帮助低中收入者能够获得住房抵押贷款，FHA 与退伍军人管理局（VA）为其提供贷款担保和保险。

FHA 抵押贷款保险由美国政府信用担保，提供全额保付。由于降低了违约风险，银行等金融机构可以更加放心地提供信贷。FHA 增加了不少能买得起房子并每月还本付息的人，从而也增加了家庭住房拥有率。通过 FHA，美国住房自有率从 1940 年的 43.6% 增加到 1960 年的 61.9%。

FHA 的做法是建立共同抵押贷款保险基金，基金来自支付的保费，对违约的贷款损失进行补偿。在申请抵押贷款时根据合同约定购买 FHA 保险，如果因失业、死亡、伤残、疾病等原因或房屋贬值造成损失而无力偿还贷款本息，FHA 承担全部付款责任。这就意味着抵押贷款发放机构基本上没有坏账风险。在这项政策下，低收入者的购房首付从通常的 20% 降到 FHA 评估价或购买价（以较低者为准）的 3%，利率略低于常规商业贷款，期限为 15 ~ 30 年，大大提高了低收入者的购房能力。

作为公共的保险基金，FHA 资金弥补了在不同贷款人、不同地域和不同经济周期形势下常规抵押贷款的缺陷。例如，在地理上统一费率意味着在经济繁荣的市场上帮助经济萧条地区的家庭。政府担保和众多私营保险公司都是住房抵押保险的主要提供者，但是在保险品种、服务对象上则有所差别。联邦住房管理局为抵押贷款提供 100% 的担保，但是担保的贷款多为常规商业贷款，即固定利率、期限长达 15 ~30 年，贷款房产价值比在 70% 左右。政府面向中低收入家庭购房提供的抵押贷款制定了最高限额，防止人们利用政府担保的抵押贷款购买过于奢侈的住房。不过这一限额可根据市场情况进行调整。相比之下美国的私营抵押贷款保险公司只对超过常规抵押贷款 20% 至 30% 以上的提供保险。

FHA 以八条标准作为其评估价值的基础，同时设立最高上限。八条标准中两个最重要的标准：一个是“经济相对稳定”，占价值评估体系的 40%，另一人是“对不利影响的保护”，构成另外的 20%。

在运作方式上，FHA 提供的贷款保险，审批程序比较复杂，批准时间也比较长，只有购房债务支出占家庭收入比为 29% ~41% 的中、低收入居民才有资格获得 FHA 的抵押贷款担保。贷款期限可以延长到 25 ~30 年，这样可以减少月供。一旦贷款出现违约，贷款机构可以从政府获得百分之百的赔偿，这就大大降低了信用风险。

FHA除了有政府信誉和信用支持外，更主要的依靠FHA自身健全的融资机制，包括债券融资机制，向贷款机构发放长期债券，以取代用现金支付抵押贷款保险的赔偿。设计合理的保险费标准，申请FHA担保抵押贷款的，需要支付一定的保险费，一般为贷款额的0.5%～1%。建立保险费基金，增强FHA的抗御市场风险的能力。

1987年，美国颁布《国家住房法》，推出住房权益转换抵押贷款，FHA提供保险的住房权益转换抵押贷款（Home Equity Conversion Mortgage）即反向抵押贷款，该类地款的提供者主要是银行、抵押贷款公司以及其他金融机构。申请“住房权益转换抵押贷款”的借款必须满足的条件有：（1）年龄在62岁及以上拥有独立产权房的老人（部分拥有共同财产权的住房也可申请）；（2）住房的价值必须能够偿还贷款，也即贷款额度受限于住房价值；（3）申请前必须参加政府授权的咨询课，目的在于保护申请人的合法权益。贷款的领取方式有现金领取和购买住房两种。2008年的《住房和经济复苏法案》允许使用贷款购买新居所，可以避免多次买卖住房产生的交易费用。贷款人对住房有索取权，参加抵押贷款是需要缴纳保险费。

FHA项目提供了政府保障的住房抵押贷款，给美国中低收入家庭提供了拥有一套房子的可能性。在第二次世界大战期间，联邦住房管理局资助了一些工人住房项目，包括肯辛顿花园的公寓大楼、纽约水牛城。

尽管FHA项目最初建立的目的是支持大部分的住房抵押贷款市场，但主要关注低收入。实际上，1981年的住房与社区发展法案明确确立了FHA为低收入贷款者服务的目标，FHA对信用等级不高的人开放怀抱大大增加了这些本来处于劣势地位的人进入住房市场。结果，大量有着不良信用记录的人向FHA项目申请了贷款。许多学者对FHA的客户来源进行了理论研究，例如，Ambrose、Pennington－Cross（2000）发现，FHA在经济不好区域的市场上市场份额更高，Ambrose、Pennington－Cross和Yezer（2002）还发现，在经济状况恶化时，常规资金贷款机构会收回其资金，于是政府项目就成为唯一信贷来源。

自1934年以来，FHA和HUD已经投保超过34万个家庭抵押贷款和47205多居户项目的抵押贷款。目前，FHA有4.8万参保单居户抵押贷款和13000多居户投保项目在其投资组合。联邦住房管理局是唯一完全靠自筹资金运营的政府机构。

次贷危机之后，FHA 与房利美、房地美一起成为美国抵押贷款融资的重要来源。由于在信贷紧缩中常规抵押贷款枯竭，FHA 担保的抵押贷款融资购房在美国的份额从 2% 上升到三分之一以上。次贷市场陷入冰冻状态，许多高风险借款人转而申请 FHA 贷款，致使 FHA 面临遭受重大损失的威胁。

与之前经历过的经济萧条一样，FHA 加大了稳定房地产市场的力度。从 2008 年开始，FHA 已经帮助了至少 460 万个家庭购买了住房，包括为很多深陷危机家庭提供较低利率的融资。这种援助的成效部分归因于美国国会不断提高 FHA 保险的贷款上限。首先，在 2006 年，国会批准 FHA 为最高 200160 美元的贷款提供保险，而在高利率房地产市场则能为高达 363790 美元的贷款提供保险。其次，2008 年的《紧急经济稳定法案》和《住房和经济恢复法案（HERA）》将上述两个上限暂时分别提高到了 271050 美元和 729750 美元（HUD，2012）。此上限的提高使得 FHA 能够为抵押贷款市场上更多人服务。同时私人贷款机构大幅减少了常规商业抵押信贷的数量，使得 FHA 成为美国家庭的救星。即使是在 20 万美元以下的抵押贷款市场，在危机严重的 2009 年，由 FHA 担保的贷款总额也达到了 2006 年的近四倍，占当时 FHA 担保贷款总额 62% 左右。

第二节 帮助弱势群体圆住房梦

尽管建立 FHA 最初的用意是借助政府信用支持住房抵押贷款市场发展，但在过去的数十年间，它的主要功能是增加那些处于劣势地位的群体进入住房市场。

一、关注低收入家庭

FHA 项目主要关注低收入群体，特别是 1981 年的《住房与社区发展法案》（*Housing and Community Development Act*）明确了 FHA 为低收入阶层服务的目标。FHA 的这一功能在 HMDA 数据中得到体现。

在购房方面，收入低于当地家庭收入中位数 80%（低收入）的借取政府担保贷款的比例最高，收入介于中位数 80% ~120%（中等收入）的借取政府担保贷款的比例也相当高，而收入高于中位数120%以上（高收入）获得政府担保贷款的比例要低得多。特别从发生次贷危机的2008年以来，情况更是如此。需要指出的是，这里所指的中等收入，其收入水平其实与低收入的差距并不大。政府担保贷款是指由FHA、VA、FSA或RHS提供担保的贷款，其中FHA担保贷款超过60%。社区收入的情况类似：收入低于普查区家庭收入中值80%的社区，获得政府担保贷款的比例最高，其次是中等收入社区，高收入社区所占比例要低得多。政府担保贷款占再融资的比例虽然不高，但政府担保贷款在支持低收入家庭再融资方面的功能与购房是一致的。

如果将住房抵押贷款作为整体来进行比较，也可以间接发现包括FHA贷款在内的政府担保贷款主要是以帮助低收入群体为目标的。与政府担保贷款中的占比不同，无论是从收入看，还是从社区收入看，无论是购房还是再融资，高收入类别获得抵押贷款的比例均远远高于低收入群体。

2017年的HMDA数据显示，大多数低收入群体用于购房的抵押贷款来自政府担保贷款。在由FHA、VA、FSA或RHS提供担保的政府担保贷款中，FHA贷款占比为47.4%，该比例在2010年高达66.6%；同样地，在低收入社区，50%的购房贷款是政府担保贷款。与之形成鲜明对比的是，高收入中只有25%、高收入社区中只有26%在购房时借取的是政府担保贷款。如果将住房抵押贷款作为一个整体看，对于购房而言，只有26.3%的低收入者借取了抵押贷款，而高收入者的这一比例高达46%；低收入社区的比例更低，只有16.1%，高收入社区达39.6%。再融资的情况类似（见表3.1）。

表3.1　HMDA抵押贷款及社区收入分布　单位：%

A 政府担保抵押贷款													
			2007	2008	2009	2010	2011	2012	2013	2014	2015	2016	2017
购房	收入[1]	低	16.0	46.1	65.3	66.6	64.5	59.7	52.5	50.3	53.4	51.7	47.4
		中	16.7	46.1	60.4	59.3	57.0	51.5	45.6	44.8	47.7	47.6	45.0
		高	7.5	26.7	38.5	37.2	34.4	29.5	25.1	24.2	26.3	26.7	25.2
	社区收入[2]	低	13.8	45.4	64.3	65.0	61.2	57.9	49.9	48.1	50.4	48.8	46.2
		中	14.2	42.7	59.8	59.4	56.9	52.1	44.7	43.1	45.6	44.6	41.7
		高	7.6	27.4	43.4	42.0	39.5	34.6	28.2	26.1	29.0	28.4	26.2
		全部	11.8	37.6	54.4	53.4	50.5	45.2	38.2	36.6	39.4	38.7	36.3

续表

A 政府担保抵押贷款													
			2007	2008	2009	2010	2011	2012	2013	2014	2015	2016	2017
再融资	收入[1]	低	5.7	18.3	16.6	14.1	11.5	9.3	9.3	13.0	16.5	18.4	23.5
		中	6.2	19.6	13.2	12.3	10.9	8.9	9.5	13.2	14.8	15.3	21.3
		高	2.7	10.6	7.2	6.8	6.3	5.5	6.1	8.8	9.2	9.2	14.2
	社区收入[2]	低	6.3	24.6	31.2	23.1	19.7	22.2	22.1	22.4	29.5	30.4	30.4
		中	5.8	20.2	22.3	17.5	16.1	18.4	19.0	20.9	26.8	28.2	27.8
		高	3.0	11.3	12.1	10.0	9.3	11.7	12.4	14.5	18.5	19.0	19.4
		全部	5.0	17.6	18.7	14.4	13.3	15.6	16.4	18.4	23.5	24.3	24.9
B 全部抵押贷款													
			2007	2008	2009	2010	2011	2012	2013	2014	2015	2016	2017
购房	收入[1]	低	24.6	28.0	36.6	35.4	34.4	33.3	28.5	27.0	27.9	26.2	26.3
		中	25.1	27.0	26.6	25.6	25.2	25.1	25.2	25.6	26.1	26.4	26.7
		高	46.9	42.9	34.6	37.3	38.8	40.0	44.7	46.1	44.9	46.4	46.0
		其他[3]	3.4	2.1	2.2	1.7	1.6	1.5	1.6	1.3	1.1	1.0	1.0
		全部	100	100	100	100	100	100	100	100	100	100	100
	社区收入[2]	低	14.4	13.2	12.6	12.1	11.0	12.8	12.7	13.3	13.5	14.1	16.1
		中	49.6	49.8	50.2	49.5	49.4	43.6	43.7	44.6	45.2	45.8	44.2
		高	35.1	35.9	35.8	37.7	39.1	43.2	43.2	41.8	41.0	40.0	39.6
		全部	100	100	100	100	100	100	100	100	100	100	100
再融资	收入[1]	低	23.3	23.4	19.6	18.9	19.2	19.6	21.1	22.1	19.0	16.9	22.9
		中	25.5	25.4	22.4	22.5	21.3	21.8	21.7	21.9	21.0	20.3	23.3
		高	46.0	44.6	45.6	49.5	48.1	47.6	46.3	44.9	45.2	47.5	44.0
		其他[3]	5.2	6.6	12.4	9.1	11.4	10.9	11.0	11.1	14.8	15.3	9.7
		全部	100	100	100	100	100	100	100	100	100	100	100
	社区收入[2]	低	16.1	11.9	7.8	7.2	7.4	10.1	12.1	13.3	12.3	12.0	15.5
		中	52.2	51.9	47.5	46.1	46.1	41.9	43.7	45.3	43.8	43.4	44.6
		高	31.0	35.2	43.5	46.0	46.0	47.6	43.9	41.3	43.7	44.4	39.7
		全部	100	100	100	100	100	100	100	100	100	100	100

注：为业主自住、1～4 户住房的第一留置权抵押贷款。

[1]收入分类中的“低”指其收入低于当时被估地区家庭收入中位数的 80%，“中”指其收入为中位数的 80%～120%，“高”为中位数的 120% 以上。

[2]社区收入根据当地家庭收入中值与普查区家庭收入中值之比进行分类，其中 2012 年和 2013 年以 2006—2010 年美国社区普查数据为基础，2004—2011 年以 2000 年普查数据为基础。三个类别收入分类同收入分类。

[3]其他指收入数据不适用的部分。

数据来源：http：//www.ffiec.gov/hmda.

从收入累积分布看，与常规商业抵押贷款相比，无论用于购房还是再融资的贷款，FHA 担保贷款中的低收入者所占比例要大得多。2012 年，用 FHA 贷款购房者中，收入低于 5 万美元的占 41.2%，低于 10 万美元的占 85.3%，而常规商业贷款的比例分别为 23.8% 和 61.7%。对于再融资而言，收入低于 10 万美元的 FHA 贷款占 75.7%，常规商业贷款的比例为 55.5%。

为应对常规商业抵押信贷的急剧收缩，尽管 FHA 贷款上限在 2008 年大幅提高，加上极低的首付，吸引了部分符合条件收入相对较高的（如首次购房者、少数民族家庭），使得收入超过 10 万美元的购房比例达到 15%，是 2007 年的两倍，但获得 FHA 购房贷款的收入依然比常规商业贷款收入要低很多。2008 年的《紧急经济稳定法案》（*The Emergency Economic Stabilization Act*）和《住房和经济恢复法案》（*Housing and Economic Recovery Act*，HERA）将 FHA 贷款上限暂时提高到 271050 美元，将高利率房地产市场上的贷款上限提高到 729750 美元。从收入看，2012 年，对于购房贷款，FHA 贷款的平均收入和中位数收入分别为 6.6 万美元和 5.6 万美元，而常规商业贷款的相应收入为 11.2 万美元和 8.1 万美元。再融资贷款的收入状况类似，前者的平均收入和中位数收入分别为 7.99 万美元和 7.0 万美元，后者分别为 11.7 万美元和 9.1 万美元（见表 3.2）。

表 3.2　　HMDA 抵押贷款的收入累积分布与收入状况　　单位：千美元

A 收入累积分布（%）										
收入上限	购房					再融资				
	FHA	VA	常规商业贷款[1]	全部	其中高息贷款[2]	FHA	VA	常规商业贷款[1]	全部	其中高息贷款[2]
24	4.9	0.9	2.7	3.2	8.6	4.1	2.2	2.5	2.5	9.8
49	41.2	21.0	23.8	28.9	47.4	26.2	16.9	16.5	17.0	39.0
74	69.5	53.7	45.4	53.6	71.1	55.3	43.7	36.9	37.9	65.4
99	85.3	74.8	61.7	70.1	83.0	75.7	65.2	55.5	56.7	81.1
124	92.8	86.8	73.4	80.6	89.0	87.3	80.1	69.9	71.0	89.5
149	96.3	93.1	81.2	86.9	92.5	93.1	88.5	79.5	80.3	93.6
199	98.8	97.9	89.7	93.2	95.6	97.7	95.9	89.6	90.1	96.8
249	99.5	99.3	93.7	96.0	97.1	99.0	98.4	94.0	94.4	98.0
299	99.7	99.7	95.8	97.4	97.9	99.5	99.3	96.2	96.4	98.6
高于 299	100	100	100	100	100	100	100	100	100	100

续表

B 收入										
	购房					再融资				
	FHA	VA	常规商业贷款[1]	全部	其中高息贷款[2]	FHA	VA	常规商业贷款[1]	全部	其中高息贷款[2]
均值	66.0	81.8	112.0	95.1	74.7	79.9	93.1	117.1	114.7	76.2
中位数	56	71	81	70	52	70	81	91	90	59

注：为2012年业主自住、1~4户住房的第一留置权抵押贷款（不包括商用贷款）。对于两位或两位以上联合申请者的贷款，贷方根据HMDA仅报告两个联合申请者的数据，且报告两个申请者的合并收入。

[1]包括常规商业贷款及由FSA或RHS担保的贷款。

[2]高息贷款是指年利率高于市场平均利率1.5%的贷款，市场平均利率每周都会由联邦金融机构检查委员会进行公布。

数据来源：http：//www.ffiec.gov/Hmda.

二、首付比例非常低

FHA担保贷款的社会保障功能体现在首付非常低，即其贷款价值比（LTV）非常高。LTV为贷款额除以房产价值。与商业性常规贷款相比，FHA担保贷款的LTV非常高。60%以上的FHA担保贷款的贷款价值比高于95%。2014财年的平均贷款价值比为94%；对于占全部FHA担保贷款75%的购房贷款而言，其平均LTV为96%，而购房贷款中的81%是由首次购房者申请的，是他们驱使了LTV高企；FHA对FHA再融资贷款的平均LTV为84%；常规商业贷款对FHA再融资贷款的平均LTV大约是82%。对于新增FHA担保贷款，2011财年第三季度以来，超过70%贷款的贷款价值比高于95%；80%以上的FHA贷款的贷款价值比高于90%，尽管在2019年财年降到80%以下。这些意味着拥有相同抵押房产的能够从贷款机构获得更高额度的资金，其受益者通常是首次购房者和低收入者（见表3.3）。

需要说明的是，自2008年10月1日起，法定最高LTV值为96.5%，2008年10月1日之前的法定最高LTV值为97%。由于贷款成本补贴部分加到贷款余额中，如果以最高法定限额贷款，则考虑到补贴部分的法定最高LTV介于98.15%和97%之间，这取决于住房的地理位置和价格。

表 3.3　新增 FHA 贷款价值比（LTV）[1] 的分布百分比

（数目，不含简化型再融资）

单位：%

财年	月份	低于 80%	81% ~90%	91% ~95%	96% ~98%
2014	10—12 月	5. 58	9. 95	9. 00	75. 47
	1—3 月	6. 08	10. 91	9. 41	73. 59
	4—6 月	5. 63	9. 61	9. 04	75. 72
	7—9 月	5. 46	9. 46	9. 14	75. 95
2015	10—12 月	6. 70	10. 79	8. 93	73. 57
	1—3 月	7. 10	11. 65	8. 97	72. 28
	4—6 月	6. 14	11. 59	8. 76	73. 52
	7—9 月	6. 44	11. 13	8. 35	74. 08
2016	10—12 月	7. 54	12. 57	8. 26	71. 62
	1—3 月	8. 12	13. 32	8. 26	70. 30
	4—6 月	6. 83	11. 77	7. 72	73. 69
	7—9 月	6. 86	12. 02	7. 80	73. 32
2017	10—12 月	8. 06	13. 98	7. 73	70. 23
	1—3 月	9. 67	16. 03	7. 66	66. 64
	4—6 月	8. 02	13. 83	7. 57	70. 58
	7—9 月	7. 99	14. 46	7. 50	70. 06
2018	10—12 月	8. 83	16. 41	7. 42	67. 34
	1—3 月	9. 57	17. 64	7. 04	65. 75
	4—6 月	7. 87	14. 44	6. 88	70. 81
	7—9 月	7. 99	14. 88	7. 13	70. 00
2019	10—12 月	9. 31	16. 80	7. 07	66. 83
	1—3 月	9. 30	17. 60	6. 84	66. 25

注：[1] 表中的数值根据 FHA 担保贷款数目计算的百分比。按照 FHA 贷款保险资格的法定要求，HUD 衡量贷款价值比没有包括任何贷款余额中的保险费。

资料来源：美国 HUD/FHA。

三、资助首次购房者

首次购房者通常因储蓄较少而支付不起常规商业贷款所需的首付，因此成为 FHA 支持的对象。

FHA 担保贷款的首付只需要 3.5%，允许全部首付款都来自他人赠予资金，而常规贷款在首付比例低于 20% 的情况下只允许部分首付款来自他人赠予资金。对于仍无法负担首付款的借款者，FHA 还提供首付支持项目，各州根据情况制定具体制度，允许借款人从多种渠道筹集首付款，政府也可提供一定额度的支持资金以帮助借款人支付首付或者其他贷款办理费用，这笔资金在贷款偿还期内按照一定的利率偿付。Bocian（2012）运用 2010 年美国社区调查数据就抵押贷款的首付对住房拥有率的影响进行了估计，发现一般家庭需要 20 年才能存够 10% 首付所需要的资金，而少数民族家庭需要的时间更长，如黑人家庭需要 31 年，西班牙裔家庭需要 26 年。而 FHA 低首付抵押贷款将此时长缩减到三分之一，使得这些家庭能够更早地搬进自己的第一套住房。

FHA 从成立以来到 2018 年，超过半数的首次购房者从其获得融资帮助。仅在 2009—2014 年，FHA 帮助了 300 多万家庭拥有自己的住房。2014 财年，首次购房者在 FHA 的贷款担保中占 81%，略高于 2013 财年，该比例在 2011 财年和 2012 财年分别为 75% 和 78%。在 2018 财年，38.79% 的 FHA 贷款借款人使用了首付支持项目。2018 财年首次购房者比例为 82.69%，与 2017 财年的水平保持一致。首次购房者的平均年龄已从 2001 财年的 33.49 岁升至 2018 财年的 38.12 岁（见图 3.2）。

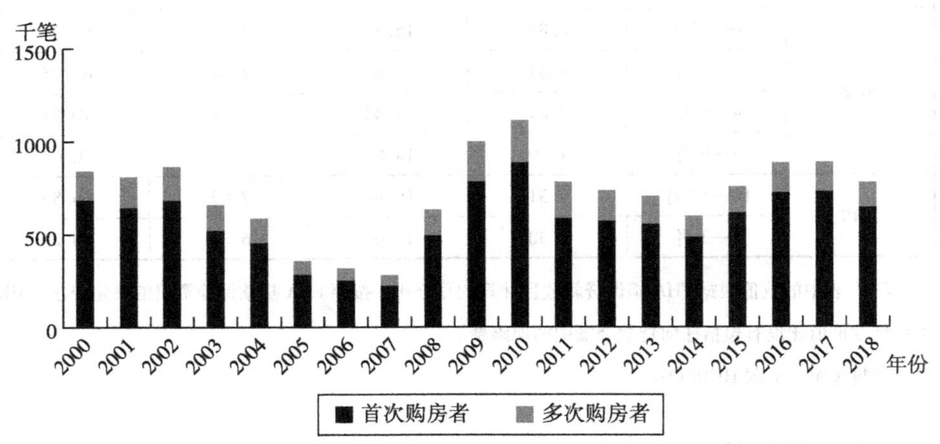

资料来源：美国 HUD/FHA。

图 3.2　获得 FHA 贷款担保的购房者数量

四、为少数民族提供融资支持

相对而言，少数民族难以从常规市场获得贷款，因此 FHA 在支持他们拥有自己住房方面一直起着关键作用，FHA 贷款成为其稳定的融资来源。

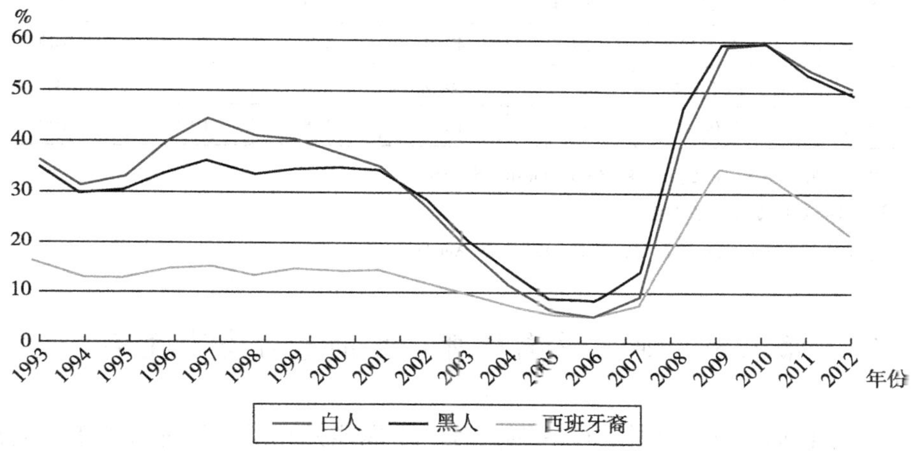

资料来源：历年 HMDA 数据。

图 3.3　FHA 为少数民族提供首次购房贷款支持比例

1993 年以来，对于需要抵押贷款的黑人和西班牙裔，平均而言，超过三分之一的家庭获得了 FHA 贷款。2008—2009 年，该比例超过半数。2013 年《住房抵押贷款披露法案》（HMDA）数据显示，由 FHA 提供保险的贷款约占全部购房贷款的 23%（2017 年提高至 34%），而这一比例对少数民族而言要大得多，例如占黑人购房家庭的 46.3%，占西班牙裔购房家庭的 47.9%。在 2014 财年，获得 FHA 担保的首次购房者有近三分之一是少数民族；2018 财年，这一比例为 33.76%，略高于 2017 财年的 33.27%（见表 3.4）。

表 3.4　　2013 年不同种族在购房贷款市场的占比

类别	购房贷款数目（笔）	常规（%）	FHA（%）	FSA/RHS[1]（%）	VA（%）	合计（%）
全部	2748237	62.9	23.4	4.8	9.0	100
美国印第安人	9262	47.5	34.5	5.9	12.1	100

续表

类别	购房贷款数目（笔）	常规（%）	FHA（%）	FSA/RHS[1]（%）	VA（%）	合计（%）
亚洲人	158741	82.4	13.7	0.8	3.1	100
黑人	130534	32.4	46.3	4.5	16.8	100
西班牙裔	220070	39.7	47.9	4.6	7.7	100
白人	1949002	65.4	20.4	5.5	8.7	100
其他[2]	200846	69.5	18.8	1.8	10.0	100

注：[1]指 Farm Service Agency 和 Rural Housing Service。

[2]包括遗漏和没有申请房贷者。

资料来源：The 2013 Home Mortgage Disclosure Act Data.

第三节　通过反向抵押计划助老者安享晚年

除了前向抵押贷款外，FHA 的另外一个职能是在反向抵押贷款市场起决定性作用。由 FHA 所担保的住房反向抵押贷款 HECM（the Home Equity Conversion Mortgage）占所有反向抵押贷款的 90%，为老者安享晚年起到了重要作用。

住房反向抵押贷款也称逆按揭（Reverse Mortgages），是为拥有完全业权的人而设的。将住房抵押给银行后，其住房权益递减，每月向银行领取一笔定额贷款作为生活费，直到用尽银行肯接受的某一个比例的抵押品价值为止。银行届时将抵押品拍卖，以偿还之前积累的贷款本金及由此产生的利息。

理论上看，反向抵押使得老年人能够用房产养老而无须增加每月支出或变卖房产，尽管对希望将财产遗赠给子女的老人没有多大吸引力，但一般而言，反向抵押有助于提高老年人的福利水平和贫困老年人的收入。Venti 和 Wise（1989）发现，老年人如果对自己的住房有感情，通过反向抵押继续居住于其中能够提高幸福感。Merrill、Finkel 和 Nandinee（1994）的研究则表明，住房反向抵押贷款可帮助低收入家庭每月收入提高 20% ~25%。具体地，Rasmussen et. al（1997）发现，对于年收入低于 3 万美元的 69 岁以上老年人，其收入通过住房反向抵押贷款可提高 25%，单身女性的贫困率由 19.5% 降低到 5.5%。

美国的反向抵押贷款始于1961年，当时一家储蓄贷款公司首次推出了美国第一个反向抵押产品。其后二十多年间只有商业性质的金融机构参与其中，几乎没有什么市场，原因是反向抵押风险高于其他类型贷款业务。鉴于反向抵押业务发展有助于提高老人特别是贫困老人的生活质量，减轻社会保障的压力，美国政府决定介入该市场。1987年，美国国会通过了HECM计划，并于1988年签署法令授权FHA为之提供保险。此后，该市场发展才有了起色，但较为缓慢。为促进反向抵押贷款发展，美国国会在1998年决定将HECM计划由先前的试点计划转变成永久计划，与此同时还扩大了FHA保险范围。该项决定大大加快了反向抵押贷款市场的扩张。

HECM计划由FAH为借贷双方提供保险，如果贷款逾期，FHA通过提供政府支持的保险而确保贷款方和投资者免受损失。无论住房最终售价或贷款账户平衡状况如何，贷方均可以足额获得贷款清偿。对借方而言，无论贷款总额是否超过住房价值，甚至贷方破产，均可以获得合同约定的贷款金额和期限。

由于房价上升、利率下降，加之婴儿潮时期出生者到了退休年龄，HECM贷款2004—2009财年上升迅速。此后虽然老年人口继续上升，但其退休资产由于危机而有所缩水。随着经济好转以及该计划的调整，HECM开始重回次贷危机前的趋势。2012财年HECM保险担保了54676笔反向贷款，与2011财年相比下降了25%。至2012财年，由于政策调整和业界产品的变化，HECM总量已连续3年下降。在2014财年，FHA通过HECM计划资助了超过51000个年龄在62岁以上（含62岁）的老年业主的财务需要，由其担保的HECM贷款达到135亿美元，比2013财年降低了8%。降低的原因是FHA计划本身进行了调整，如限制通过HECM担保的固定利率抵押贷款；2014财年之始，HECM已有的标准计划和储蓄者计划被更加保守的HECM计划取代。2010财年，FHA引入了一种叫“HECM Saver”的HECM计划，该计划降低了前端抵押贷款保险费（Mortgage Insurance Premium，MIP），提供了近于零的初期保费，但同时也降低了可获得的住房权益（见表3.5）。

表 3.5　HECM 申请活动　　单位：份

财年	月份	收到的全部申请	产品与利率类型						贷款用途		
			标准		储蓄者（Saver）		HECM 2014				
			固定利率	浮动利率	固定利率	浮动利率	固定利率	浮动利率	购房	再融资	股权外卖
2013	1 月	8599	6673	1550	42	334	—	—	210	256	8133
	2 月	7302	5423	1561	54	264	—	—	203	252	6847
	3 月	13613	10558	2591	106	358	—	—	345	590	12678
	4 月	5182	—	4486	321	375	—	—	137	142	4903
	5 月	6526	—	5723	386	417	—	—	224	303	5999
	6 月	6495	—	5704	440	351	—	—	225	269	6001
	7 月	7397	—	6445	592	360	—	—	217	305	6875
	8 月	8167	—	7072	692	403	—	—	240	440	7487
	9 月	16006	—	13503	1692	754	16	41	604	1162	14240
	10 月	3611	—	—	—	—	771	2840	95	60	3456
	11 月	4964	—	—	—	—	1213	3751	101	101	4762
	12 月	5203	—	—	—	—	1360	3843	111	109	4983
2014	1 月	5707	—	—	—	—	1771	3936	114	132	5461
	2 月	5700	—	—	—	—	1951	3749	131	140	5429
	3 月	6329	—	—	—	—	2370	3959	187	223	5919
	4 月	6406	—	—	—	—	2184	4222	221	288	5897
	5 月	5858	—	—	—	—	1690	4168	202	253	5403
	6 月	6145	—	—	—	—	1640	4505	218	313	5614
	7 月	5823	—	—	—	—	1532	4291	232	318	5273
	8 月	11415	—	—	—	—	2733	8682	359	803	10253
	9 月	7788	—	—	—	—	1718	6070	234	627	6927
	10 月	8471	—	—	—	—	1896	6575	255	807	7409
	11 月	7004	—	—	—	—	1374	5630	193	624	6187

资料来源：美国 HUD/FHA。

在 HECM 计划中，用于抵押的住房平均价值，2000 年为 10.9 万美元，2012 年达到 25 万美元。1990—2012 年，获得的贷款本金是住房价值的0.3～0.7 倍。其中：1991 年为 0.3 倍；2003 年最高，达 0.7 倍；大多年份稳定在 0.6 倍（见表 3.6）。

表 3.6　　FHA 担保的 HECM 计划状况　单位:%，美元，岁，个

财年	贷款数目	平均预期利率[1]	房产平均价值	平均最高额度[2]	平均初始本金	平均年龄	活跃的被保险项目[3]	
							数目	平均未付余额
1990	157	9.8	108717	84208	39005	76.7	1	12182
1991	389	9.3	126415	97483	43460	76.5	1	99371
1992	1019	8.9	124668	97416	48612	76.6	1	449365
1993	1964	7.6	119658	97901	52600	75.7	18	134166
1994	3365	7.6	124944	103808	58015	75.2	24	132228
1995	4166	8.6	124832	105368	54341	76.0	80	147192
1996	3596	7.7	117161	103335	57320	75.9	77	116792
1997	5207	8.1	117499	105203	57952	75.9	181	103873
1998	7895	7.4	118656	107019	64300	75.7	518	95467
1999	7923	6.5	131914	117789	81619	75.3	676	104627
2000	6637	7.3	141670	124617	78559	76.0	948	94738
2001	7789	6.7	167142	140595	97393	75.5	1457	106538
2002	13048	6.4	177978	151336	109949	75.1	3309	116626
2003	18084	5.4	197553	165922	131286	74.3	5210	137358
2004	37790	5.8	219435	182199	133905	74.3	15250	140858
2005	43082	5.7	254864	206041	144386	73.8	24748	159580
2006	76280	6.0	289660	235616	158392	73.8	55373	169712
2007	107367	6.0	261939	229332	155550	73.5	88798	155839
2008	112013	5.4	239337	216407	153719	73.1	98672	145432
2009	114639	5.5	283304	263095	183960	72.9	103065	174524
2010	78758	5.7	279880	266314	175492	72.9	72784	175324
2011	73093	5.1	261454	249103	161139	72.2	70223	149545
2012	54676	4.9	251953	239822	158228	71.9	53928	131986

注：[1] HECM 预期利率指在贷款结束时的 10 年固定期限国债利率加上贷方的利润。

[2] HECM 贷款“最高额度”低于房产价值或 FHA 国家贷款限额。

[3] 活跃的被保险项目指未到期且未转由 HUD 处置的反向抵押贷款。

资料来源：美国 HUD/FHA。

年长者更愿意接受 HECM 计划，不过其的平均年龄呈下降趋势。1990—2012 年，HECM 在贷款起始时的平均年龄在 71 岁以上，1990 年为 76 岁，到 2018 年降至 73 岁。

在 HECM 中，老年单身女性占比最高，1990 年为 57%，不过此比例一直趋于下降，到 2000 年降为 40%；而单身男性和其他（含夫妇）类型的比例呈

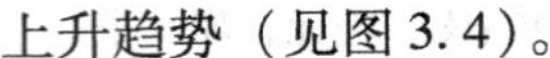
上升趋势（见图 3.4）。

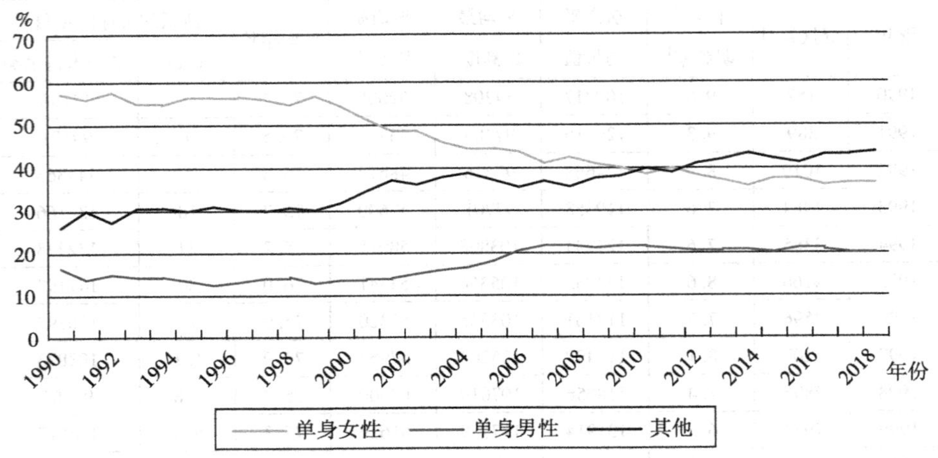

注：其他指超过一人而不论性别以及未说明性别。

资料来源：美国 HUD/FHA。

图 3.4　HECM 类型

第四节　反经济周期功能

FHA 从最初为抵御大萧条对住房市场重创而创立，到逐渐成为稳定美国经济的主要力量。在经济繁荣期，传统的商业贷款抵押机构活跃，FHA 贷款的市场份额相对较低；而在当经济状况恶化时，商业贷款机构会收回其资金，政府项目在极端情况下甚至成为信贷的唯一来源（Ambrose、Pennington - Cross 和 Yezer，2002）。这一反经济周期功能主要体现在其新增担保贷款的总量和所占的市场份额方面。

从新增担保贷款的总量看，由 FHA 提供担保的独户住房抵押贷款额和贷款笔数的变化趋势反映了其反经济周期的功能。这两个数据自 2000 年以来一直上升到 2003 年后开始下降，在 2007 年达到阶段性低点后开始上升，2008 年开始暴增，于 2009 年达到峰值后又呈回落趋势。我们知道，2000 年美国高科技泡沫破灭，在联储连续降息和政府税收减免等政策刺激下，至 2003 年进入新一轮发展周期。2008 年次贷危机开始愈演愈烈。随着美国经济复苏，FHA 担保贷款在

2018 财年约 2091 亿美元，成为自次贷危机爆发以来的最低值（见表 3.7）。

表 3.7　　由 FHA 担保的独户住房抵押贷款　　单位：十亿美元，笔

财年	贷款额	贷款用途（数目）			
		购房	FHA 简化型再融资	其他 FHA 再融资	常规 - FHA 再融资
2000	94.22	839870	34443	6780	32007
2001	117.69	806818	188422	17230	46207
2002	148.10	862899	318245	28525	64475
2003	159.24	658640	560891	37504	62694
2004	115.98	586110	291483	26147	56695
2005	62.36	353845	113062	11840	33580
2006	55.30	313998	36374	14722	60397
2007	59.84	278395	22087	16504	107738
2008	181.17	631656	66772	28510	360455
2009	330.49	995550	329436	38071	468941
2010	297.60	1109582	212896	39602	305530
2011	217.81	777427	180265	44559	195559
2012	213.30	733864	274059	47596	129221
2013	240.12	702415	511843	39088	91500
2014	135.22	594998	115038	20962	55354
2015	213.12	753387	232811	50018	80014
2016	245.41	879513	210629	60443	107465
2017	250.96	882080	161308	76171	126879
2018	209.05	776284	51256	77610	109459

数据来源：美国 HUD/FHA。

值得一提的是简化型再融资（streamline refinance）为具有可接受的抵押贷款历史的任何 FHA 贷款进行融资。只要新贷款额不超过现有 FHA 贷款的初始数额，该种类型的再融资不需要对房产进行评估或提供完整信用报告。由于几乎不需要提供文件，贷款简单快捷速，因此非常受欢迎，一般而言占再融资的比例相当大。

从市场份额看，FHA 的反经济周期功能在住房抵押贷款市场份额的变化上得到更加明显的体现。图 3.5 显示，1935—2014 年的 80 年间，FHA 担保的贷款占一级抵押贷款市场份额平均值约为 13%，但波动相当剧烈，在经济不景气时期往往会上升，第二次世界大战时期的占比相当高；在第二次世界大战

后的1948年、1958年、1970年和2008年前后，FHA的市场份额在18%以上，而在2001—2007年，市场份额不到5%。FHA的反经济周期的功能在次贷危机期间表现突出，在市场流动性严重不足的情况下，FHA继续发放贷款，Ginnie Mae则购买其抵押贷款，以确保流动性。据Griffith（2014）估计，如果没有FHA，美国房价还会跌掉25%，由此将造成家庭财富损失4万亿美元，经济将进一步恶化。

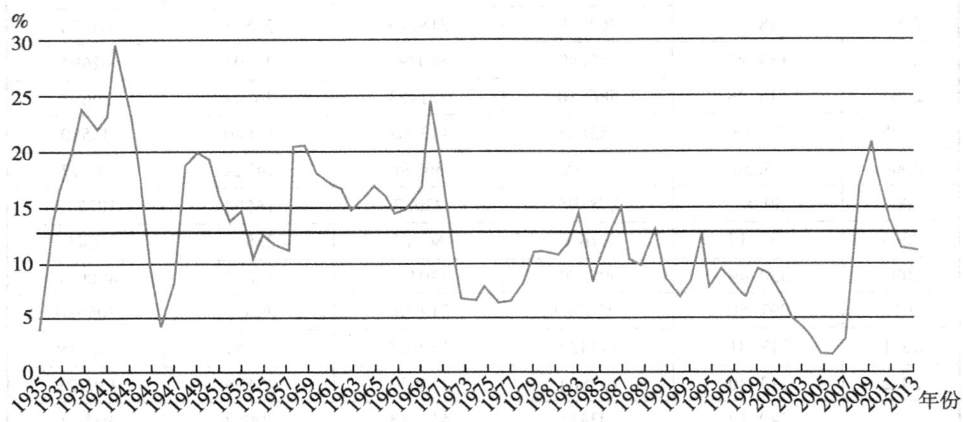

资料来源：美国HUD/FHA。

图3.5 FHA在一级抵押贷款市场的份额

就次贷危机期间FHA的市场份额看，从2008年开始，FHA在家庭购房市场的份额大幅上升，随着经济好转，2014年在抵押贷款的购房和再融资市场上的份额大约为10%。

次贷危机期间FHA的市场份额上升主要源自以下三个政策因素：（1）常规商业信贷机构因风险上升而惜贷；（2）FHA贷款标准保持相对稳定；（3）美国国会批准FHA的贷款限额临时增加。在2006年，FHA在所有市场的授权贷款担保额高达200160美元，其中在高风险贷款市场为363790美元。2008年，经济稳定紧急法案（EESA）以及后来的住房和经济恢复法案（HERA）临时授权FHA在所有市场担保高达271050美元的抵押贷款，其中高风险地区为729750美元。结果使得在次贷危机即将开始的2006财年，FHA担保了314000笔购房贷款，而在2009财年担保的购房贷款增至996000笔，虽然当年住房市场的增幅极小（见表3.8）。

表 3.8　FHA 独户担保信用的市场份额（贷款数目）　单位：%，笔

财年	FHA 市场份额			抵押贷款数目					
	购房	再融资	全部	购房		再融资		全部	
				FHA	市场	FHA	市场	FHA	市场
年度数值									
2005	4.5	1.8	3.1	322915	7233456	133261	7251637	456176	14485093
2006	4.5	2.0	3.3	295261	6563679	115859	5765899	411120	12329578
2007	6.1	4.2	5.1	317181	5222266	211093	5071725	528274	10293991
2008	24.1	15.6	19.8	844893	3508103	560767	3583680	1405660	7091783
2009	32.6	14.8	21.1	1088356	3338302	896558	6052223	1984914	9390525
2010	32.3	9.5	17.5	944159	2925707	518571	5432837	1462730	8358544
2011	30.1	7.5	15.9	760351	2526922	321847	4298127	1082198	6825049
2012	26.3	7.9	13.4	738229	2810486	526631	6660564	1264860	9471050
2013	20.3	9.4	13.5	664946	3279686	507011	5410661	1171957	8690347
2014	18.1	7.7	13.7	601330	3326260	181868	2376275	783198	5702535
2015	21.7	12.7	17.5	811084	3734552	409538	3224307	1220622	6958859
2016	22.4	11.4	17.2	891190	3970872	413168	3612996	1304358	7583868
2017	19.5	12.0	16.7	851308	4359354	308916	2568036	1160224	6927390

续表

财年	FHA 市场份额			抵押贷款数目					
	购房	再融资	全部	购房		再融资		全部	
				FHA	市场	FHA	市场	FHA	市场
季度数值									
2016Q1	23.0	12.4	18.0	171533	744579	84147	679772	255680	1424351
2016Q2	21.7	10.8	16.7	239791	1106704	101895	944441	341686	2051145
2016Q3	22.0	10.6	16.7	263062	1196288	109851	1031998	372913	2228286
2016Q4	23.5	12.3	17.8	216804	923301	117275	956785	334079	1880086
2017Q1	20.5	13.5	17.4	173904	848361	89148	661530	263052	1509891
2017Q2	19.2	11.9	16.7	235907	1225617	76566	641671	312473	1867288
2017Q3	19.6	11.3	16.8	246293	1254181	70987	629780	317280	1883961
2017Q4	18.9	11.4	16.0	195204	1031195	72215	635055	267419	1666250
2018Q1	17.8	12.1	15.6	151275	849236	65447	541364	216722	1390600
2018Q2	16.7	9.9	14.7	208498	1248919	50071	506911	258569	1755830
2018Q3	16.7	10.4	15.0	220763	1321246	49272	476013	270035	1797259

数据来源：美国 HUD/FHA。

同样地，FHA 在危机期间对住房抵押市场的再融资也提供了政策支持。从 2007 年开始，FHA 对拥有浮动利率常规商业贷款的房主提供再融资。这种“常规—FHA”产品再融资使得达到了 FHA 担保标准的数以万计的将原先面临月供增加压力的常规商业贷款转换成有保障的 FHA 贷款。除此之外，FHA 还提供“FHA—FHA”再融资，即用新的 FHA 贷款替代原有的 FHA 贷款，即借新还旧。这避免了 FHA 在原先承担的贷款违约风险之外对同一个贷款者承担额外的风险（该贷款者的信用记录已经恶化）。

在危机中，FHA 为符合条件的贷款者能够获得贷款、对提供房地产信贷市场的流动性和稳定性起到了至关重要的作用。随着美国经济的复苏，FHA 的市场份额虽有所下降，但仍然大大高于危机前的 2006 年。表 3.9 列示了次贷危机前后 FHA 市场份额的变动情况。

表 3.9　　FHA 独户担保信用的市场份额（贷款额）

单位：%，十亿美元

财年	FHA 市场份额			抵押贷款额					
				购房		再融资		全部	
	购房	再融资	全部	FHA	市场	FHA	市场	FHA	市场
年度数值									
2005	2.6	1.1	1.9	40	1512	16	1514	56	3027
2006	2.7	1.3	2.0	38	1399	17	1326	55	2726
2007	3.9	2.9	3.4	44	1140	33	1166	77	2306
2008	19.5	12.9	16.1	143	731	100	777	243	1509
2009	28.1	12.8	17.9	187	664	171	1331	357	1995
2010	27.4	8.6	14.9	165	602	103	1203	268	1804
2011	25.3	6.5	13.1	128	505	60	931	188	1436
2012	21.3	7.4	11.4	125	587	108	1456	233	2044
2013	15.9	7.8	11.1	117	734	87	1111	204	1845
2014	13.8	5.6	10.6	105	760	28	503	133	1263
2015	16.7	10.6	13.9	151	903	82	776	233	1679
2016	17.4	9.0	13.4	173	990	81	901	253	1891
2017	15.4	9.9	13.4	171	1110	59	600	230	1710

续表

财年	FHA 市场份额			抵押贷款额					
				购房		再融资		全部	
	购房	再融资	全部	FHA	市场	FHA	市场	FHA	市场
季度数值									
2016Q1	17.7	9.4	13.8	33	185	15	165	48	350
2016Q2	16.6	8.3	12.8	46	275	20	235	65	510
2016Q3	17.3	8.4	13.1	51	298	22	263	73	561
2016Q4	18.4	10.0	14.1	43	232	24	238	66	470
2017Q1	16.4	11.5	14.3	35	212	17	149	52	361
2017Q2	14.8	9.7	13.2	47	316	14	147	61	463
2017Q3	15.6	9.0	13.5	50	320	14	151	63	471
2017Q4	15.1	9.3	13.0	40	262	14	153	54	415
2018Q1	14.2	10.2	12.7	31	218	13	128	44	346
2018Q2	12.8	8.4	11.7	42	329	10	118	52	447
2018Q3	13.1	8.8	12.1	45	346	10	111	55	457

数据来源：美国 HUD/FHA。

第五节　平衡各地区间的发展

从地理分布的角度来看，FHA 平衡地区发展的功能非常明显。在经济风险特征较高的区域，FHA 在市场上所占的份额更高（Ambrose & Pennington - Cross，2000）。原因是商业性抵押贷款保险公司由于其盈利性特性，导致部分地区几乎不可能获得 LTV 比率高于 90% 的常规商业抵押贷款（Avery et al.，2009）；相比之下，FHA 采取统一保险费率，不会根据地区不同而改变保险费率，使得地区之间能自动达到供需平衡。

1993—2012 年，从由 FHA 担保的购房贷款最多的 10 个州以及在这 10 个州的市场份额看，27% 集中在加利福尼亚、得克萨斯和佛罗里达（见表 3.10）。

表 3.10　　FHA 购房贷款数目前十个州的市场份额及发放份额　　单位：%

州	州内抵押贷款的市场份额					各州之间的发放份额					
	1993—2012 年	2001 年	2006 年	2010 年	2011 年	1993—2012 年	2001 年	2006 年	2010 年	2011 年	2012 年
全国	14.6	16.0	5.0	32.7	27.1	—	—	—	—	—	—
加利福尼亚	13.6	13.6	0.5	36.0	31.8	10.7	11.1	0.8	11.9	13.7	13.4
得克萨斯	18.7	19.2	9.1	35.1	29.1	9.7	9.5	15.9	9.5	9.1	[illegible]
佛罗里达	11.4	12.9	2.3	37.2	30.7	6.3	6.8	3.9	6.2	6.7	6.4
伊利诺	13.6	14.6	5.8	33.1	27.6	4.0	4.3	5.9	3.5	3.5	3.7
佐治亚	16.0	19.0	2.1	40.0	32.2	3.8	3.8	3.1	3.3	3.2	3.2
俄亥俄	15.2	17.5	8.0	35.7	28.4	3.7	3.7	5.3	3.8	3.4	3.5
马里兰	17.0	19.6	7.5	38.9	32.6	3.3	3.7	2.1	3.0	3.0	2.8
科罗拉多	12.4	13.1	5.2	26.7	24.9	3.3	3.2	3.3	3.4	3.6	3.6
华盛顿	13.3	15.0	3.7	29.2	25.3	3.2	3.1	3.4	3.0	3.2	3.2
亚利桑那	15.9	17.9	3.4	31.7	25.6	3.2	3.4	2.9	2.5	2.4	2.3

资料来源：美国 HUD/FHA。

就 2014 财年 FHA 担保的单户新增贷款看，加利福尼亚、得克萨斯和佛罗里达三个州占全部 FHA 抵押贷款的 27%。加州的份额波幅很大。2000 年，加州由 FHA 担保的购房贷款有 93338 笔；而在房地产处于巅峰状态的 2006 年，这一数字下降到只有 2316 笔。随着常规商业抵押信贷在经济衰退期间的紧缩，FHA 在加州的作用超过了以往的最高水平，2009 年达到了资助 35643 户家庭购房这一高点。2014 年，由于常规商业信贷相较于前些年更易于获得，FHA 在加州担保的购房抵押贷款降到 63851 笔。

从再融资看，2014 财年，FHA 提供的再融资 191315 笔，比 2013 财年的 642438 笔下降了 70%，而近三分之一的 FHA 再融资活动来自加利福尼亚、佛罗里达、得克萨斯、俄亥俄和格鲁吉亚这几个人口大州。其中：加州的再融资发生了 14595 笔，占全部再融资的 7.6%，俄亥俄州的再融资 11061 笔，占 5.8%。

地区集中度的变动体现了 FHA 对区域市场调控的重要性，特别是在经济不景气、流动性受限的时期，FHA 平衡地区发展的这一功能表现得尤为突出。2006—2009 年，FHA 在购买自住房抵押贷款市场份额的变化显示（见图

3.6)，其市场份额在大城市上升最多，而这些地区的房价在经济衰退期间下降也是最严重的。虽然 FHA 通常在这些市场的繁荣时期扮演着可有可无的角色，但当危机来临时，这些市场因常规商业信贷撤离而遭受的损失也最多，同时也因 FHA 的复兴而受益最多。有研究认为 FHA 市场中的地区是根据周期性及永久性风险特征而变化的（Ambrose，Pennington - Cross，and Yezer，2002；Immergluck，2011），而这一发现恰好印证了这种研究结论。

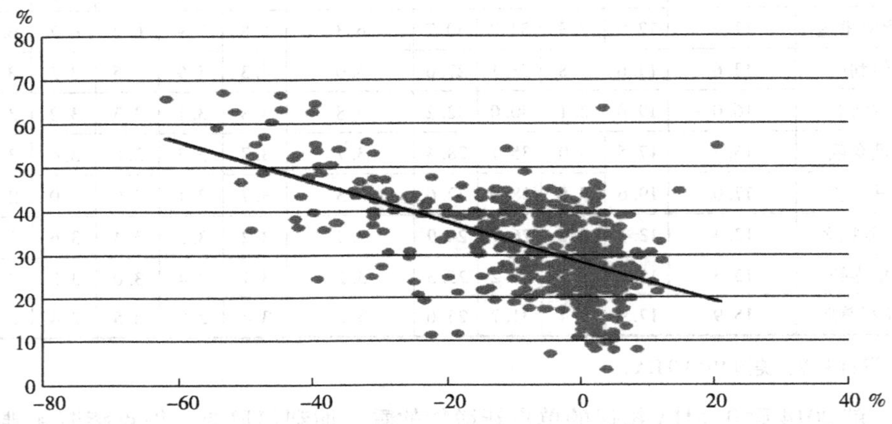

注：为购买 1 ~4 居户自住住房的第一留置权购房抵押放款。

资料来源：美国 FHA/HUD。

图 3.6 地区间的 FHA 担保抵押贷款份额与房价变化（2006—2009 年）

第六节 资助住房特别项目

一、特定贷款担保项目

（一）灾民抵押贷款担保

FHA 为符合要求的灾民提供抵押贷款担保。居住于被认定的灾区且房屋受到损坏或损毁以至于必须重修或重建的居民可以申请此援助项目，FHA 为重修或重建住房所需要的借款提供担保。

该项目的主要规定有：（1）不要求预付定金；灾民借款可获得全部担保；而产权转移费用和预付费用，必须由以现金支付或由卖方支付，但卖方至多给予6%的优惠。(2) FHA的贷款担保不是免费的。灾民需支付前端保险费，每月支付保险费并计入偿还款项之中。(3) 设置担保限额。为保证该项目服务于中低收入群体，FHA设置贷款额度限制，同时根据生活费用及其他因素因时因地进行调整。

(二) 活动房贷款担保

活动房建造较为特殊，美国政府从1969年开始为其所需建造资金借贷提供担保，使得低利率的长期贷款取代了此前的高利率、短期限的贷款。该项目保证了贷方避免因违约而发生损失。而必须同意支付所要求的产权转移费用并满足信用要求。利率由借、贷双方商定。此外，需要缴纳前端保费，并在每年贷款额下降的基础上上交一定数额的保费。贷款期限最多为20年。

(三) 印第安人住房贷款担保

为印第安人建房提供贷款担保，但必须满足以下两个要求。首先，必须在所在部落租到一块地方，且必须得到FHA的租赁批准。其次，部落必须制定条例以保证FHA担保的贷款能够有第一留置权或对财产留置权的优先权。在要求满足后，部落发送文件给FHA住房中心，FHA在根据第248计划审查文件后通知部落文件是否被接受及抵押贷款是否可以担保。如果住房要被出售，买方必须得到部落批准；如果家庭由于止赎失去住房，FHA则在部落批准的情况下将住房转售给另一符合条件的印第安家庭。如果没有找到买家，部落可为住房建议一个承租人，或者由部落购买。

二、特殊购房项目

(一) 好邻居项目

为鼓励对社区发展做出贡献者，HUD设有好邻居项目，目标群体为执法官、老师（学前班至小学六年级）、消防员、急救员，他们可由此成为房产所有者。HUD提供占住房标价50%的折扣作为激励。条件是这类人群必须将此住房作为自己唯一的房产并居住长达36个月以上。如果多于一人申请同一房产，系统将进行随机抽取。

(二) 飓风受灾住房折扣出售

2006年4月24日，HUD宣布将打折出售住房给卡特里娜飓风、丽塔飓风、威尔玛飓风的受灾者。这个允许全国的飓风受灾者购买HUD住房的项目于2007年12月31日终止。此后仍然租住HUD安置房的飓风受灾者能够将其所居住的住房买下，并可以按市价折扣10%。此外，HUD还会按购房价的15%进行补助，以便住户支付相应的修缮费用和维护费用。对于合理的常规房地产买卖手续费，HUD也会支付其中的5%。

在租赁期限内，租房者都可以购买住房，但必须至少在租赁期满前60天将自己的购房意向告知HUD的管理和市场营销承包商。承包商将以书面形式告知租房者是否有资格购买住房。购房者要求在购房合同生效后必须在此住房中居住一年以上。

（三）公租房所有权项目

HUD还会帮助公租房的租住者购买住房。公租房的居住者可以将租房转换成抵押贷款。公租房管理局（PHA）可以部分或全部地将公租房的所有权出售给符合条件的租住者或机构。

（四）184号项目

2013年3月26日，奥巴马总统通过一项法案。在该法案中，HUD的184号印第安住房贷款项目获得1220万美元资助，从2013年4月15日开始发放贷款。184号项目提供贷款担保的前提是必须遵守常规的预算和会计程序。

184号项目是为美国的印第安人、阿拉斯加原住民及部落特别设计的住房贷款。此笔贷款可以被用来进行住房的新建、修缮、购买或是资金再筹。由于印第安保留地的独特地位，美洲印第安人的房产市场向来是被忽视的。184号项目致力于为美洲印第安人提供贷款，为部落的住房机构提供拨款。为了增加印第安人得到资助的概率，HUD贷款担保办公室保证184号项目的贷款提供给申请贷款的印第安人。FHA为这笔贷款提供100%的担保，因此鼓励服务当地社区，有助于增加印第安人资产的价值和市场性，并加强印第安人社区的财政实力。

第四章　美国住房抵押贷款违约与止赎状况

次贷危机发生之前，美国住房抵押贷款违约率和止赎率变化较为稳定。但随着房价持续上涨而形成的房地产泡沫的必然破灭，抵押贷款特别是次级贷款此前积累的风险迅速暴露。房价的下跌使得抵押品价值下降，还款额度加大、再融资变得困难，逾期还款乃至丧失住房赎回权的比例也随之大幅上升，最终引发美国乃至全球范围内的金融海啸，产生了巨大的不良外部性。

美国住房抵押贷款的逾期率变化在次贷危机发生之前基本平稳，即便在20世纪80年代后期至90年代初的储贷协会危机期间，总逾期率也仅在5%左右；逾期90天及以上的比例不超过1%。然而，从2006年第三季度起，所有类别贷款的逾期率开始上升，其中次级贷款出现了巨幅上升，而且无论是固定利率还是浮动利率的次贷升幅都相当大。到2009年底前后，达到了次贷危机中的高点。而浮动利率贷款的逾期水平远高于固定利率贷款。

全部贷款的逾期率与逾期90天及以上的比例在次贷危机前基本在4%、5%的水平上波动，在2009年底达到此轮金融危机中的最高值，分别为10.4%和5.1%，是危机前的2~3倍。优级贷款的逾期率次贷危机前在3%水平以下，逾期90天及以上的比例在0.5%以下。然而在2009年底分别达到次贷危机中的最高值27.8%和15%，约为危机前的2.5倍和7倍。可见，优贷的逾期90天及以上的占比也即贷款机构的坏账出现了巨幅上升。虽然次级住房抵押贷款表现的变化趋势与优贷基本一致，但逾期水平比优贷要高得多。次贷危机前，逾期率基本在15%水平以下，逾期90天及以上的比例在4%以下；但到2009年底两者分别达到27.8%和15%的最高值，是危机前的近2倍和4倍。正是由于次贷坏账率居高不下，直接引起美国乃至全球金融市场动荡不安，故而称为次贷危机。值得注意的是，浮动利率贷款的逾期率高于固定利率贷款，在次贷危机期间尤为突出。就优级贷款来看，固定利率的低而稳定，而浮动利率的逾期率在2009年底高达13.5%的最高水平，逾期90天及以上的占比在2010年第一季度达到7.8%的最高水平。2006年底以来，浮动利率优贷逾期90天及以上的占比至少是固定利率优贷的两倍。浮动利率的次贷的逾期率、逾期90天及以上的比例在2010年第三季度分别达到29.6%、18.4%的最高比例。

与住房抵押贷款违约率状况相呼应，美国止赎率自2006年底开始全面上升，而此前整体上来说比较稳定，其中优级贷款的止赎率一直都非常稳定，次级贷款的止赎率则稍有波动。但此后，各类抵押贷款的止赎率均大幅上升，其中优级贷款的止赎率达到了危机前的数倍，而次级贷款的止赎率也达到了危机前的近两倍，不可谓不惊人。正因为如此，美国政府才倾其所能，采取各种政策措施降低减缓止赎危机的危害。

止赎率具有地域特征，与房价之间的相关性较强，而四个“沙州”亚利桑那（AZ）、加里福利亚（CA）、佛罗里达（FL）和内华达（NV）在经历最大幅度的房价下跌后伴随着止赎率的上升。

虽然各类贷款止赎变化趋势基本一致，但止赎水平不同。最高的是次级贷款，其次是FHA担保贷款，VA担保贷款与优贷相差无几。此外，浮动利率贷款比固定利率贷款止赎率在次贷危机期间要高得多。

止赎最严重的时期介于2008年第二季度到2010年第一季度，各类贷款止赎率最高峰出现的时间有些差异。从开始进入止赎程序的比例看，全部贷款在2009年第二季度达到次贷危机中的最高点1.5%，约为危机前的3倍。其中次级贷款最早，在2008年第二季度达到高点4.7%，而浮动利率次贷高达7.09%；优级抵押贷款在2009年第三季度达到最高止赎水平1.12%，约为危机前的5倍。从存量看，浮动利率优贷的最高水平10.4%出现在2010年第一季度，浮动利率次贷在2009年第四季度达到24.93%的最高点。从逾期90天及以上与止赎存量之和的指标看，次贷的高峰期比优级抵押贷款早一个季度，出现在2009年底，高达30.6%，也就是说，超过三分之一的次贷可能制造了银行坏账；浮动利率的次贷更是达到42.7%的惊人水平，也即近一半的选择严重违约。优级贷款的最严重时期是在2010年第一季度，为7.1%，是危机前的7倍以上；而优贷中的浮动利率贷款居然达到18.3%，是危机前的18倍以上，也就是说，10个浮动利率优贷中有将近两笔贷款成为贷款机构的坏账。在这种情况下，金融机构不破产几乎是奇迹。

第一节　住房抵押贷款的违约状况

次贷危机发生之前，美国住房抵押贷款的逾期率变化基本平稳，即使在20世纪80年代后期至90年代初的储贷协会危机期间也是如此。从2006年第三季度起，所有类别贷款的逾期率开始上升；从2008年第二季度开始迅速上升，其中次级贷款出现了巨幅上升，而且无论是固定利率还是浮动利率的次贷升幅都相当大。到2009年底前后，达到了次贷危机中的高点。其中，浮动利率贷款的逾期水平高于固定利率贷款（见图4.1）。

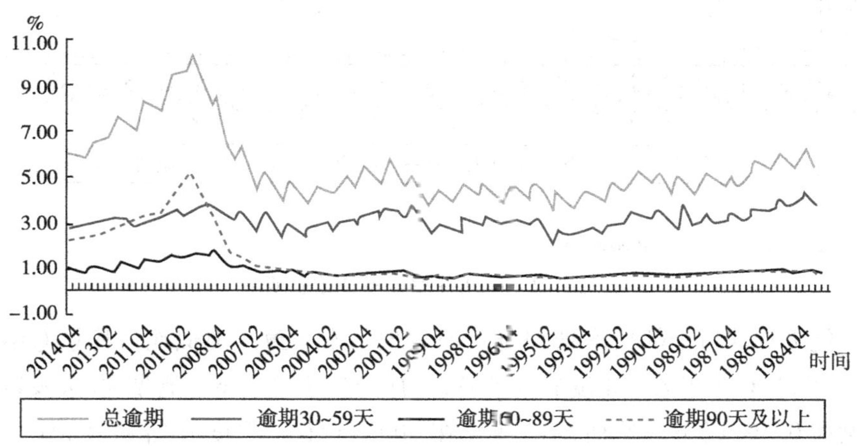

数据来源：Mortgage Bankers Association.

图4.1　全部住房抵押贷款逾期率

就全部住房抵押贷款而言，其总逾期率在1984—2006年基本平稳，基本在4%、5%的水平上波动。即便在20世纪80年代后期至90年代初的储贷协会危机期间，总逾期率也仅在5%左右；逾期90天及以上的比例不超过1%，只有1985年第四季度、1986年第一季度、1986年第四季度、1987年第一季度超过了1%，最高只有1.06%。然而从2008年第二季度开始，总逾期率高达6%，逾期90天及以上的比例达到1.75%。此后这两个指标迅速上升，到

2009 年底，达到此轮金融危机中的最高值，分别为10.4%和5.1%，是危机前的2~3倍。此后开始下降，到2014年底仍然高达6%、2.3%。在2007年底之前，逾期30~59天的比例与逾期90天及以上的比例基本持平，差异在0.2%以下，但在2008年第二季度达到0.51%，此后开始迅速扩大，2008年底突破1%，到2010年第一季度达到3.5%，是次贷危机中的最高差异，此时逾期90天及以上的占比是4.9%（见图4.2）。

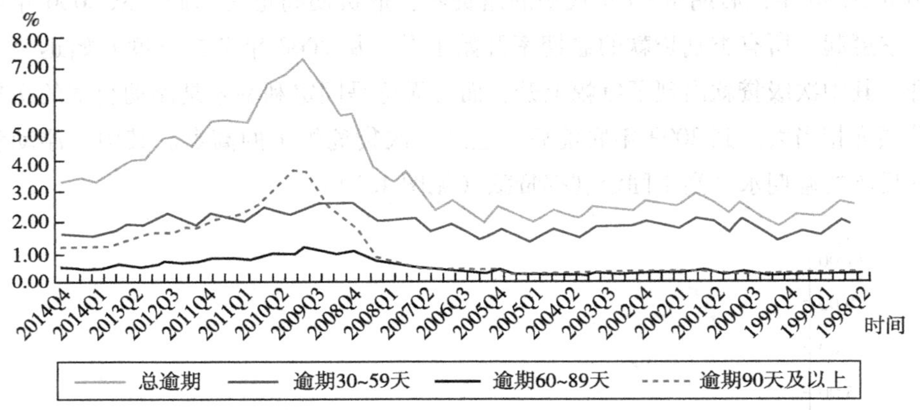

数据来源：Mortgage Bankers Association.

图4.2　优级住房抵押贷款逾期率

优级贷款与全部住房抵押贷款的表现基本一致。类似地，其总逾期率从1998年到2007年第二季度非常平稳，均在3%水平以下，逾期90天及以上的比例在0.5%以下。然而总逾期率在2007年第三季度开始突破3%，达到3.3%；从2008年第二季度开始迅速上升，在2009年底高达27.8%，逾期90天及以上的比例达到15%，两者是次贷危机中的最高值，约为危机前的2.5倍和7倍。可见，优贷的逾期90天及以上的占比也即贷款机构的优贷坏账出现了巨幅上升。此后开始下降，到2014年底为3.4%、1.2%，仍然高于危机前的水平。在2007年底之前，逾期30~59天的比例与逾期90天及以上的比例持平，差异在0.05%以下，但在2008年第二季度达到0.21%，此后开始迅速扩大，2009年第一季度为1%，到2010年第一季度达到2.8%，是此轮金融危机中的最高差异，此时逾期90天及以上的占比是3.67%（见图4.3）。

虽然次级住房抵押贷款表现的变化趋势与优贷基本一致，但与优级相比，

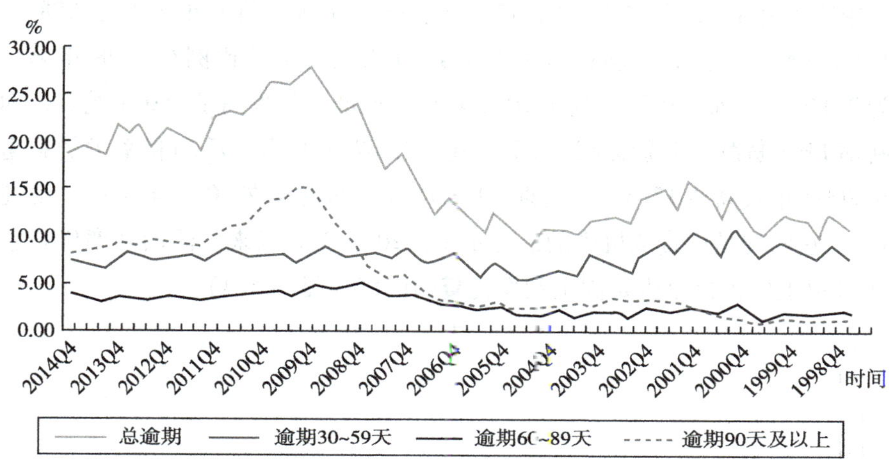

数据来源：Mortgage Bankers Association.

图 4.3　次级住房抵押贷款逾期率

其总逾期率水平要高得多。同样地，次贷总逾期率从 1998 年到 2007 年第二季度这段时期较为平稳，基本上在 15% 水平以下，逾期 90 天及以上的比例在 4% 以下。但在 2007 年第三季度开始突破 16%，达到 16.7%；从 2008 年第二季度开始迅速上升，在 2009 年底高达 27.8%，逾期 90 天及以上的比例达到 15%，两者均是次贷危机中的最高值，是危机前的近 2 倍和 4 倍。此后开始下降，到 2014 年底为 19.1%、8.1%，与危机前的水平相比显然偏高。正是由于次贷坏账率居高不下，直接引起美国乃至全球金融市场动荡不安，故而称为次贷危机。次贷与优贷类似，在 2007 年底前，逾期 30～59 天的比例与逾期 90 天及以上的比例持平，差异基本上在 1% 以下，但在 2008 年第一季度达到 2.1%，此后开始迅速扩大，2009 年第一季度为 6.1%，到 2010 年第一季度达到 11.1%，是此轮金融危机中的最高差异，此时逾期 90 天及以上的占比是 14.8%。

值得注意的是，浮动利率住房抵押贷款的逾期率高于固定利率贷款，在次贷危机期间尤为突出。

就优级贷款来看，固定利率优贷的违约率低而稳定，而浮动利率优贷的逾期率近些年来上升很快，其升幅从 2007 年第三季度开始超过浮动利率 FHA 贷款，该季度与其后的 2007 年第四季度、2008 年的第一季度的总逾期率分别比前一季度上升了 99 个与 37 个、127 个基点，分别比前一年上升了 208 个与 212 个、309 个基点；浮动利率优贷逾期 90 天及以上的比例在 2008 年第一季度为 2.1%，比前一季度提高了 70 个基点，比前一年提高了 150 个基点，而浮动利率 FHA 贷款只分别提高了 20 个基点和 67 个基点。浮动利率优贷总逾期率在 2009 年底高达 13.5%，逾期 90 天及以上的占比在 2010 年第一季度高达 7.8%，它们均是次贷危机中的最高水平。2006 年底以来，浮动利率优贷逾期 90 天及以上的占比至少是固定利率优贷的两倍（见图 4.4）。

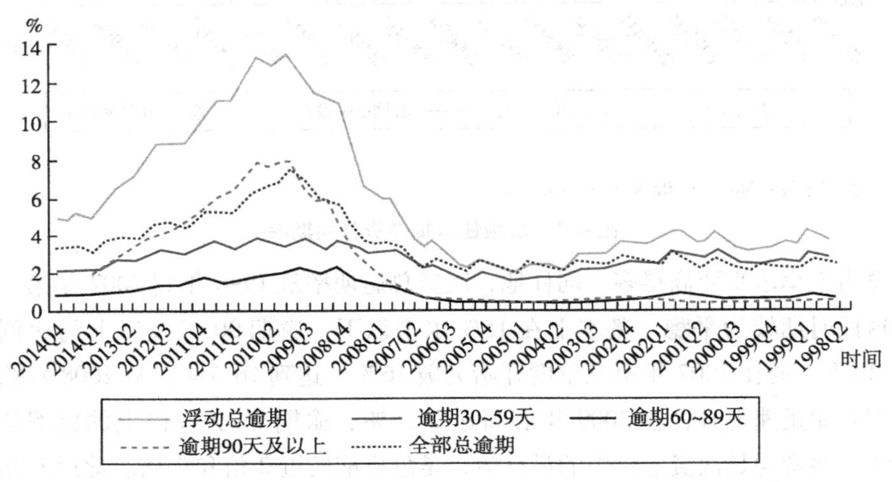

数据来源：Mortgage Bankers Association.

图 4.4 浮动利率优级住房抵押贷款逾期率

浮动利率的次级贷款的逾期率近些年来同样上升很快，在 2010 年第三季度达到了 29.6%，逾期 90 天及以上的比例更是达到了 18.4%，是次贷危机中的最高水平。到 2014 年底，这两项指标分别降至 20%、10% 以下（见图 4.5）。

住房抵押贷款的违约状况在美国各州表现不一。以 2008 年第一季度末为例，1~4 居户住房的全部抵押贷款逾期率为 5.64%，经季节调整为 6.35%，比 2007 年第四季度上升了 53 个基点，比 2007 年第一季度上升了 151 个基点。最高的密西西比州达到了 9.41%，最低的北达科他州只有 2.51%。其中逾期 30~59 天、60~89 天、90 天及其以上的比例分别为 2.95%、1.12%、1.56%。优级贷款的逾期率最低，为 3.30%，经季节调整后达 3.71%，比上

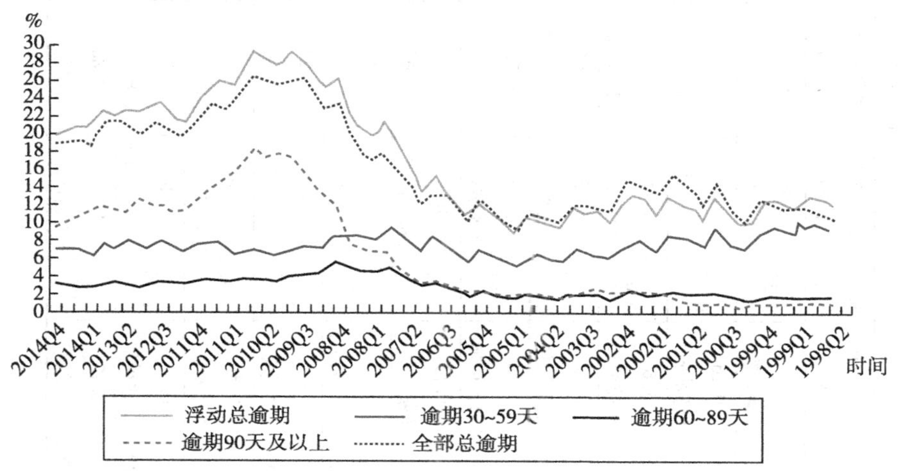

数据来源：Mortgage Bankers Association.

图 4.5　浮动利率次级住房抵押贷款逾期率

一季度的3.24%上升了47个基点；最高的密西西比州达到5.51%，最低的怀俄明州为1.55%。次级贷款的逾期率高达17.05%，经季节调整后为18.79%，比上个季度的17.31%上升了148个基点，最高的密西西比州达23.62%；其中90天及其以上的贷款逾期比例为5.68%，密西西比州高达9.25%，为全国最高。逾期率位居第2的贷款类别是FHA贷款，全国为11.4%，最高的密歇根高达16.80%；其中90天及其以上的贷款逾期比例为3.19%，最高的密歇根达5.33%，最低的北达科他州为0.64%。VA贷款的逾期率高于全部分期付款贷款，为6.23%，密歇根州最高，达11.57%，与FHA贷款持平。在各类贷款中，利率可调整贷款的逾期率高于固定利率，其中浮动利率次级贷款的逾期率高达19.90%，比固定利率次贷高出6.14%，逾期90天及以上的为7.02%；这两个指标的最高值均是密西西比州，分别达到29.52%、13.43%；而固定利率次贷的这两个指标的最高值也是密西西比州，分别为20.75%、7.13%，比浮动利率次贷要低得多。浮动利率FHA贷款的逾期率也相当高，为14.44%，而固定利率FHA贷款为10.65%，其中逾期90天及以上的分别为4.55%、2.91%。相对而言，浮动利率优贷的逾期率要低得多，为6.24%，而固定利率优贷只有2.49%（见表4.1）。

表 4.1　　住房抵押贷款的逾期率*　　单位：%

	总计	最高占比（州）	最低占比（州）	30~59天	最高占比（州）	最低占比（州）	60~89天	最高占比（州）	最低占比（州）	90天及以上	最高占比（州）	最低占比（州）
全部贷款	5.64	9.41（密西西比）	2.51（北达科他）	2.95	4.98（密西西比）	1.5（北达科他）	1.12	1.63（密西西比）	0.47（蒙大拿）	1.56	2.8（密西西比）	0.49（怀俄明）
优级贷款	3.30	5.51（密西西比）	1.55（怀俄明）	1.89	3.37（密西西比）	1.05（夏威夷）	0.65	0.98（佛罗里达）	0.26（怀俄明）	0.77	1.37（内华达）	0.22（怀俄明）
次级贷款	17.05	23.62（密西西比）	7.65（阿拉斯加）	7.78	10.27（密西西比）	4.21（阿拉斯加）	3.59	4.48（密歇根）	1.6（阿拉斯加）	5.68	9.25（密西西比）	1.84（阿拉斯加）
FHA 贷款	11.4	16.80（密歇根）	3.62（北达科他）	6.12	8.32（密歇根）	2.26（北达科他）	2.08	3.15（密歇根）	0.72（北达科他）	3.19	5.33（密歇根）	0.64（北达科他）
VA 贷款	6.23	11.57（密歇根）	3.32（阿拉斯加）	3.46	5.85（密歇根）	1.71（南达科他）	1.13	2.07（密歇根）	0.46（阿拉斯加）	1.64	3.65（密歇根）	0.73（怀俄明）
固定利率优贷	2.49	4.76（密西西比）	1.02（怀俄明）	1.6	3.18（密西西比）	0.79（怀俄明）	0.46	0.78（密西西比）	0.13（蒙大拿）	0.44	0.8（密西西比）	0.09（怀俄明）
固定利率次贷	13.76	20.75（密西西比）	4.42（阿拉斯加）	6.93	10.02（密西西比）	2.75（阿拉斯加）	2.56	3.6（密西西比）	0.83（阿拉斯加）	4.27	7.13（密西西比）	0.84（阿拉斯加）
固定利率FHA 贷款	10.65	16.22（密歇根）	1.01（北达科他）	5.84	8.13（密歇根）	0.47（北达科他）	1.89	3（密歇根）	0（夏威夷）	2.91	5.09（密歇根）	0.23（北达科他）
浮动利率FHA 贷款	14.44	21.11（密歇根）	4.24（夏威夷）	7.21	11.28（西弗吉尼亚）	2.07（蒙大拿）	2.68	4.95（佛蒙特）	0.34（蒙大拿）	4.55	8.15（路易斯安那）	1.41（夏威夷）
浮动利率优贷	6.24	14.42（密西西比）	3.12（华盛顿）	2.9	6.45（密西西比）	1.65（华盛顿）	1.36	2.37（密西西比）	0.55（北达科他）	1.98	5.6（密西西比）	0.78（华盛顿）
浮动利率次贷	19.90	29.52（密西西比）	13.7（科罗拉多）	8.33	12.45（密西西比）	6.01（科罗拉多）	4.55	6.25（西弗吉尼亚）	2.92（夏威夷）	7.02	13.43（密西西比）	3.86（犹他）

注：＊逾期不包括已进入失去赎回权的部分。

资料来源：根据 Mortgage Bankers Association 2008 年第一季度调查数据整理。

第二节　住房抵押贷款的止赎状况

美国的抵押贷款止赎率自2006年底开始全面上升，而此前整体上来说比较稳定，其中优级贷款的止赎率一直都非常稳定，次级贷款的止赎率则稍有波动。但此后，各类抵押贷款的止赎率均大幅上升，其中优级贷款的止赎率达到了危机前的数倍，而次级贷款的止赎率也达到了危机前的近两倍，不可谓不惊人。正因为如此，美国政府才倾其所能，采取各种政策措施降低减缓止赎危机的危害。

止赎率具有地域特征，与房价之间的相关性较强，而四个“沙州”亚利桑那（AZ）、加里福利亚（CA）、佛罗里达（FL）和内华达（NV）在经历最大幅度的房价下跌后伴随着止赎率的上升。

虽然各类贷款止赎变化趋势基本一致，但止赎水平不同。最高的是次级贷款，其次是FHA担保贷款，VA担保贷款与优贷相差无几。此外，浮动利率贷款比固定利率贷款止赎率在次贷危机期间要高得多。

止赎最严重的时期介于2008年第二季度到2010年第一季度，各类贷款止赎率最高峰出现的时间有些差异。从开始进入止赎程序的比例看，全部贷款在2009年第二季度达到次贷危机中的最高点1.5%，约为危机前的3倍。其中次级贷款最早，在2008年第二季度达到高点4.7%，而浮动利率次贷高达7.09%；优级抵押贷款在2009年第三季度达到最高止赎水平1.12%，约为危机前的5倍。从存量看，浮动利率优贷的最高水平10.4%出现在2010年第一季度，浮动利率次贷在2009年第四季度达到24.93%的最高点。从逾期90天及以上与止赎存量之和的指标看，次贷的高峰期比优级抵押贷款早一个季度，出现在2009年底，高达30.6%，也就是说，超过三分之一的次贷可能制造了银行坏账；浮动利率的次贷更是达到42.7%的惊人水平，也即近一半的选择严重违约。优级贷款的最严重时期是在2010年第一季度，为7.1%，是危机前的7倍以上；而优贷中的浮动利率贷款居然达到18.3%，是危机前的18倍以上，也就是说，10个浮动利率优贷中有将近两笔贷款成为贷款机构的坏账。在这种情况下，金融机构不破产几乎是奇迹（见表4.2）。

表 4.2　　不同种类住房抵押贷款止赎比例　　单位：%

	季末存量（未经季节调整）		季度增量				严重逾期（未经季节调整）	
			未经季节调整		经季节调整			
	第一季度	第二季度	第一季度	第二季度	第一季度	第二季度	第一季度	第二季度
全部贷款	2.47	2.75	1.01	1.08	0.99	1.19	4.03	4.50
优级贷款	1.22	1.42	0.55	0.61	0.54	0.67	1.99	2.35
次级贷款	10.74	11.81	4.08	4.26	4.06	4.70	16.42	17.85
FHA 贷款	2.40	2.24	0.96	0.95	0.87	1.03	5.59	5.43
VA 贷款	1.24	1.33	0.51	0.57	0.50	0.65	2.88	3.00
固定利率优贷	0.67	0.76	0.29	0.34	0.29	0.37	1.11	1.30
固定利率次贷	4.46	4.88	1.80	2.07	1.80	2.28	8.73	9.60
固定利率 FHA 贷款	2.18	2.03	0.82	0.81	0.83	0.92	5.09	4.95
浮动利率优贷	3.45	4.33	1.56	1.82	1.55	1.93	5.43	6.78
浮动利率次贷	17.09	19.41	6.32	6.63	6.35	7.09	24.11	26.77
浮动利率 FHA 贷款	4.07	4.07	1.54	1.63	1.47	1.90	8.62	8.56

资料来源：根据美国抵押银行家协会 2008 年第二季度调查数据整理。

从表 4.2 可以看出，不同类型住房抵押贷款的止赎水平不同。最高的是次级贷款，其次是 FHA 担保贷款，VA 担保贷款与优贷相差无几。此外，浮动利率贷款比固定利率贷款止赎率在次贷危机期间要高得多。在 2004 年末，次级贷款的存量止赎比例是优级贷款的 10 倍左右，是 FHA 贷款的 3 倍左右。

美国各州住房抵押贷款的止赎形势也各不相同。从 2014 年底的状况看，美国东部及南部的止赎权比例显著高于西部和北部。最为引人瞩目的是，东海岸（新泽西、马里兰、纽约、康涅狄格等）、中部（伊利诺伊、印第安纳、俄克拉荷马等）及南部（佛罗里达、密西西比、乔治亚等）这三个区域的止赎权比例相当高，而西部的州则拥有较低的比例，这与其相应的住房抵押贷款违约率高低状况是一致的（见图 4.6）。

从 2006 年与 2008 年存量止赎住房数量的变化和联邦金融住房局提供的房价指数变化的散点图看，止赎似乎与房价之间的相关性较强，而四个所谓的“沙州”亚利桑那（AZ）、加里福利亚（CA）、佛罗里达（FL）和内华达（NV）经历了最大幅度的房价下跌和止赎率上升（见图 4.7）。

对于全部住房抵押贷款，开始进入止赎程序的比例在 1998 年到 2006 年第

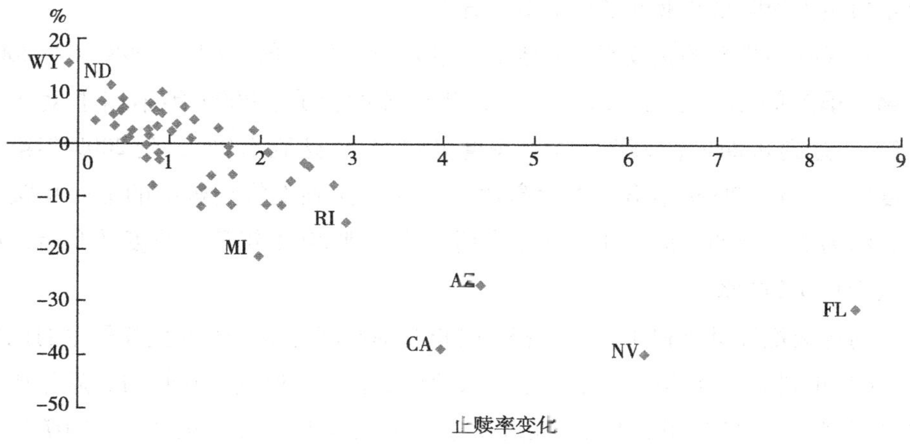

数据来源：Mortgage Bankers Association, Federal Housing Finance Agency.

图 4.6　2006 年与 2008 年美国各州存量止赎率与住房指数的变化

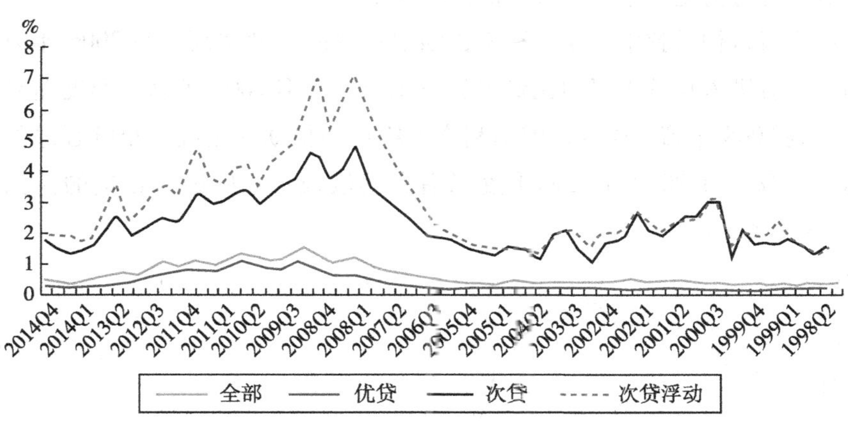

数据来源：Mortgage Bankers Association.

图 4.7　住房抵押贷款开始进入止赎程序的比例（季度调整）

三季度的变化趋势平稳，在 0.5% 以下，此后开始上升。2006 年第四季度突破 0.5%，达到 0.24%；2008 年第二季度突破 1%，达到 1.2%；到 2009 年第二季度高达 1.5%，达到次贷危机中的最高点，约为危机前的 3 倍。此后开始有所下降，到 2014 年第一季度及其后，基本恢复到危机前的水平，这与美国政府不遗余力地降低止赎率的努力分不开。

优级抵押贷款的止赎率相对较低，进入止赎程序的比例在 1998 年到 2006 年第三季度间基本上在 0.2% 以下，此后开始上升。2006 年第四季度突破 0.2%，达到 0.24%；2008 年第二季度突破 1%，达到 1.2%；到 2009 年第二季度突破 1%，2009 年第三季度高达 1.12%，达到次贷危机中的最高止赎水平，约为危机前的 5 倍。此后开始有所下降，到 2014 年第一季度及其后，已经低于 0.3% 的水平。

与优级抵押贷款相比，次级贷款的止赎率要高得多。进入止赎程序的比例在 1998 年到 2006 年第三季度的波动虽然比优贷大，但变动趋势与其后相比要平稳得多，在 2% 以下，此后开始上升。2006 年第四季度突破 2%，2007 年第三季度突破 3%，2008 年第一季度突破 4%，2008 年第二季度高达 4.7%，达到次贷危机中的最高点。此后开始有所下降，到 2013 年第四季度及其后，已经降到 20% 以下，恢复到危机前的水平。由此可见，美国政府不遗余力地降低止赎率的努力主要集中在次级抵押贷款领域。

在次级抵押贷款中，浮动利率比固定利率的止赎率高。在 2006 年第四季度前，两者进入止赎程序的比例差异不太悬殊，但 2006 年第四季度差异开始变大。到 2008 年第二季度，浮动利率次级抵押贷款开始进入止赎程序的比例高达 7.09%。在 2010 年第四季度以后回落较快，开始进入止赎的比例低于 4%（见图 4.8）。

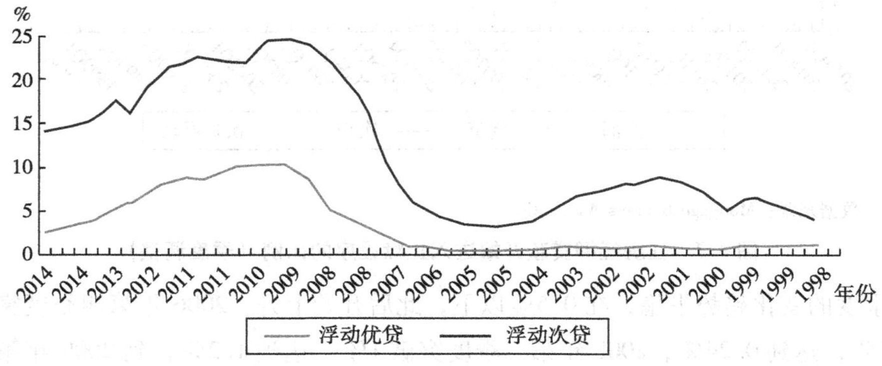

数据来源：Mortgage Bankers Association.

图 4.8 住房抵押贷款止赎存量（季度调整）

从住房抵押贷款止赎存量看，浮动利率贷款的止赎率无论优贷还是次贷在次贷危机发生前与固定利率差异不大，但危机发生后的相当长时间内都相当高，由此可见美国政府在次贷危机中之所以将住房抵押贷款止赎问题作为重点解决对象的原因。浮动利率优贷的止赎存量在2009年第三季度到2010年第四季度均在10%以上，最高出现在2010年第一季度，为10.4%。而浮动利率次贷的止赎存量在2009年第二季度到2010年第一季度均超过24%，最高24.93%，出现在2009年第四季度。

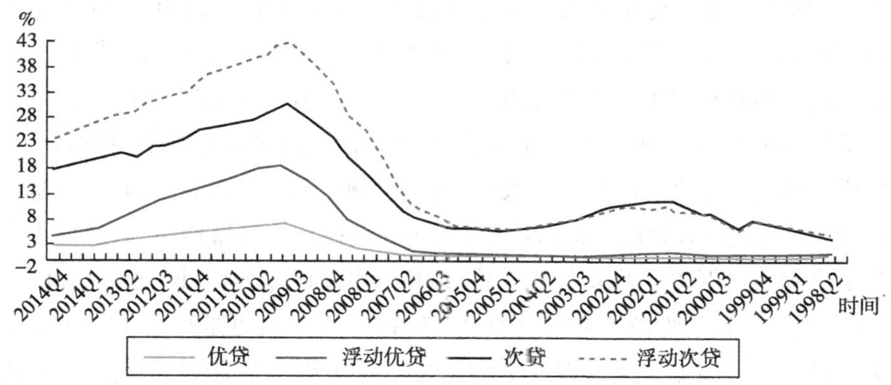

数据来源：Mortgage Bankers Association.

图4.9　住房抵押贷款逾期90天及以上与止赎存量之和

分析美国住房抵押贷款逾期90天及以上与止赎存量之和的数据即能理解为什么住房抵押贷款特别是次级抵押贷款的表现最终引发美国乃至全球范围内的金融海啸。

优级抵押贷款的坏账与止赎水平是所有抵押贷款中最低者，然而在次贷危机期间出现了飙升。

在1998年到2007年第二季度，优级抵押贷款逾期90天及以上与止赎存量之和的比例不超过1%，此后开始上升。2008年第二季度突破2%，达到2.4%；2008年第四季度突破3%，达到3.7%；到2009年第二季度突破5%，2010年第一季度高达7.1%，达到次贷危机中的最高水平，是危机前的7倍以上。此后开始有所下降，到2014年第一季度及其后，已经低于2.6%的水平。

而优贷中的浮动利率贷款逾期90天及以上与止赎存量之和的比例在危机

期间的表现更是令人咋舌。该比例在1998年到2006年第二季度与固定利率优贷相差不大，但从2006年第三季度开始拉大。到2008年第三季度，逾期90天及以上与止赎存量之和的比例已高达8.1%；到2010年第一季度达到惊人的18.3%，达到次贷危机中的最高水平，是危机前的18倍以上。也就是说对于贷款机构而言，10个浮动利率优贷中有将近两个客户给其制造了坏账，不破产几乎是奇迹。

次级抵押贷款的表现比优级贷款要差得多，而浮动利率次贷更甚。次贷逾期90天及以上与止赎存量之和的比例在高科技泡沫破灭时期的2001年中到2003年中相对较高，超过10%，其中浮动利率次贷在10%左右，但在次贷危机期间的比例要高得多。次贷的该比例在2007年第三季度超过11%，2008年第一季度超过16%，到2009年底高达30.6%，达到次贷危机中的最高点。也就是说，超过三分之一的次贷给银行制造了坏账。此后虽然开始有所下降，到2014年底仍高达17.7%。而浮动利率的次级抵押贷款的逾期90天及以上与止赎存量之和的比例更是高得惊人。在2006年第四季度前，该比例不到10%，但此后迅速飙升，到2008年底已高达33.8%，1年后更是高达42.7%，达到次贷危机中的最高点，也即近一半的选择严重违约。到2014年底该比例仍然高达23.8%。

第五章　次贷危机期间高风险贷款及其违约与止赎

美国常规商业市场上的住房抵押贷款有三类：优级贷款、Alt－A 贷款和次级贷款。从信用风险角度看，它们的风险程度逐渐增加。其中后两类属于高风险贷款，次级的平均信用评分 614.88 分、Alt－A 平均信用评分 703 分。这两类贷款在 2008—2010 年美国次贷危机期间是“重灾区”，其违约和止赎情况怎样？本章将重点分析。

第一节　数据处理与研究思路

为了全面、客观而又准确地把握美国住房抵押贷款在次贷危机期间的变化特点与规律，我们采用美国纽约储备委员会在危机期间逐月公布的各州 57 项关于次级贷款和 Alt－A 贷款的分类指标作为研究对象；采用聚类分析和 ANOVA 方差检验等方法从贷款规模、发放年限、动机和行为、市场反应、信用和违约风险、银行止赎等多视角来考察美国境内这两类贷款整体状况、结构特点和时变特征。

一、数据处理

2008 年美国次贷危机的全面爆发引起全球的广泛关注。美国纽约联邦储备委员会网站开始逐月公布境内 51 个州的住房贷款的月度数据，并一直持续到 2010 年 11 月危机好转为止。我们逐月及时下载积累了这些数据。这为我们更细致分析美国次贷危机期间高风险住房贷款的违约与止赎问题提供了便利，因为这是我们可获得的唯一月度详细数据。此外，其内容非常丰富，涉及 57 项统计指标，非其他数据资源能够比拟。57 项指标分别是住房单位、（次级贷款/Alt－A贷款）笔数、非自住房贷款比例、自住房贷款比例、每1000个自住房单位的贷款笔数、平均利率、平均余额、平均贷款期限、平均信用评分、有提前还款支付罚金的贷款合约数目、执行提前还款支付罚金条款的数目、贷款LTV均值、贷款LTV中位数、放款时有二次抵押的数量、具有高LTV比率的放款数目、仅支付利息的数目、负分期偿还的数目（每月还款少于应付利息，未付利息加到贷款余额上）、信用低于600分、信用高于660分、过去12个月至少一次还款逾期、还款正常、逾期30～59天、逾期60～89天、逾期超过90天（但没有出现止赎或REO）、止赎、每千个住房单位的止赎数、REO百分比、每千个住房单位的REO、高LTV且信用低于620分、低LTV且信用不低于620分、2007年发放、2006年发放、2005年发放、2004年及其前发放、没有或提供的文件少、用于购房、再融资过程中提现、其他用途、购房平均当期利率、购房平均当期余额、购房平均FICO、购房平均LTV、提现平均当期利率、提现平均当期余额、提现平均FICO、提现平均LTV、浮动利率贷款、高于参考利率的利差、平均初始利率、平均当期利率、低LTV且信用不低于620分的数目、高LTV且信用低于620分的数目、重设的数目、在未来12个月重新设定、在未来12～23个月重新设立、在未来24个月以后重新设定。它们归纳起来能够从贷款规模、贷款年限、市场结构、动机和行为、信用与违约、银行重设与止赎等多侧面反映美国高风险住房贷款在危机期间的表现特征与变化规律。

需要指出的是，本部分样本期从2008年6月到2010年11月，与美国纽约联储公开的数据时期一致，原因是高风险贷款在该时期的表现最为严峻，是危机的重灾区。采用此危机样本期目的就是为了更精确地分析美国高风险住房贷款在次贷危机期间的违约与止赎问题。

二、研究思路

本部分并不局限于对两类高风险住房贷款整体考察，而是把整体考察、结构差异检验与时间变化分析结合起来进行。这种“三位一体”的研究视角能够有效地克服单纯的整体考察可能会丢失许多结构信息和时变特征的局限，从而能更好地揭示出美国次贷危机期间高风险住房贷款的变化规律，为我们提供更加全面、更加完整地把握美国次贷危机期间高风险住房贷款的违约与止赎问题提供相互补充、相互佐证的保证。

在整体考察中，我们借用因子分析思想对57项指标进行“因子”归类，然后对各类指标进行多侧面分析，力求能够把握危机期间美国高风险住房贷款全貌。在结构分析中，本部分并不囿于单个州际差异检验，而是从整体上采用聚类分析方法来对美国境内51个州次级贷款/Alt－A贷款57项指标分别进行聚类分析。其基本思路是，假设美国境内次级贷款（或Alt－A贷款）存在两类差异，而聚类分析结果证明了这一点，则比较各项指标差异的显著性就可以从总体上把握美国境内高风险贷款在危机期间的结构特征，这一方法的最大优点是把众多指标进行归类比较。在时变分析中，我们首先运用ANOVA方差分析方法检验了危机期间各指标月度均值的年度差异，然后对各类指标的年度变化特征进行描述。

综合三个方面分析，我们不仅可以发现次贷危机期间美国次级贷款和Alt－A贷款的整体特征和变化规律，而且还可以对这两类高风险贷款进行比较。研究中运用的聚类分析法和ANOVA方差检验法都是统计学上的经典方法，这里不再赘述。

第二节 次级贷款及其违约与止赎

我们先对危机期间美国境内住房次级抵押贷款的变化特点进行分析，这是因为次级住房抵押贷款违约问题是次贷危机的主要问题，不仅是导火索而且是重灾区。

一、整体概况

面对51个州57项次级住房抵押贷款指标，欲从整体上把握其在危机期间整体表现，最好的方法是因子分析。该方法的最大优点是能够将众多复杂数据归类，形成多角度、多侧面考察问题的优势。因此，借用这个思想，我们从以下七个方面来考察危机期间美国次级贷款的整体表现。

（一）次级贷款规模

平均每年有91563.64笔，每百户有1.9笔次级贷款。从表5.1可以看出，2008—2010年，美国各州平均住房单位有4833754.66户，次级贷款平均有

91563.64笔，平均每1000户住房单位中有18.9笔次级贷款。其中，非自住房贷款占比9.28%，自住房贷款占比90.72%。每1000个自住房有14.82笔次级贷款。每笔次级贷款的平均利率为7.8808%，平均余额为155209.44美元，平均贷款期限为50.97月。

表5.1　危机期间美国次级住房抵押贷款规模

指标	均值	最小值	最大值	标准差
总住房单位	4833754.66	223854.00	127901934.00	17167935.28
次级贷款笔数[a]	91563.64	7.00	3034361.00	333697.09
非自住房贷款比例[a]	0.0928	0.0515	0.3000	0.0371
自住房贷款比例[b]	0.9072	0.7000	0.9485	0.0371
每1000个自住房单位的贷款笔数	14.82	0.00	40.50	5.69
平均利率[b]	7.8808	3.9110	9.5400	0.7712
平均余额[b]	155209.44	66677.00	339113.00	62705.66
平均贷款期限[b]	50.97	27.00	132.00	14.35

注：a为根据第一留置权活跃贷款（包括REO）统计获得。

b为根据第一留置权、自住房活跃贷款（包括REO）统计获得。

（二）次级贷款年限结构

大部分贷款都集中在危机前四年内发放，但危机前一年发放的次级贷款锐减。可以看出，2007年，次级贷款发放额只有9.69%；而2006年和2005年发放的贷款占比分别为27.43%和23.97%，累计超过50%。从极大值看，有些州次级贷款主要都是集中在2005年（或者2004年）及其以前发放，临近危机的签单年几乎没有发放次级贷款。可见，危机爆发前，次级贷款的发放已经开始减少（见表5.2）。

表5.2　危机期间美国次级住房抵押贷款发放情况

指标	均值	最小值	最大值	标准差
2007年发放[b]	0.0969	0.0000	0.2700	0.0815
2006年发放[b]	0.2743	0.0000	0.5100	0.1132
2005年发放[b]	0.2397	0.0000	0.3210	0.0461
2005年及其前发放[b]	0.6693	0.3030	1.0000	0.1699
2004年及其前发放[b]	0.2636	0.0890	1.0000	0.1321

注：b为根据第一留置权、自住房活跃贷款（包括REO）统计获得。

（三）贷款动机

超过一半的次级贷款是为了提现，直接购房的比例平均只有 32.35%。从表 5.3 可以看出，如果把次级贷款的动机分为购房、提现和其他，则美国境内有的州用于购房的贷款占多数、有的用于提现或者其他目的贷款占多数，因为这三类贷款的最大占比都出现超过 50% 的现象。从平均值看，则用于购房的贷款占比仅 32.35%，而用于提现的贷款占比大 56.44%，还有 11.2% 的贷款用于其他目的。可见，危机期间美国次级住房抵押贷款已经偏离了居者有其屋的美国梦的动机。究其原因，购房贷款平均当期利率为 7.97%，平均余额为 156492.90 美元，平均 FICO 和 LTV 分别为 628.88 倍和 93.80 倍；而提现贷款对应指标平均值依次为 8.0%、156530.09 美元、605.85 倍和 80.14 倍。两者的差异主要体现在当期利率和贷款价值比（LTV）上，前者这两个指标的平均值都比后者高，因此在房价下跌的背景下选择更低档利率体现的是一个理性行为。

表 5.3　危机期间美国次级住房抵押贷款动机

指标	均值	最小值	最大值	标准差
用于购房[b]（比例）	0.3235	0.0000	0.5710	0.0625
再融资过程中提现[b]（比例）	0.5644	0.1430	0.7150	0.0893
其他用途[b]（比例）	0.1120	0.0500	0.8000	0.0701
购房平均当期利率[b]（%）	7.9679	5.7900	9.5800	0.7102
购房平均当期余额[b]（美元）	156492.90	71154.00	343834.00	65413.83
购房平均 FICO[b]（分）	628.88	599.05	767.00	21.20
购房平均 LTV[b]（贷款价值比）	93.80	91.88	95.66	0.82
提现平均当期利率[b]（%）	7.8987	4.0000	9.6000	0.7946
提现平均当期余额[b]（美元）	156530.09	53931.00	344365.00	62743.97
提现平均 FICO（分）	605.85	562.00	676.00	12.34
提现平均 LTV（%）	80.14	44.82	85.28	4.63

注：b 为根据第一留置权、自住房活跃贷款（包括 REO）统计获得。

（四）行为

行为极不规范，不仅放款条件宽松而且还款方式灵活。从表 5.4 中可以看出，美国次级贷款借款人中有27.35%没有或提交文件少就获得贷款。放款时有二次抵押贷款的数目有17120.11笔，占全部次级贷款的18.7%。

有的州没有或提交文件少的客户占比竟然高达47%，放款时有二次抵押贷款的客户高达632095笔。还款时在过去12个月至少一次还款逾期的占比高达62.12%。有提前还款支付罚金的贷款合约数目为60049.24笔，而提前还款支付罚金条款只有12249.87笔；其原因除了次贷总数减少外，还可能是危机期间提前还款意愿降低。大部分贷款的还款方式非常灵活，仅还利息的9479.54笔。如果无法支付利息，剩下的利息还可以结转成为本金，采取负分期付款方式。各州这样的还款方式平均每月有26.25笔。

表5.4　　危机期间美国次贷行为

指标	均值	最小值	最大值	标准差
没有或提供的文件少[b]（比例）	0.2735	0.1610	0.4700	0.0757
放款时有二次抵押的数量[b]（笔）	17120.11	0.00	632095.00	63406.23
仅支付利息的数目[b]（笔）	9479.54	0.00	353067.00	36865.27
负分期偿还的数目（笔）	26.23	0.00	820.00	103.52
有提前还款支付罚金的贷款合约数目[b]（笔）	60049.24	0.00	2008899.00	221188.16
执行提前还款支付罚金条款的数目[bc]（笔）	12249.87	0.00	984165.00	60127.47
过去12个月至少一次还款逾期[b]（比例）	0.6212	0.3760	0.7640	0.0686

注：b为根据第一留置权、自住房活跃贷款（包括REO）统计获得。

c为“执行提前还款支付罚金条款”，指贷款年限短于提前支付罚金期限。

（五）市场反应

市场利率普遍下降，但浮动利率贷款占比超过半数，且浮动利差较大，因此高LTV贷款比例达到30.73%。从表5.5可以看出，危机期间次级贷款市场利率整体下降，平均当期利率为8.03%，比平均初始利率8.20%跌了0.2个百分点，尽管从最大值看个别州当期利率出现了高于初始利率的现象。浮动利率贷款比例超过一半，平均占比为58.31%，最高达到77.5%。这里可能存在一定程度转移市场风险的努力，因为浮动利率高于参考利率利差平均达到6.04个百分点。整个次贷市场贷款价值比的均值为84.42%、中位数为86.52%。具有高LTV比值的数量达到28139.68笔。

表 5.5　　危机期间美国次贷市场反应

指标	均值	最小值	最大值	标准差
浮动利率贷款[d]（比例）	0.5831	0.0710	0.7750	0.1117
高于参考利率的利差[d]（%）	6.0403	0.0000	6.5630	0.5621
平均初始利率[d]（%）	8.2010	3.8750	9.7250	0.5411
平均当期利率[d]（%）	8.0306	5.1250	9.9090	0.8559
贷款 LTV 均值[b]（%）	84.42	37.29	89.12	5.15
贷款 LTV 中位数[b]（%）	86.62	44.82	91.00	4.91
具有高 LTV 比率的放款数目[b]（笔）	28139.68	0.00	1002336.00	102959.3[illegible]

注：b 为根据第一留置权、自住房活跃贷款（包括 REO）统计获得。

d 为根据第一留置权、自住房、浮动利率活跃贷款（包括 REO）统计获得。

（六）次贷信用与违约

信用整体偏低，许多住房贷款的 LTV 很高，能够正常还款的只有 54.77%。从表 5.6 中可以看出，各州平均信用分值只有 614.88 分，而且低于 600 分的客户占比高达 41.%，高于 660 分的占比只有 19.02%。大部分住房贷款不是处在信用不低于 620 分的高 LTV 就是处在低 LTV 且信用也不高于 620 分的高风险状态。因为低 LTV 且信用不低于 620 分的优质客户的占比只有 24.14%，平均每个州有 8530.92 笔。而且各州平均尚有高 LTV 且信用低于 620 分的客户 7939.67 笔，占比约为 14.75%。事实上，危机期间还款正常的次级贷款只有 54.77%，相当大比例的贷款已经发生逾期。从平均值看，逾期 30～59 天的贷款占比 10.16%；逾期 60～89 天的贷款占比 5.41%；逾期超过 90 天但没有出现止赎或 REO 的贷款占比 14.64%；三者累计占比超过 30%。

表 5.6　　危机期间美国次贷信用与违约

指标	均值	最小值	最大值	标准差
还款正常[b]（比例）	0.5477	0.3460	1.0000	0.0744
逾期 30～59 天[b]（比例）	0.1016	0.0000	0.2140	0.0204
逾期 60～89 天[b]（比例）	0.0541	0.0000	0.9970	0.0269
逾期超过 90 天但没有出现止赎或 REO[b]（比例）	0.1464	0.0000	0.2770	0.0508
平均信用评分[b]（分）	614.88	593.00	699.00	15.12
信用低于 600 分[b]（比例）	0.4170	0.2190	0.6430	0.0772
信用高于 660 分[b]（比例）	0.1902	0.0970	0.3880	0.0575

续表

指标	均值	最小值	最大值	标准差
低 LTV 且信用不低于 620 分的数目[d]（笔）	8530. 92	0. 00	296740. 00	31796. 29
高 LTV 且信用低于 620 分的数目[d]（笔）	7939. 67	0. 00	285545. 00	28940. 27
低 LTV 且信用不低于 620 分[b]（比例）	0. 2414	0. 1580	0. 6000	0. 0707
高 LTV 且信用低于 620 分[b]（比例）	0. 1475	0. 0000	0. 5000	0. 0659

注：b 为根据第一留置权、自住房活跃贷款（包括 REO）统计获得。

d 为根据第一留置权、自住房、浮动利率活跃贷款（包括 REO）统计获得。

（七）银行重设与止赎

面对高比例次级贷款的违约，银行采取了止赎、REO 和重设等措施积极应对。从表 5. 7 可以看出，危机期间银行首先采取的措施是重设，即重新设置贷款的偿还安排以求帮助减轻压力。各州平均每月有 41269. 5 笔次级贷款被银行重设。此外尚有 15% 的次级贷款需要在今后一两年重新设定；其中，在未来 12 个月重新设定的占比 10. 74%，在未来 12 ~ 23 个月重新设立的占比 3. 28%，在未来 24 个月以后重新设定的占比 1. 78%。对于逾期超过 90 天以上的贷款，美国商业银行才被迫采取止赎措施处理。各州平均每 1000 个住房单位有 1. 625 笔次级贷款被银行止赎，有 0. 6823 笔贷款被银行 REO。两项措施累计占总次级贷款 45%；其中，前者占比 10. 85% 而后者占比 4. 24%。

表 5. 7　　危机期间商业银行的止赎与重设

指标	均值	最小值	最大值	标准差
止赎	0. 1085	0. 0000	0. 3570	0. 0521
每千个住房单位的止赎数[b]（笔）	1. 6250	0. 0000	8. 0000	1. 1899
REO 百分比[b]（%）	0. 0424	0. 0000	0. 1620	0. 0250
每千个住房单位的 REO[b]（笔）	0. 6823	0. 0000	4. 9000	0. 6651
重设的数目[d]（笔）	41269. 50	0. 00	1191813. 00	149621. 43
在未来 12 个月重新设定[d]（比例）	0. 1074	0. 0000	1. 0000	0. 1254
在未来 12 ~ 23 个月重新设立[d]（比例）	0. 0328	0. 0000	1. 0000	0. 0876
在未来 24 个月以后重新设定[d]（比例）	0. 017808655	0	0. 069657185	0. 013192213

注：b 为根据第一留置权、自住房活跃贷款（包括 REO）统计获得。

d 为根据第一留置权、自住房、浮动利率活跃贷款（包括 REO）统计获得。

二、州际差异

次级贷款的上述特征在美国各州是否有差异？本部分运用聚类分析方法来检验这一差异。首先，将上述57项指标分为两类，然后对每项指标逐一进行差异检验。原假设：同一指标在两个分类之间无差异；如果对应概率小于5%显著水平，则选择备择假设：同一指标存在类型差异。对比所有检验结果，我们就可以比较美国境内各州次级贷款的差异。

（一）有显著差异指标

聚类分析中差异显著指标有24项，分别是总住房单位、次级贷款笔数、每1000个自住房单位的贷款笔数、平均余额、有提前还款支付罚金的贷款合约数目、执行提前还款支付罚金条款的数目、放款时有二次抵押的数量、具有高LTV比率的放款数目、仅支付利息的数目、负分期偿还的数目、信用高于660分比例、还款正常比例、止赎比例、每千个住房单位的止赎数、2005年发放贷款比例、2004年及其前发放贷款比例、没有或提供的文件少的借款人比例、购房平均当期余额、提现平均当期余额、提现平均LTV、平均初始利率、低LTV且信用不低于620分的数目、高LTV且信用低于620分的数目、重设的数目。它们是聚类分析的基础和两类差异的主要依据，集中表现在各个州次级贷款的规模、数量及其相对指标上。从表5.8中可以看出，美国境内类型1和类型2州际差异主要有以下四个方面。

（1）类型1州与类型2州次级贷款规模差异：前者绝对规模是后者的1/50，相对规模比值为0.85。

类型1各州人口规模小，平均总住房单位数为2481951.2个，只有类型2各州总住房单位数126702204.7的1/50；相应地，前者次级贷款的规模也比较小，各州平均次级贷款475212笔，也是后者441686.9笔的1/50。可见，两类地区次级贷规模差异如此之大，主要是因为它们的人口规模和总住房单位数不在同一个档次。

事实上，相对数量也是如此。类型1地区每1000个自住房单位的次级贷款14.8笔，是类型2地区17.6笔的84.1%。类型1地区次级贷款平均余额155270.9美元是类型2地区179321.9美元的86.6%。可见，美国各州次级贷款相对规模差异不大，尽管仍然是类型1地区比类型2地区小。

（2）类型 1 与类型 2 州次级贷款的年度发放结构差异：前者 2005 年发放的相对占比偏高，而后者 2004 年及其前发放的次贷偏多。

类型 1 州 2005 年发放的次级贷款占比为 24.4%，与 2004 年及其前发放的次级贷款占比 25.1% 相当。而类型 2 州 2005 年发放的次级贷款占比为 15.7%，只有 2004 年及其前发放的次级贷款比例 49.7% 的 1/3。可见，在 2008 年次贷危机爆发前三年，美国大城市次级贷款量就出现过锐减。

由此美国两类州次级贷款初始利率、初期余额，甚至提现 LTV 就必然会出现差异。类型 1 州平均初始利率为 8.235%，比类型 2 州 8.051% 高 3 个千分点。类型 1 州平均购房当期余额为 155835.4 美元、平均提现当期余额为 156671.4 美元；而类型 2 州这两个指标分别为 180833.6 美元和 182497.8 美元，均比前者大。类型 1 州提现平均 LTV 为 80.5%，而类型 2 州提现平均 LTV 为 78.7%，前者比后者几乎高 2 个百分点。

（3）类型 1 与类型 2 州次级贷款中风险资产差异：无论哪一类风险资产，其绝对规模比均与次贷总规模比 1/50 相同。

放款时类型 1 州有二次抵押的数量为 8884.3 笔，是类型 2 州 456536.4 笔 1.9%。还款时类型 1 州有提前还款支付罚金的贷款合约数目 31171.5 个，是类型 2 州 1601313.1 个的 1.9%，而且两类州执行提前还款支付罚金条款的数目比一样大小。类型 1 州仅支付利息的贷款有 4920.2 笔、负分期偿还的贷款数量有 136 笔，而类型 2 州仅支付利息数量为 252787.6 笔、负分期偿还的贷款数目为 699.6 笔，它们的对应比值均是 1.9%。市场上类型 1 州低 LTV 且信用不低于 620 分的数目为 4427.4 笔，而具有高 LTV 比率的放款有 14603.4 笔，高 LTV 且信用低于 620 分的数目 4120.2 笔；类型 2 州对应的数量依次为 227491.1 笔、750388.5 笔和 211724.5 笔，它们的对应比值均是 1/50。最后，类型 1 州银行重设的次级贷款 21420 笔还是类型 2 州 1100519.6 笔的 1/50。可见，类型 1 与类型 2 州次级贷款的风险差异（无论是数量还是结构）与它们的规模差异一致。

（4）类型 1 与类型 2 州次级贷款违约率与止赎率差异：无论是违约还是止赎比率，前者均仅是后者的 0.85。

类型 1 州次级贷款市场上信用高于 660 分的占比 18.9%，是类型 2 州 21.1% 的 0.896 倍；但是，类型 1 州没有或提供的文件少的客户群体占比

27.4%也只有类型2州占比31.7%的0.864；因而类型1州次级贷款的偿还率却比类型2州高，前者还款正常的占比54.5%，后者还款正常的占比51.5%，两者相差4个百分点。这表明类型1州次级贷款违约率比类型2州显著低。

类型1州次级贷款的银行止赎比例为10.7%，而类型2州次级贷款银行止赎比为12.6%，前者比后者少2个百分点。如果以总住房单位为背景，则类型1州每千个住房单位的止赎数为1.618笔，类型2每千个住房单位的止赎数为2.198笔，前者只有后者的73.6%，可见，类型1州次级贷款的银行止赎比例也比类型2州显著低。

表5.8　聚类分析中差异显著指标一览

聚类分析中差异显著指标	类别		差异检验	
	类型1	类型2	F值	概率
总住房单位	2481951.2	126702204.7	67368.65	0.000
次级贷款笔数[a]（笔）	47521.0	2441686.9	28975.23	0.000
每1000个自住房单位的贷款笔数（笔）	14.8	17.6	7.41	0.007
平均余额[b]（美元）	155270.9	179321.9	4.32	0.038
有提前还款支付罚金的贷款合约数目[b]（笔）	31171.5	1601313.1	20414.56	0.000
执行提前还款支付罚金条款的数目[bc]（笔）	6358.2	326663.3	1717.89	0.000
放款时有二次抵押的数量[b]（笔）	8834.3	456536.4	17687.64	0.000
具有高LTV比率的放款数目[b]（笔）	14503.4	750388.5	25091.19	0.000
仅支付利息的数目[b]（笔）	4920.2	252787.6	7824.35	0.000
负分期偿还的数目（笔）	13.6	699.6	6641.97	0.000
信用高于660分[b]（比例）	0.189	0.211	4.09	0.043
还款正常[b]（比例）	0.545	0.515	5.52	0.019
止赎（比例）	0.107	0.126	4.47	0.035
每千个住房单位的止赎数[b]（笔）	1.618	2.198	6.99	0.008
2005年发放[b]（比例）	0.244	0.157	170.97	0.000
2004年及其前发放[b]（比例）	0.251	0.497	173.56	0.000
没有或提供的文件少[b]（比例）	0.274	0.317	9.68	0.002
购房平均当期余额[b]（美元）	155835.4	180833.6	4.29	0.038
提现平均当期余额[b]（美元）	156671.4	182497.8	5.01	0.025
提现平均LTV	80.5	78.7	7.22	0.007

续表

聚类分析中差异显著指标	类别		差异检验	
	类型 1	类型 2	F 值	概率
平均初始利率[d]（%）	8.235	8.051	5.72	0.017
低 LTV 且信用不低于 620 分的数目（笔）	4427.4	227491.1	15288.65	0.000
高 LTV 且信用低于 620 分的数目（笔）	4120.2	211724.5	28795.01	0.000
重设的数目[d]（笔）	21420.0	1100519.6	36330.75	0.000

注：a 为根据第一留置权活跃贷款（包括 REO）统计获得。

b 为根据第一留置权、自住房活跃贷款（包括 REO）统计获得。

c 为“执行提前还款支付罚金条款”，指贷款年限短于提前支付罚金期限。

d 为根据第一留置权、自住房、浮动利率活跃贷款（包括 REO）统计获得。

（二）无显著差异指标

差异不显著的指标有 33 项，分别是非自住房贷款比例、自住房贷款比例、平均利率、平均贷款期限、平均信用评分、贷款 LTV 均值、贷款 LTV 中位数、信用低于 600 分比例、过去 12 个月至少一次还款逾期的比例、逾期 30 ~ 59 天比例、逾期 60 ~ 89 天比例、逾期超过 90 天（但没有出现止赎或 REO）比例、REO 百分比、每千个住房单位的 REO 数量、高 LTV 且信用低于 620 分的占比、低 LTV 且信用不低于 620 分占比、2007 年发放比例、2006 年发放比例、2005 年及其前发放比例、用于购房的贷款比例、再融资过程中提现的贷款占比、其他用途贷款占比、购房平均当期利率、购房平均 FICO、购房平均 LTV、提现平均当期利率、提现平均 FICO、浮动利率贷款比例、高于参考利率的利差、平均当期利率、在未来 12 个月重新设定的比例、在未来 12 ~ 23 个月重新设立比例、在未来 24 个月以后重新设定比例。在聚类分析中差异不显著表明，这些指标在美国各州住房次贷市场上是一致的。

（1）各州次级贷款不仅价格高度一致，而且结构比例也相同

美国境内各州自住房与非自住房的次级贷款比完全一致。类型 1 州这一比例为 0.91∶0.09，类型 2 州该比例为 0.913∶0.087，两者之间无显著差异。不仅如此，类型 1 州次级贷款的平均利率为 7.920%、平均期限为 50.2 个月，与类型 2 州的 7.78% 和 48.8 个月高度一致。类型 1 州贷款价值比（LTV）的均值为 84.9%、中位数为 87%，与类型 2 州的均值 84% 和中位数 86.4% 也无显著差异。可见美国境内次级住房抵押贷款市场是高度统一的。

（2）各州次级贷款不仅用途相同，而且信用结构也完全一致

次级贷款通常有三个方面用途，即用于购房、再融资过程中提现和其他用途。类型 1 州这三者之比为 0.325∶0.571∶0.105，类型 2 州三者比为 0.330∶0.574∶0.096，它们的结构比完全一致，都是以再融资过程中提现为主要目的。原因可能与美国境内各州不仅购房的平均当期利率、平均 LTV 和平均 FICO 完全一致而且提现的平均当期利率、平均 FICO 也完全一致有关。

不仅如此，各州的信用与结构也完全相同。类型 1 州次级平均信用评分为 614.1 分，类型 2 州同类平均信用分值为 616.6；前者信用低于 600 分与高于 600 分的之比为 0.416∶0.584，后者这一比例为 0.395∶0.605。它们均无显著差异。

（3）各州不仅违约结构相同，而且银行风险结构也无差异

类型 1 州次级贷款在过去 12 个月至少一次还款逾期的占比为 62.3%，与类型 2 州的 64.5% 无显著差异。在实际发生逾期的三个阶段中，类型 1 州逾期 30～59 天、60～89 天、90 天以上（但没有出现止赎或 REO）三者比例为 0.103∶0.055∶0.148，类型 2 州三者比为 0.098∶0.053∶0.159，彼此也完全对应一致。最后，两类州 REO 百分比和每千个住房单位的 REO 数目都无差异。类型 1 州平均每千个住房单位有 0.680 笔逾期贷款被银行 REO，REO 百分比为 4.3%，与类型 2 州的 0.897 笔和 4.9% 均差异不显著。

市场风险结构包括贷款的年限结构、品种结构和风险结构等。从年限结构看，类型 1 州 2007 年、2006 年、2005 年及其前发放的次级贷款结构与类型 2 州无显著差异，前者结构比为 0.097∶0.277∶0.665，后者比例为 0.095∶0.286∶0.657，均显示出危机前次级贷款锐减的趋势。

从品种结构看，类型 1 州浮动利率贷款与固定利率贷款比为 0.588∶0.412，与类型 2 州 0.594∶0.406 完全一致。两类地区不仅平均当期利率大小相当而且浮动利率高于参考利率的利差也无显著差异。从风险结构看，类型 1 州高 LTV 且信用低于 620 分与低 LTV 且信用不低于 620 分的次级贷款比为 0.147∶0.238，与类型 2 州的 0.127∶0.255 高度一致，而且在未来 12 个月、12～23 个月、24 个月以后三个阶段重设的次级贷款比上，两类地区也无差异。可见，美国各州次级贷款规模总量可能不同，但是风险资产的结构比例完全相同（见表 5.9）。

表 5.9　聚类分析中差异不显著指标一览

聚类分析中差异不显著指标	类别		差异检验	
	类型 1	类型 2	F 值	概率
非自住房贷款比例[a]	0.090	0.087	0.24	0.624
自住房贷款比例[b]	0.910	0.913	0.24	0.624
平均利率[b]（%）	7.920	7.781	1.16	0.281
平均贷款期限[b]（年）	50.2	48.8	0.39	0.531
平均信用评分[b]	614.1	616.6	0.94	0.332
贷款 LTV 均值[b]（%）	84.9	84.0	2.24	0.135
贷款 LTV 中位数[b]（%）	87.0	86.4	0.74	0.390
信用低于 600 分[b]（比例）	0.416	0.395	2.21	0.137
过去 12 个月至少一次还款逾期[b]（比例）	0.623	0.645	3.10	0.078
逾期 30～59 天[b]（比例）	0.103	0.098	2.85	0.092
逾期 60～89 天[b]（比例）	0.055	0.053	0.13	0.713
逾期超过 90 天但没有出现止赎或 REO[b]（比例）	0.148	0.159	1.32	0.251
REO 百分比[b]（%）	0.043	0.049	2.07	0.151
每千个住房单位的 REO[b]	0.680	0.897	3.12	0.078
高 LTV 且信用低于 620 分[b]（比例）	0.147	0.127	3.08	0.080
低 LTV 且信用不低于 620 分[b]（比例）	0.238	0.255	2.39	0.122
2007 年发放[b]（比例）	0.097	0.095	0.03	0.862
2006 年发放[b]（比例）	0.277	0.286	0.19	0.666
2005 年及其前发放[b]（比例）	0.665	0.657	0.07	0.791
用于购房[b]（比例）	0.325	0.330	0.23	0.630
再融资过程中提现[b]（比例）	0.570	0.574	0.09	0.766
其他用途[b]（比例）	0.105	0.096	2.36	0.125
购房平均当期利率[b]（%）	7.967	7.875	0.49	0.482
购房平均 FICO[b]	628.8	632.6	0.93	0.336
购房平均 LTV[b]（%）	93.8	93.7	0.43	0.511
提现平均当期利率[b]（%）	7.945	7.737	2.60	0.107
提现平均 FICO	605.9	607.3	0.46	0.499
浮动利率贷款[d]（比例）	0.588	0.594	0.10	0.758
高于参考利率的利差[d]（%）	6.096	6.022	3.15	0.076

续表

聚类分析中差异不显著指标	类别		差异检验	
	类型1	类型2	F值	概率
平均当期利率[d]（%）	8.057	7.867	1.54	0.215
在未来12个月重新设定[d]（比例）	0.104	0.103	0.01	0.941
在未来12~23个月重新设立[d]（比例）	0.033	0.027	0.13	0.717
在未来24个月以后重新设定[d]（比例）	0.018	0.021	1.96	0.161

注：a为根据第一留置权活跃贷款（包括REO）统计获得。

b为根据第一留置权、自住房活跃贷款（包括REO）统计获得。

d为根据第一留置权、自住房、浮动利率活跃贷款（包括REO）统计获得。

三、年度间变化

危机爆发后，次级贷款的整体表现是否有变化，怎样变化？很显然，对这个问题回答的最好办法是以年度为单位，对每项指标的年度差异进行检验和分析。原假设“每项指标在危机期间不存在年度差异”，如果检验概率小于5%显著水平，则选择备择假设“接受存在年度差异”。综合所有检验结果，我们就可以判断次级贷款在整个危机期间的变化规律。

（一）次贷规模与结构变化

次级贷款规模变化不显著但自住房与非自住房贷款结构差异变化显著；而且次级贷款平均利率下降、贷款期限延长，尽管其平均余额变化不显著。从表5.10中可以看出，危机期间美国境内总住房单位数目逐年增加，次级贷款的总笔数逐年减少，平均贷款余额先上升后下降，但是这些规模总量变化不显著。发生显著变化的是自住房贷款与非自住房贷款结构比例，前者占比由2008年的90.21%上升至2009年的90.64%，再升至2010年的91.16%；而后者同期则由9.79%下降到9.36%再到8.86%。所以每千个自住房单位的次级贷款笔数显著下降，由2008年的17.84笔下降到2009年的14.67笔再降到13.03笔，原因可能是总住房单位中自住房结构比例也是上升的。此外，次级贷款的平均利率由8.46%下降到8.09%再降到7.36%；平均贷款期限则由40.1月延长至48.9个月和60.2个月。这些可能都是政府和市场为降低次贷偿还成本而做的努力。

表 5.10 危机期间美国次级住房抵押贷款规模与结构变化

指标	年度均值			差异检验	
	2008 年	2009 年	2010 年	F 值	概率
总住房单位	4659225.47	4864087.03	4913195.50	0.026	0.974
次级贷款笔数[a]	106780.75	92473.73	80699.81	0.704	0.495
非自住房贷款比例[a]	0.0979	0.0936	0.0884	7.873	0.000
自住房贷款比例[b]	0.9021	0.9064	0.9116	7.873	0.000
每 1000 个自住房单位的贷款笔数[b]	17.84	14.67	13.03	90.030	0.000
平均利率[b]（%）	8.4596	8.0092	7.3649	354.319	0.000
平均余额[b]（美元）	155186.83	155492.85	154913.47	0.013	0.987
平均贷款期限[b]（年）	40.11	48.95	60.22	334.222	0.000

注：a 为根据第一留置权活跃贷款（包括 REO）统计获得。

b 为根据第一留置权、自住房活跃贷款（包括 REO）统计获得。

（二）贷款发放年限变化

新发贷款比例迅速下降，不仅绝对额而且相对比例。表 5.11 给出了 2008 年危机前美国各年发放的次级贷款比例关系。不难看出，2007 年发放的次级贷款无论是在 2008 年、2009 年还是在 2010 年平均比例中，占比均最小。而且 2006 年、2007 年发放的贷款比例在危机期间显著下降，而 2005 年及以前发放的贷款比例同期却反向变动。这里唯一能够解释的就是贷款期限越短，在危机期间就越容易受到冲击。事实上，2005 年发放的贷款和 2004 年及以前发放的贷款各自单独比例在危机期间没有发生变化，也从另一个侧面说明了这一点。

表 5.11 危机期间不同年度次贷发放结构变化

指标	年度均值			差异检验	
	2008 年	2009 年	2010 年	F 值	概率
2007 年发放[b]	0.1487	0.1541	0.0005	3249.055	0.000
2006 年发放[b]	0.3457	0.3409	0.1551	1403.306	0.000
2005 年发放[b]	0.2377	0.2403	0.2403	0.441	0.644
2005 年及其前发放[b]	0.6772	0.5049	0.8443	2579.834	0.000
2004 年及其前发放[b]	0.2678	0.2623	0.2623	0.245	0.783

注：b 为根据第一留置权、自住房活跃贷款（包括 REO）统计获得。

（三）贷款动机与用途变化

危机期间美国次级贷款的的用途发生显著变化，用于购房的动机下降而用于提现的动机增强。从表 5.12 可以看出，在购房、提现和其他用途划分中，用于购房和用于提现两种次级贷款的占比在危机期间出现了相背离变化。前者由 2008 年的 33.80% 下降到 2010 年的 31.14%；而后者本来就超过半数，同期由 54.52% 上升至 57.73%。其他用途次级贷款比例在危机期间没有出现显著变化，这表明次贷危机抑制了美国的次贷购房。进一步比较两种用途贷款特征，它们的不同之处有三个方面：一是购房平均当期余额比提现平均当期余额高，尽管两者都显著下降。二是购房的平均 LTV 发生显著变化，且始终比提现的平均 LTV 高。三是购房平均 FICO 显著下降而提现的 FICO 没有出现显著变化。这样，在它们平均贷款余额差异不大且变化不显著的情况下，次级危机期间选择提现可能是一种风险规避的理性判断。

表 5.12　危机期间美国次级贷款动机与用途比例变化

指标	年度均值			差异检验	
	2008 年	2009 年	2010 年	F 值	概率
用于购房[b]（比例）	0.3380	0.3261	0.3114	22.039	0.000
再融资过程中提现[b]（比例）	0.5452	0.5640	0.5773	15.060	0.000
其他用途[b]（比例）	0.1168	0.1099	0.1113	1.195	0.303
购房平均当期利率[b]（%）	8.6964	8.1068	7.3424	942.360	0.000
购房平均当期余额[b]（美元）	157021.36	156302.00	156361.97	0.016	0.984
购房平均 FICO[b]	630.50	629.68	626.94	3.944	0.020
购房平均 LTV[b]（%）	93.95	93.83	93.68	13.326	0.000
提现平均当期利率[b]（%）	8.4395	8.0232	7.4115	275.350	0.000
提现平均当期余额[b]（美元）	156791.72	157163.97	155665.68	0.091	0.913
提现平均 FICO	605.58	606.23	605.63	0.483	0.617
提现平均 LTV（%）	79.96	80.26	80.13	0.516	0.597

注：b 为根据第一留置权、自住房活跃贷款（包括 REO）统计获得。

（四）行为变化

危机期间，美国境内提前还款支付罚金条款有效的合约数目异常波动，在过去12个月至少一次还款逾期的比例显著增多。从表5.13可以看出，贷款时没有或者提交文件少的贷款群体比例比较稳定；而且有二次抵押贷款的数量虽然在下降但变化不显著。这表明美国次贷借款行为在危机期间没有出现显著变化。但是，还款时提前还款支付罚金的贷款数目变化不大，与提前还款支付罚金条款有效的贷款数目剧烈波动形成巨大反差，唯一能够解释的是银行危机期间放松了对提前还款的限制，因为期间在过去12个月至少一次还款逾期的次级贷款比例逐年显著上升，只是为减轻负担而采用仅仅支付利息和负分期付款方式数目没有明显增减。

表5.13　　危机期间行为变化

指标	年度均值			差异检验	
	2008年	2009年	2010年	F值	概率
没有或提供的文件少（比例）	0.2769	0.2744	0.2703	0.962	0.382
放款时有二次抵押的数量（笔）	21667.29	17268.92	14008.76	1.677	0.187
有提前还款支付罚金的贷款合约数目（笔）	70570.84	60567.76	52659.02	0.755	0.470
执行提前还款支付罚金条款的数目[bc]（笔）	28304.75	11402.32	2769.34	21.314	0.000
仅支付利息的数目[b]（笔）	12111.70	9545.38	7700.76	1.644	0.193
负分期偿还的数目（笔）	29.32	26.52	23.92	0.315	0.730
过去12个月至少一次还款逾期[b]（比例）	0.5572	0.6283	0.6550	340.181	0.000

注：b为根据第一留置权、自住房活跃贷款（包括REO）统计获得。

c为“执行提前还款支付罚金条款”，指贷款年限短于提前支付罚金期限。

（五）信用与风险变化

信用风险高的结构和特征在危机期间没有改变。从表5.14可以看出，危机期间次级的平均信用评分略有下降，而且信用评分低于600分的比例略有上升，而信用评分高于660分的比例略有下降，只是这些变化尚不显著。进一步结合贷款价值比分析其结构，高LTV且信用低于620分的贷款无论绝对数目还是相对比例呈下降态势；而低LTV且信用不低于620分的贷款绝对数目在下降而相对比例在上升。同样，这种态势也不显著。因此，可以说美国次级贷款的信用风险在危机期间没有发生实质性变化，既没有变好也没有变坏。

表 5.14　　　　危机期间信用与风险变化

指标	年度均值			差异检验	
	2008 年	2009 年	2010 年	F 值	概率
平均信用评分[b]	615.97	615.11	613.93	2.215	0.109
信用低于 600 分[b]（比例）	0.4121	0.4162	0.4210	1.572	0.208
信用高于 660 分[b]（比例）	0.1920	0.1913	0.1878	0.829	0.437
高 LTV 且信用低于 620 分的数目[d]	9785.58	7953.56	6711.17	1.295	0.274
高 LTV 且信用低于 620 分[b]（比例）	0.1512	0.1484	0.1441	1.453	0.234
低 LTV 且信用不低于 620 分的数目[d]（笔）	10343.19	8605.29	7273.30	1.072	0.343
低 LTV 且信用不低于 620 分[b]（比例）	0.2399	0.2406	0.2433	0.326	0.722

注：b 为根据第一留置权、自住房活跃贷款（包括 REO）统计获得。

d 为根据第一留置权、自住房、浮动利率活跃贷款（包括 REO）统计获得。

（六）市场结构变化

次级贷款平均当期利率显著降低，浮动利率贷款比例显著下降而固定利率贷款比例显著上升。从表 5.15 可以看出，危机期间美国次级住房抵押贷款市场平均初始利率比较稳定，但平均当期利率却显著下降，由 2008 年高于初始利率状态跌倒 2010 年低于初始利率状态。不仅如此，贷款结构也发生了显著变化，浮动利率贷款在浮动利差变化不显著情况下由 2008 年的 60% 降低到 2010 年的 57%；其间固定利率贷款净升 3 个百分点。当然，贷款价值比 LTV 无论是均值还是中位数都没有发生实质性变化，这可能与危机期间美国次贷受到政府保护而没有出现波动有关，因为平均贷款余额已检验证明变化不显著。

表 5.15　　　　危机期间市场结构变化

指标	年度均值			差异检验	
	2008 年	2009 年	2010 年	F 值	概率
平均初始利率[d]（%）	8.1596	8.2175	8.2097	1.481	0.228
平均当期利率[d]（%）	8.8987	8.2081	7.2732	960.011	0.000
浮动利率贷款[d]（比例）	0.5986	0.5832	0.5729	6.108	0.002
高于参考利率的利差[d]（%）	5.9831	6.0551	6.0612	2.589	0.075
贷款 LTV 均值[b]（%）	84.31	84.58	84.31	0.536	0.585
贷款 LTV 中位数[b]（%）	86.58	86.79	86.47	0.671	0.511
具有高 LTV 比率的放款数目[b]（笔）	34637.89	28374.04	23669.57	1.304	0.272

注：b 为根据第一留置权、自住房活跃贷款（包括 REO）统计获得。

d 为根据第一留置权、自住房、浮动利率活跃贷款（包括 REO）统计获得。

（七）贷款违约程度变化

危机期间美国次级贷款的违约程度越来越严重，不仅正常还款比例显著下降而且逾期时间越来越长。从表5.16可以看出，危机期间美国次级贷款还款正常的比例由2008年的59.94%下降到2010年的52.14%。这表明违约贷款比例几乎接近一半。不仅如此，在逾期30天、60天、90天三档分类中，每一档次比例均存在显著的年度差异。而且，期限少于60天的逾期贷款相对比例减少；超过60天的两档贷款比例均显著上升。可见，逾期次级贷款的违约程度越来越严重。

表5.16　　危机期间次级贷款违约程度变化

指标	年度均值			差异检验	
	2008年	2009年	2010年	F值	概率
还款正常[b]	0.5994	0.5384	0.5244	147.370	0.000
逾期30～59天[b]	0.1076	0.1036	0.0956	47.601	0.000
逾期60～89天[b]	0.0537	0.0588	0.0491	20.487	0.000
逾期超过90天但没有出现止赎或REO[b]	0.0932	0.1480	0.1792	558.839	0.000

注：b为根据第一留置权、自住房活跃贷款（包括REO）统计获得。

（八）银行重设和止赎变化

危机期间，美国商业银行重设和REO比例显著下降，但是止赎比例显著上升。危机期间美国商业银行对次级贷款重设数目差异不显著，但在未来三年需要重设的结构彼此差异显著。无论是纵向还是横向比较，银行重设的比例迅速下降。在未来12个月重设比例由2008年的26.99%下降到2010年的2.12%；在未来12～23个月重设比例由2008年的7.56%下降到2010年的1.39%；在未来24个月以后重设比例由2008年的2.76%下降到2010年的0.8%。与此同时，银行REO比例也在下降。其百分比由2008年的5.12%下降到2009年的4.33%，再降至2010年的3.56%；每1000个住房单位中REO数目由1.02笔依次降至0.67笔和0.42笔。但是，其间银行止赎百分比显著上升，由2008年的9.49%上升到2009年的10.97%、再升至2010年的11.60%。原因可能是次级贷款的发放量下降。因为每千个住房单位中银行止赎数量在危机期间没有发生显著变化。

表 5.17　　危机期间美国次级贷款重设与止赎变化

指标	年度均值			差异检验	
	2008 年	2009 年	2010 年	F 值	概率
重设的数目[d]	38231.49	43651.39	40628.01	0.164	0.849
在未来 12 个月重新设定[d]（比例）	0.2699	0.0893	0.0212	1090.909	0.000
在未来 12～23 个月重新设立[d]（比例）	0.0756	0.0247	0.0139	66.528	0.000
在未来 24 个月以后重新设定[d]（比例）	0.0277	0.0209	0.0080	439.146	0.000
止赎（比例）	0.0949	0.1097	0.1160	19.590	0.000
每千个住房单位的止赎数[b]	1.6695	1.6595	1.5579	1.438	0.238
REO 百分比[b]	0.0512	0.0433	0.0356	47.999	0.000
每千个住房单位的 REO[b]	1.0229	0.6784	0.4661	87.576	0.000

注：b 为根据第一留置权、自住房活跃贷款（包括 REO）统计获得。

d 为根据第一留置权、自住房、浮动利率活跃贷款（包括 REO）统计获得。

综合三个方面分析，美国各州平均住房单位有 4833754.66 户，次级贷款平均有 91563.64 笔，平均每 1000 户住房单位中有 18.9 笔。但由于自住房与非自住房比为 90.72∶9.28，必然有下降趋势。因此，每 1000 个自住房平均有次级贷款 14.82 笔，并显著上升。

其间，次级贷款的平均余额为 155209.44 美元，比较稳定。而平均利率为 7.88%，且随着危机加深逐年下降；平均贷款期限为 51 个月，且随着危机加深逐年延长。

美国次级贷款中平均有 32.35% 是用于购房，只是这一比例在危机期间有所减少。超过一半的次级贷款动机是为了提现，占比高达 56.04%，而且随着危机加深逐年上升。此外，还有 11.2% 的次级贷款用于其他目的。

美国次级贷款中，浮动利率贷款占比超过半数，高达 58.31%。不过，这一比例在危机期间显著下降。整个次级贷款市场的贷款价值比的均值为 84.42%、中位数为 86.52%。

各州次级贷款的平均信用分值为 614.88 分，而且整个危机期间变化不大。但其违约率和止赎率很高。正常还款的比例只有 54.77%。各州对次级贷款止赎率为 10.5%、REO 比率为 4.24%，两项累计占比 15%。伴随着危机深入，这两项指标显著增大。

第三节 Alt－A 贷款及其违约与止赎

Alt－A 贷款风险仅次于次级贷款。危机期间，这类贷款违约与止赎问题如何表现？怎样变化？也相当重要。因为其平均规模与次级贷款相当，而且最大目的是用于购房。所以，本部分讨论 Alt－A 贷款在美国次贷危机期间的违约与止赎问题。

一、整体概况

相似地，这里继续借用因子分析思想来对 Alt－A 的 57 项指标进行考察。先分成八类，然后就贷款规模、发放年度、贷款用途、行为、市场结构、信用、违约和银行止赎顺序逐一讨论。

（一）贷款规模

平均每州 Alt－A 贷款 74459.02 笔，每千户总住房单位有 15.4 笔 Alt－A 贷款。从表 5.18 可以看出，危机期间美国平均每年各州总住房单位有 4822029.2 户，Alt－A 贷款有 74459.02 笔，占比达到 1.54%。其中，自住房与非自住房 Alt－A 贷款比为 0.682∶0.318。平均每 1000 个自住房单位的 Alt－A 贷款有 8.288 笔。可见，与次级贷款相比，其贷款不仅绝对规模而且相对比重都比次级贷款略微低一些；而且非自住房 Alt－A 贷款占比几乎达到 1/3，而不像次级贷款几乎全部是自住房贷款。

不仅如此，Alt－A 贷款的平均利率为 6.314%，比次级贷款利率低；平均余额为 225933.825 美元，比次级贷款余额大；平均贷款期限为 46.059 个月，比次级贷款期限短。

表 5.18 危机期间美国 Alt－A 贷款规模一览

指标	均值	中位数	最小值	最大值	标准差
总住房单位	4818027	1859179	223854	127901934	16998008
Alt－A 贷款笔数[a]	74504	16083	727	2264452	275601
非自住房贷款比例[a]	0.318	0.330	0.153	0.464	0.074
自住房贷款比例[b]	0.682	0.670	0.536	0.847	0.074

续表

指标	均值	中位数	最小值	最大值	标准差
每1000个自住房单位的贷款笔数[b]	8.368	5.900	1.400	46.300	6.438
平均利率[b]（%）	6.330	6.395	4.886	7.220	0.386
平均余额[b]（美元）	225782	217253	102182	459811	82897
平均贷款期限[b]（年）	45.564	45.500	27.000	67.000	9.110

注：a为根据第一留置权活跃贷款（包括REO）统计获得。

b为根据第一留置权、自住房活跃贷款（包括REO）统计获得。

（二）贷款年度发放

50% Alt－A贷款是2005年发放，危机前一年贷款锐减。从表5.19可以看出，危机期间美国Alt－A贷款主要集中在前三年发放。其中，在2005年发放的Alt－A贷款占比超过50%，而危机前两年减少，占比至2007年降到最低只有11.7%。可见，次贷危机对Alt－A贷款的发放也有影响。

表5.19　　美国Alt－A贷款年度发放结构一览

指标	均值	中位数	最小值	最大值	标准差
2007年发放[b]	0.119	0.146	0.000	0.305	0.098
2006年发放[b]	0.278	0.294	0.074	0.547	0.084
2005年发放[b]	0.558	0.538	0.180	0.926	0.215
2004年及其前发放[b]	0.193	0.189	0.089	0.331	0.048

注：b为根据第一留置权、自住房活跃贷款（包括REO）统计获得。

（三）贷款目的和用途

美国Alt－A贷款的主要目的是购房。从表5.20可以看出，危机期间美国Alt－A贷款用于购房的比例为43.6%、用于提现的占37.3%、其他用途占比19.1%。与次级贷款相比，其动机明显在购房，而不像次贷主要目的是提现。

从结构上看，Alt－A贷款与次级贷款基本相似。仅购房平均当期利率为6.383%，与提现平均当期利率6.396%相当，略有不同外，其余三项指标结构均与次级贷款结构关系一致：购房平均当期贷款余额为211691美元，比提现平均当期余额232854美元低；而购房FICO平均为713、LTV平均为

90.785，均相应地比提现 FICO 平均 693、LTV 平均 76.627 高。但无论购房还是提现，Alt - A 贷款的平均当期利率和平均 LTV 比次级贷款低；而平均贷款余额和平均 FICO 却比次级贷款高。

表 5.20　危机期间美国 Alt - A 贷款的动机与用途

指标	均值	中位数	最小值	最大值	标准差
用于购房[b]（比例）	0.436	0.431	0.302	0.667	0.064
再融资过程中提现[b]（比例）	0.373	0.376	0.150	0.530	0.069
其他用途[b]（比例）	0.191	0.184	0.034	0.339	0.050
购房平均当期利率[b]（%）	6.383	6.460	4.880	7.150	0.337
购房平均当期余额[b]（美元）	211691	187376	106846	454736	85311
购房平均 FICO[b]	713	713	697	727	5
购房平均 LTV[b]（%）	90.785	91.280	85.230	93.650	1.953
提现平均当期利率[b]（%）	6.396	6.450	4.860	7.600	0.477
提现平均当期余额[b]（美元）	232854	231791	106548	460082	83093
提现平均 FICO	693	692	671	708	7
提现平均 LTV（%）	76.627	76.940	65.970	84.980	4.510

注：b 为根据第一留置权、自住房活跃贷款（包括 REO）统计获得。

（四）行为

美国 Alt - A 贷款中没有或者提供文件少的占比很高，而还款时至少有一次逾期还款的比例却很低，这与同期次级贷款的行为形成鲜明反差。从表 5.21 可以看出，危机期间美国 Alt - A 贷款中没有或提供的文件少的客户占比高达 62.7%，是同期次级贷款的两倍；而还款时在过去 12 个月至少一次还款逾期比例为 31%，只有同期次级贷款的一半。这表明这类相当守信。

具体讲，放款时，美国平均各州有二次抵押的 Alt - A 贷款数量为 18342 笔，比同期次级贷款多。而还款时，有提前还款支付罚金的 Alt - A 贷款合约数目为 21809 笔，提前还款支付罚金条款有效的 Alt - A 贷款数目有 6866 笔，均只有同期次级贷款的一半。仅支付利息的数目有 20117 笔，负分期偿还的 Alt - A 贷款数目 12349 笔，均比次级贷款大得多。可见，Alt - A 在危机期间尽管有困难但还是想方设法偿还银行贷款。

表 5.21 危机期间美国 Alt－A 行为

指标	均值	中位数	最小值	最大值	标准差
没有或提供的文件少[b]（比例）	0.627	0.634	0.148	0.856	0.120
放款时有二次抵押的数量[b]	18342	3047	126	583972	69129
有提前还款支付罚金的贷款合约数目	21809	2740	52	669483	85148
执行提前还款支付罚金条款的数目	6866	587	0	416742	33357
仅支付利息的数目	20117	2454	7	627569	76930
负分期偿还的数目	12349	853	0	378894	50290
过去 12 个月至少一次还款逾期（比例）	0.310	0.301	0.118	0.608	0.091

注：b 为根据第一留置权、自住房活跃贷款（包括 REO）统计获得。

（五）Alt－A 贷款的市场结构

与次级贷款以浮动利率为主不同，Alt－A 贷款中浮动利率贷款占比 35.2%。从表 5.22 可以看出，危机期间美国 Alt－A 贷款市场以固定利率贷款为主，占比 64.8%，而浮动利率贷款占比只有 35.2%。整个 Alt－A 贷款市场平均初始利率为 5.160%，平均当期利率为 5.758%，均比同期次级贷款利率低一半。浮动贷款利率高于参考利率的利差平均为 2.993 个百分点，也比次贷浮动利差低一半。Alt－A 贷款价值比均值为 83.431%、中位数为 85.349%，与次贷相当；但是，具有高 LTV 比率的 Alt－A 放款数目为 15441 笔，比次贷少 13698 笔。

表 5.22 危机期间美国 Alt－A 贷款的市场结构

指标	均值	中位数	最小值	最大值	标准差
平均初始利率[d]（%）	5.160	5.123	3.952	6.500	0.528
平均当期利率[d]（%）	5.758	5.749	3.125	7.359	0.685
浮动利率贷款[d]（比例）	0.352	0.325	0.000	0.708	0.146
高于参考利率的利差[d]（%）	2.993	2.911	2.602	3.656	0.217
贷款 LTV 均值[b]（%）	83.431	84.375	73.490	88.930	3.576
贷款 LTV 中位数[b]（%）	85.349	87.910	76.820	92.730	4.828
具有高 LTV 比率的放款数目[b]（笔）	15441	4175	176	492188	56042

注：b 为根据第一留置权、自住房活跃贷款（包括 REO）统计获得。

d 为根据第一留置权、自住房、浮动利率活跃贷款（包括 REO）统计获得。

（六）贷款信用风险

Alt－A 不仅信用分值高而且大部分集中在高信用区，而不像次级贷款不仅信用分值低而且大部分集中在低信用区间。从表 5.23 可以看出，美国 Alt－A 的平均信用评分为 703 分，比次级平均信用高出近 90 分。其中，信用低于 600 分的占比只有 2.0%，而信用高于 660 分的 Alt－A 占比高达 78.3%。这与次级的信用结构形成巨大反差。

由此判断美国大多数 Alt－A 是风险厌恶型。从它们的贷款价值比选择上可以看出，其间美国各州平均高 LTV 且信用低于 620 分的 Alt－A 贷款数目有 108 笔，占比 1.1%；而低 LTV 且信用不低于 620 分的 Alt－A 贷款数目有 19735 笔，占比高达 61.5%。与次级贷款不同，其余两类贷款（该信用且高 LTV 贷款和低信用且低 LTV 贷款）占比累计仅有 37.4%。

表 5.23　　美国 Alt－A 贷款的信用风险

指标	均值	中位数	最小值	最大值	标准差
平均信用评分[b]	703	703	685	715	4.871
信用低于 600 分[b]（比例）	0.020	0.017	0.007	0.060	0.010
信用高于 660 分[b]（比例）	0.783	0.781	0.666	0.855	0.035
高 LTV 且信用低于 620 分的数目[d]（笔）	108	41	0	3551	49687.291
高 LTV 且信用低于 620 分[b]（比例）	0.011	0.007	0.001	0.048	0.009
低 LTV 且信用不低于 620 分的数目[d]（笔）	19735	1755	1	594414	41098.624
低 LTV 且信用不低于 620 分[b]（比例）	0.615	0.595	0.459	0.828	0.093

注：b 为根据第一留置权、自住房活跃贷款（包括 REO）统计获得。

d 为根据第一留置权、自住房、浮动利率活跃贷款（包括 REO）统计获得。

（七）贷款违约

Alt－A 贷款违约率尽管比次级贷款低很多，但仍然高达 22.1%。从表 5.24 可以看出，美国境内 Alt－A 贷款平均还款正常率为 77.9%，比同期次级贷款的平均水平高出 23.2 个百分点。在 22.1% 的违约 Alt－A 贷款中，逾期 30～59 天的有 5.1 个百分点，逾期 60～89 天的有 2.4 个百分点，逾期超过 90 天但没有出现止赎或 REO 的有 6.3 个百分点。

表 5.24　　危机期间美国 Alt－A 贷款的违约

指标	均值	中位数	最小值	最大值	标准差
还款正常[b]	0.779	0.790	0.480	0.951	0.084
逾期 30～59 天[b]	0.051	0.050	0.019	0.082	0.009
逾期 60～89 天[b]	0.024	0.025	0.004	0.044	0.006
逾期超过 90 天但没有出现止赎或 REO[b]	0.063	0.056	0.008	0.198	0.034

注：b 为根据第一留置权、自住房活跃贷款（包括 REO）统计获得。

（八）贷款重设与止赎

Alt－A 贷款的重设数量和止赎比率虽然比次级贷款低，但银行止赎与 REO 的比率仍然高达 8.8%。从表 5.25 可以看出，面对不良贷款，美国商业银行首先想到的是重新设定。危机期间美国平均各州重设 Alt－A 贷款数目 14148 笔，大约是同期次级贷款重设数目的 1/3。但在未来 12 个月、12～23 个月、24 个月以后重新设定的比例为 0.102∶0.137∶0.274，却比同期次级贷款的潜在重设比例高。

其间，美国 Alt－A 贷款的止赎比例为 6.1%，REO 的百分率为 2.2%，两者累计占比达到 8.8%，比同期次级贷款的 15.1% 低 6.3 个百分点。具体而言，每千个住房单位中 Alt－A 贷款的止赎数有 0.620 笔、REO 数量为 0.223 笔。

表 5.25　　危机期间美国 Alt－A 贷款的重设与止赎

指标	均值	中位数	最小值	最大值	标准差
重设的数目[d]	14148	1549	0	386488	55941
在未来 12 个月重新设定[d]（比例）	0.102	0.098	0.000	1.000	0.054
在未来 12～23 个月重新设立[d]（比例）	0.137	0.136	0.000	0.261	0.043
在未来 24 个月以后重新设定[d]（比例）	0.274	0.275	0.000	0.621	0.128
止赎（比例）	0.061	0.052	0.006	0.309	0.043
每千个住房单位的止赎数[b]	0.620	0.300	0.000	4.400	0.805
REO 百分比[b]	0.022	0.013	0.000	0.073	0.014
每千个住房单位的 REO[b]	0.223	0.100	0.000	2.200	0.297

注：b 为根据第一留置权、自住房活跃贷款（包括 REO）统计获得。

d 为根据第一留置权、自住房、浮动利率活跃贷款（包括 REO）统计获得。

二、州际差异

上述特点是否具有普遍性？如果不是，是否均有某些州际特征？为此，我们继续使用聚类分析方法来检验。首先按照二分法对57项指标进行整体分类；然后对各项指标逐一进行类别差异检验。其原假设为：Alt－A贷款某项指标无类别差异，如果其检验概率小于5%，则选择备择假设“该指标存在类别差异”。这样，我们就获得以下两类特色鲜明的指标群。综合起来就可以客观而全面地把握美国Alt－A贷款的州际差异。

（一）差异显著指标

美国各州之间Alt－A贷款有显著差异的指标47项。按照显著性大小排列依次为总住房单位、Alt－A贷款笔数、有提前还款支付罚金的贷款合约数目、放款时有二次抵押的数量、具有高LTV比率的放款数目、仅支付利息的数目、负分期偿还的数目、低LTV且信用不低于620分的数目、高LTV且信用低于620分的数目、重设的数目、执行提前还款支付罚金条款的数目、平均初始利率、提现平均当期余额、平均余额、贷款LTV中位数、浮动利率贷款、购房平均当期余额、提现平均当期利率、逾期超过90天但没有出现止赎或REO、提现平均LTV、还款正常、平均利率、过去12个月至少一次还款逾期、购房平均当期利率、止赎、没有或提供的文件少、贷款LTV均值、非自住房贷款比例、自住房贷款比例、信用高于660分、REO百分比、高于参考利率的利差、高LTV且信用低于620分、逾期60~89天、提现平均FICO、在未来12~23个月重新设立、每千个住房单位的止赎数、购房平均LTV、平均信用评分、2004年及其前发放、信用低于600分、2006年发放、再融资过程中提现、平均当期利率、每1000个自住房单位的贷款笔数、每千个住房单位的REO。

1. 贷款规模差异

类型1州Alt－A贷款规模大约是类型2州的2%，而且自住房贷款比例只为后者的77.1%。从表5.26可以看出，类型1州总住房单位平均2521743.1个，是类型2州124994056.8个的2%；Alt－A贷款平均笔数为39250.6笔，也是类型2州1933443.5笔的2.0%，这表明美国境内各州Alt－A贷款笔数与其人口总规模、总住房单位数完全一致。

但是，必须指出，美国境内自住房和非自住房Alt－A贷款结构是不同的。

类型1州自住房与非自住房Alt－A贷款比为0.6783∶0.322，而类型2州该类贷款比为0.723∶0.277。这表明美国境内人口规模、总住房单位越小的州，Alt－A贷款中非自住房的贷款比例越高。从平均值看，类型1州每1000个自住房单位的Alt－A贷款8.409笔，仅相当于类型2州10.913笔的77.1%。

2. 贷款利率差异

类型1州Alt－A贷款不仅总利率水平而且各结构利率都比类型2州高，原因可能与它们的信用评分有关。类型1州Alt－A贷款平均利率为6.332%，而类型2州该类贷款平均利率为6.007%，前者比后者高0.325个百分点。（1）无论初始利率还是当期利率，类型1州均比类型2州高。前者平均初始利率5.152%、平均当期利率5.79%，而后者这两个指标分别仅有4.532%和5.519%。（2）无论是购房还是提现，类型1州当期利率均比类型2州高。前者平均购房当期利率6.386%、平均提现当期利率6.399%，后者依次为6.128%和5.94%，两者对应利差为0.25～0.45个百分点。（3）基准浮动贷款，类型1州高于参考利率的利差也比类型2州大。前者浮动利率贷款占比35.4%比后者50.4%低15个百分点，可其浮动利率高于参考利率的利差2.999个百分点比后者利差2.875个百分点大。可见，这种差异不是一种偶然。原因可能与两类州Alt－A平均信用评分有关。类型1州该类平均信用评分702.577分，比类型2州704.833分少2分；而且信用低于600分的占比1.9%比类型2州1.5%高，信用高于660分的占比78.3%比类型2州80.4%低。信用低自然与风险大相联系，因而要承担较高利率。

3. 贷款余额差异

类型1州Alt－A贷款平均余额为224040美元，而类型2州该类贷款平均余额为317468.1美元，前者仅相当于后者的70.6%。其中，类型1州购房平均当期余额为209525.7美元、提现平均当期余额为231684.5美元，类型2州这两项指标分别为297352.6美元和328369.4美元，其对应比例也是0.705∶1。其原因可能与两类州贷款价值比有关。类型1州Alt－A贷款LTV均值为83.518、中位数为85.5；而类型2州该指标的均值和中为数分别为80.97和80.2，均比前者低。类型1州购房平均LTV为90.8、提现平均LTV为76.8，类型2州这两个指标分别为89.89和72.8。可见，无论是整体还是结构上，LTV均值均表明类型1州贷款余额少是因为该类地区房价低，只需要那么少的余额。

4. 行为差异

类型1州不同结构 Alt－A 贷款数量均仅相当于类型2州的2.1%，而且这一结构差异与它们的规模差异完全一致，从表5.26可以看出，类型1州放款时有二次抵押的数量为9742.1笔，是类型2州473200.9笔的2.1%。类型1州具有高LTV比率的放款数目8139.3笔，也是类型2州400585.1笔的2.0%。其中，低LTV且信用不低于620分的数目为10590.3笔、该LTV且信用低于620分的数目为58.1笔，分别为类型2州503712.8笔和2737.7笔的2.1%。还款时，类型1州有提前还款支付罚金的贷款合约数目有11484.7笔，是类型2州565754.6笔的2%；同期前者执行提前还款支付罚金条款的数目为3675.6笔，也是后者173955.7笔的2.1%。类型1州仅支付利息和负分期还款的数目依次为10679.9笔和654.5笔，它们分别是类型2州519380.8笔、31888.4笔的2.1%。甚至在银行重设的 Alt－A 贷款数目上，类型1州7559.9笔也是类型2州362786.7笔的2.1%。可见，这些差异与它们的规模差异高度一致不是一种巧合，而是美国境内各州 Alt－A 贷款结构完全一致的体现。

5. 违约信用差异

类型1州不仅信用风险比类型2州低，而且实际违约率也确实低于类型2州。从表5.26可以看出，类型1州 Alt－A 贷款偿还正常率为77.9%，比类型2州70.5%高出7个百分点。不仅如此，类型1州在过去12个月至少一次还款逾期比例为31%，比类型2州38%也少7个百分点。其中，逾期60～89天、逾期超过90天（但没有出现止赎或REO）贷款比例依次为2.4%和6.3%，均比类型2州2.8%和6.3%对应的小。原因可能有三个方面：一是发放年限不同。类型1州2006年发放的 Alt－A 贷款占比27.7%少于类型2州31.1%；而后者在2004年及其前发放的 Alt－A 贷款占比17.1%却比前者19.3%少。越早发放的 Alt－A 贷款在危机期间违约的可能性越小。二是类型1州的实际信用高于类型2州。尽管类型1州 Alt－A 贷款中高LTV且信用低于620分的占比1.1%比类型2州0.6%高，而低LTV且信用不低于620分的占比61.5%比类型2州69%低。但在实践过程中，前者没有或提供的文件少的 Alt－A 占比63.2%，比后者70.9%小7.5个百分点。三是贷款用途不同。类型1州再融资过程中提现的比例为37.2%，比类型2州40.2%少3个百分点。

6. 银行止赎差异

类型 1 州银行对 Alt－A 贷款的止赎比例为 6.1%，而类型 2 州银行对该类贷款的止赎率为 9.4%。类型 1 州银行对 Alt－A 贷款 REO 比率为 2.2%，而类型 2 州 REO 百分比为 3%。可见，无论是止赎还是 REO，类型 2 州的百分比都比类型 1 州高。当然，如果和住房单位比较，则类型 1 州每千个住房单位的止赎数为 0.621、REO 数为 0.224，均比类型 2 州 1.021 和 0.34 少。此外，在未来 12～23 个月内，类型 1 州的重新设立比率为 14%，比类型 2 州 11.9% 高（见表 5.26）。

表 5.26　　美国 Alt－A 贷款州际之间差异显著指标

Alt－A 贷款聚类	类型 1	类型 2	差异检验	
指标	均值	均值	F 值	概率
总住房单位	2521743.1	124994056.8	40154.0	0.000
Alt－A 贷款笔数[a]	39250.6	1933443.5	11062.9	0.000
非自住房贷款比例[a]	0.322	0.277	11.329	0.001
自住房贷款比例[b]	0.678	0.723	11.329	0.001
每 1000 个自住房单位的贷款笔数[b]	8.409	10.913	4.452	0.035
平均利率[b]（%）	6.332	6.007	21.043	0.000
平均余额[b]（美元）	224040.0	317468.1	37.7	0.000
平均信用评分[b]	702.577	704.833	6.258	0.012
有提前还款支付罚金的贷款合约数目[b]	11484.7	565754.6	5720.0	0.000
执行提前还款支付罚金条款的数目[bc]	3675.6	173955.7	1459.4	0.000
贷款 LTV 均值[b]（%）	83.518	80.971	14.942	0.000
贷款 LTV 中位数[b]（%）	85.5	80.2	35.5	0.000
放款时有二次抵押的数量[b]	9742.1	473200.9	7813.1	0.000
具有高 LTV 比率的放款数目[b]	8139.3	400585.1	15616.0	0.000
仅支付利息的数目[b]	10679.9	519380.8	6691.6	0.000
负分期偿还的数目[b]（每月还款少于应付利息，未付利息加到贷款余额上）	6554.5	318884.0	3922.3	0.000
信用低于 600 分[b]（比例）	0.019	0.015	5.819	0.016
信用高于 660 分[b]（比例）	0.783	0.804	10.658	0.001
过去 12 个月至少一次还款逾期[b]（比例）	0.310	0.380	17.730	0.000
还款正常[b]（比例）	0.779	0.705	23.212	0.000

续表

Alt – A 贷款聚类	类型 1	类型 2	差异检验	
指标	均值	均值	F 值	概率
逾期 60 ~ 89 天[b]（比例）	0.024	0.028	9.035	0.003
逾期超过 90 天但没有出现止赎或 REO[b]（比例）	0.063	0.094	25.436	0.000
止赎（比例）	0.061	0.094	16.665	0.000
每千个住房单位的止赎数[b]	0.621	1.021	7.248	0.007
REO 百分比[b]	0.022	0.030	9.874	0.002
每千个住房单位的 REO[b]	0.224	0.340	4.433	0.035
高 LTV 且信用低于 620 分[b]（比例）	0.011	0.006	9.711	0.002
低 LTV 且信用不低于 620 分[b]（比例）	0.615	0.690	19.504	0.000
2006 年发放[b]（比例）	0.277	0.311	5.390	0.020
2004 年及其前发放（比例）	0.193	0.171	6.139	0.013
没有或提供的文件少[b]（比例）	0.632	0.709	15.717	0.000
再融资过程中提现[b]（比例）	0.372	0.402	5.300	0.021
购房平均当期利率[b]（%）	6.386	6.128	17.287	0.000
购房平均当期余额[b]（美元）	209525.7	297352.6	31.4	0.000
购房平均 LTV[b]（%）	90.797	89.887	6.322	0.012
提现平均当期利率[b]（%）	6.399	5.940	27.592	0.000
提现平均当期余额[b]（%）	231684.5	328369.4	40.4	0.000
提现平均 FI[c]O	692.900	696.640	8.852	0.003
提现平均 LTV（%）	76.832	72.851	24.246	0.000
浮动利率贷款[d]（比例）	0.354	0.504	34.1	0.000
高于参考利率的利差[d]（%）	2.999	2.875	9.834	0.002
平均初始利率[d]（%）	5.152	4.532	45.3	0.000
平均当期利率[d]（%）	5.790	5.519	5.245	0.022
低 LTV 且信用不低于 620 分的数目[d]（笔）	10590.3	503712.8	4042.1	0.000
高 LTV 且信用低于 620 分的数目[d]（笔）	58.1	2737.7	11548.2	0.000
重设的数目[d]（笔）	7559.9	362786.7	4628.6	0.000
在未来 12 ~ 23 个月重新设立[d]（比例）	0.140	0.119	7.747	0.005

注：a 为根据第一留置权活跃贷款（包括 REO）统计获得。

b 为根据第一留置权、自住房活跃贷款（包括 REO）统计获得。

c 为“执行提前还款支付罚金条款”，指贷款年限短于提前支付罚金期限。

d 为根据第一留置权、自住房、浮动利率活跃贷款（包括 REO）统计获得。

（二）差异不显著指标

聚类分析中无显著差异指标有 9 项，分别是用于购房、其他用途、购房平均 FICO、平均贷款期限、2005 年发放、2007 年发放、逾期 30 ~ 59 天、在未来 12 个月重新设定、在未来 24 个月以后重新设定。对比它们与有差异指标之间关系，我们不难发现：

（1）各州 Alt - A 贷款提现用途上的差异，实际上是购房用途与其他用途细微变化叠加效应。事实上，其间美国境内各州之间 Alt - A 贷款的购房动机和其他用途占比均无显著差异，尽管类型 1 用于购房的贷款占比 43.5% 比类型 2 州 41.8% 高 1.7 个百分点，其他用途 Alt - A 贷款占比 19.3% 比类型 2 州 18.1% 高 1.2 个百分点。

（2）各州 Alt - A 贷款的发放年限和期限是基本一致的。前者突出表现在 2005 年和 2007 年发放的贷款比例均无显著差异。类型 1 州 2005 年发放 Alt - A 贷款比例 55.8% 比类型 2 州 52.0% 略高 3.8 个百分点，但是这一年发放的贷款占比均超过 50%。类型 1 州 2007 年发放贷款占比 12.20% 比类型 2 州 13.2% 低 1.2 个百分点，但是它们的比例都是最低。后者突出表现在平均贷款期限无实质差异，尽管利率和余额都差异显著。类型 1 州平均期限为 45.5 个月，类型 2 州平均期限为 43.6 个月。

（3）各州 Alt - A 贷款逾期结构中 30 ~ 59 天的比例很小且无差异。类型 1 州逾期 30 ~ 59 天贷款占比 5.1%，比类型 2 州 4.9% 虽然高 0.2 个百分点，但是差异不显著。

（4）各州银行对购房用途 Alt - A 贷款的 FICO 是无差异的。类型 1 州购房用途贷款的平均 FICO 为 712.8，与类型 2 州的 714 无显著差异。这与它们的提现用途贷款的 FICO 差异显著形成鲜明对照。此外，类型 1 州在未来 12 个月内和 24 个月以后重设的 Alt - A 贷款比例与类型 2 州之间差异也不显著。

表 5.27　美国 Alt - A 贷款州际差异不显著指标

Alt - A 贷款聚类	类型 1	类型 2	差异检验	
指标	均值	均值	F 值	概率
用于购房[b]	0.435	0.418	2.196	0.139
其他用途[b]	0.193	0.181	2.168	0.141
购房平均 FICO[b]	712.867	714.123	1.813	0.178

续表

Alt－A 贷款聚类	类型 1	类型 2	差异检验	
指标	均值	均值	F 值	概率
平均贷款期限[b]	45.544	43.600	1.337	0.248
2005 年发放[b]	0.558	0.520	0.921	0.337
2007 年发放[b]	0.120	0.132	0.478	0.489
逾期 30～59 天[b]	0.051	0.049	0.448	0.504
在未来 12 个月重新设定[d]	0.104	0.109	0.272	0.602
在未来 24 个月以后重新设定[d]	0.278	0.278	0.000	0.994

注：b 为根据第一留置权、自住房活跃贷款（包括 REO）统计获得。

d 为根据第一留置权、自住房、浮动利率活跃贷款（包括 REO）统计获得。

三、年度间变化

很显然，Alt－A 贷款也存在年度变化问题，而且其变化特征不可能与次级贷款完全相同。因此，这里有必要继续对 Alt－A 贷款的年度差异进行检验。原假设为“危机期间美国 Alt－A 贷款不存在年度差异”；如果检验概率小于 5%，则选择备择假设“某项指标存在年度差异”。这样，综合所有 57 项指标检验结果，我们就可以发现 Alt－A 贷款年度变化特征。

（一）贷款规模变化

危机期间，美国 Alt－A 贷款尽管总规模没有发生显著变化，但结构变化非常明显，不仅贷款利率下降、期限延长而且每千户自住房 Alt－A 贷款数量显著下降。从表 5.28 可以看出，美国 Alt－A 贷款笔数在危机期间有逐年减少态势，平均贷款余额在 2009 年也出现了冲高，但两指标均变化不显著。不仅如此，其间美国境内非自住房贷款比例在上升、自住房贷款比例在下降，只是这种变化也不显著。但必须指出，美国自住房 Alt－A 贷款的绝对数量变化显著，每千户自住房 Alt－A 贷款数目在危机期间逐年减少。

此外，美国境内 Alt－A 贷款的平均利率和平均期限也出现了显著变化。其间，各州 Alt－A 贷款的平均利率由 6.68%、2009 年 6.38% 直线式下降到 2010 年的 6.05%；平均贷款期限由 2008 年的 34.156 个月延长至 2009 年的 43.57 个月，再延长至 2010 年的 55 个月。

表 5.28 美国 Alt－A 贷款规模危机期间年度变化

指标	年度均值			差异检验	
	2008 年	2009 年	2010 年	F 值	概率
总住房单位	4701974	4853252	4853252	0.01	0.989
Alt－A 贷款笔数[a]	82949	76590	66870	0.42	0.660
非自住房贷款比例[a]	0.314	0.319	0.321	0.84	0.431
自住房贷款比例[b]	0.686	0.681	0.679	0.84	0.431
每千个自住房单位的贷款笔数[b]	9.858	8.428	7.355	17.53	0.000
平均利率[b]（%）	6.676	6.384	6.051	504.09	0.000
平均余额[b]（美元）	224651	227354	224786	0.19	0.826
平均贷款期限[b]（年）	34.156	43.565	55.004	2804.18	0.000

注：a 为根据第一留置权活跃贷款（包括 REO）统计获得。

b 为根据第一留置权、自住房活跃贷款（包括 REO）统计获得。

（二）贷款年限变化

危机前两年发放的贷款比例不仅小而且还随着危机的加深锐减。从表 5.29 可以看出，危机对美国 Alt－A 贷款的发放影响很大。无论是 2008 年、2009 年还是 2010 年 Alt－A 贷款结构中，2007 年发放的贷款占比都很低，这表明次贷危机在危机前一年已经冲击到 Alt－A 贷款。不仅如此，随着金融危机的深入，危机前两年发放的贷款逐年锐减，至 2010 年，2006 年发放的贷款比例由之前的 33% 下降到 18.9%，2007 年发放的贷款降到 0。由此使得 2005 年发放的贷款由于存量的作用逐年上升，由 2008 年的 29.1% 上升到 2009 年的 48.2%，再飙升至 2010 年的 88.1%。可见，越近的贷款越容易在危机期间违约放弃。

表 5.29 危机期间美国 Alt－A 贷款发放年限变化

指标	年度均值			差异检验	
	2008 年	2009 年	2010 年	F 值	概率
2007 年发放[b]	0.186	0.188	0.000	4628.12	0.000
2006 年发放[b]	0.331	0.329	0.189	1528.50	0.000
2005 年发放[b]	0.291	0.482	0.811	9205.72	0.000
2004 年及其前发放[b]	0.192	0.193	0.193	0.01	0.993

注：b 为根据第一留置权、自住房活跃贷款（包括 REO）统计获得。

（三）贷款目的变化

危机期间美国 Alt－A 贷款用于购房的目的随着危机的加深而下降，而用于提现的动机在上升。从表 5.30 可以看出，2008 年美国 Alt－A 贷款在用于购房、提现和其他目的之间的比例为 0.445:0.367:0.187，可到达 2010 年这一比例变为 0.429:0.378:0.193。其间 Alt－A 贷款目的明显出现结构变化，用于购房的贷款比例显著减少，用于提现的贷款比例显著增加，仅其他用途贷款比例一直稳定在 0.19。

当然，无论是购房还是提现用途 Alt－A 贷款，它们的市场表现都是一致的。它们的贷款余额和平均 LTV 在危机期间均变化不显著，可各自的平均利率却显著下降。用于购房的贷款利率由 2008 年的 6.669% 下降到 2009 年的 6.457%、再降到 2010 年的 6.121%；用于提现的 Alt－A 贷款的平均当期利率同期由 6.767% 下降到 6.438% 后再降到 6.115%。

表 5.30　　危机期间美国 Alt－A 贷款目的与用途变化

指标	年度均值			差异检验	
	2008 年	2009 年	2010 年	F 值	概率
用于购房[b]（比例）	0.445	0.438	0.429	7.58	0.001
再融资过程中提现[b]（比例）	0.367	0.372	0.378	2.71	0.067
其他用途[b]（比例）	0.187	0.190	0.193	1.54	0.215
购房平均当期利率[b]（%）	6.669	6.457	6.121	548.25	0.000
购房平均当期余额[b]（美元）	213911	212382	209525	0.33	0.716
购房平均 FICO[b]	713	713	712	2.92	0.054
购房平均 LTV[b]（%）	90.726	90.775	90.832	0.35	0.707
提现平均当期利率[b]（%）	6.767	6.438	6.115	295.63	0.000
提现平均当期余额[b]（美元）	233956	233655	231277	0.17	0.846
提现平均 FICO	694	693	692	6.93	0.001
提现平均 LTV（%）	76.469	76.620	76.735	0.40	0.673

注：b 为根据第一留置权、自住房活跃贷款（包括 REO）统计获得。

（四）贷款行为变化

危机期间美国 Alt－A 贷款不仅提前还款支付罚金的条款仍然有效的数目显著减少，而且还款时在过去 12 个月至少一次预期的比例显著上升。从表

5.31 可以看出，贷款时，没有或提交文件少的 Alt – A 贷款 2008 年占比 62.5%，此后的 2009 年和 2010 年都升至 62.7%，只是该变化比较微小。而还款时，在过去 22 个月至少有一次还款逾期的贷款比例却上升显著，由 2008 年的 22.7% 升至 2009 年的 30.5%，再升到 2010 年的 35.8%。

究其原因，次贷危机不仅影响到美国 Alt – A 贷款的申请而且还影响到其偿还。从绝对数量看，放款时有二次抵押贷款的数目、提前还款支付罚金的数目、还款时无论是仅支付利息还是负分期付款数目，都在下降。尽管它们各自单项变化均不显著，但是各项叠加在一起就必然增大还款逾期的可能性。

表 5.31　　危机期间美国 Alt – A 贷款行为变化

指标	年度均值			差异检验	
	2008 年	2009 年	2010 年	F 值	概率
没有或提供的文件少[b]（比例）	0.625	0.627	0.627	0.03	0.970
放款时有二次抵押的数量[b]	20559	19056	16151	0.52	0.596
有提前还款支付罚金的贷款合约数目	24411	22478	19424	0.42	0.656
执行提前还款支付罚金条款的数目[bc]	13263	8021	1534	14.91	0.000
仅支付利息的数目[b]	22135	20872	18009	0.38	0.686
负分期偿还的数目[b]	13414	12833	11143	0.28	0.756
过去 12 个月至少一次还款逾期[b]（比例）	0.227	0.305	0.368	417.39	0.000

注：b 为根据第一留置权、自住房活跃贷款（包括 REO）统计获得。

c 为“执行提前还款支付罚金条款”，指贷款年限短于提前支付罚金期限。

（五）信用变化

危机期间美国 Alt – A 信用分值显著下降，但其信用风险变化不大。从表 5.32 可以看出，美国境内 Alt – A 平均信用评分和高于 650 分的贷款比例变化显著。前者从 703 分显著降到 702 分，后者由于 78.5% 降到 78%，可见变化均不大。之所以仍然显著，唯一能够解释的就是标准差更小，这类在危机期间的信用比较稳定。事实上，如果我们结合考虑贷款价值比，则无论是绝对数还是相对比例，其变化也不显著。高 LTV 且信用低于 620 分的贷款比例一直稳定在 1.1%，各州平均约有 100 例；而低 LTV 且信用不低于 620 分的贷款比例由 61% 还略微上升近 1 个百分点，尽管其绝对数略有下降。

表 5.32　　危机期间美国 Alt－A 信用变化

指标	年度均值			差异检验	
	2008 年	2009 年	2010 年	F 值	概率
平均信用评分[b]	703	703	702	10.91	0.000
信用低于 600 分[b]（比例）	0.020	0.020	0.020	0.60	0.549
信用高于 660 分[b]（比例）	0.786	0.784	0.780	3.92	0.020
高 LTV 且信用低于 620 分的数目[d]（笔）	124	107	98	0.50	0.604
高 LTV 且信用低于 620 分[b]（比例）	0.011	0.011	0.011	0.15	0.862
低 LTV 且信用不低于 620 分的数目[d]（笔）	22036	20228	17733	0.36	0.701
低 LTV 且信用不低于 620 分[b]（比例）	0.610	0.615	0.619	1.03	0.358

注：b 为根据第一留置权、自住房活跃贷款（包括 REO）统计获得。

d 为根据第一留置权、自住房、浮动利率活跃贷款（包括 REO）统计获得。

（六）市场反应变化

市场价格发生显著变化，不仅平均当期利率而且平均初始利率都显著下降。从表 5.33 可以看出，美国 Alt－A 贷款平均初始利率由 2008 年的 5.218％下降到 2009 年的 5.165％，再降到 2010 年的 5.117％；同期平均当期利率也是一直下降而且下降幅度达到 1.5 个百分点，远远大于前者，最终当期利率低于初始利率。但 Alt－A 贷款价值比无论均值还是中位数都没有出现显著变化。这表明次贷危机对美国 Alt－A 贷款市场影响主要集中在价格反应。

这从 Alt－A 贷款中浮动利率与固定利率贷款结构变化也可以看出。其间浮动利率贷款占比略有减少、固定利率贷款略有上升，它们之间的比例由 2008 年 0.353∶0.649 变成 0.351∶0.649，并不显著。不仅如此，浮动利率贷款高于参考利率的利差变化也不显著，紧随着参考利率变化。

表 5.33　　危机期间美国 Alt－A 贷款的市场反应

指标	年度均值			差异检验	
	2008 年	2009 年	2010 年	F 值	概率
平均初始利率[d]（％）	5.218	5.165	5.117	4.21	0.015
平均当期利率[d]（％）	6.594	5.878	5.096	1862.73	0.000
浮动利率贷款[d]（比例）	0.353	0.352	0.351	0.03	0.966

续表

指标	年度均值			差异检验	
	2008 年	2009 年	2010 年	F 值	概率
高于参考利率的利差[d]（%）	3.009	2.991	2.986	1.41	0.245
贷款 LTV 均值[b]（%）	83.428	83.441	83.424	0.00	0.996
贷款 LTV 中位数[b]（%）	85.421	85.344	85.309	0.06	0.940
具有高 LTV 比率的放款数目[b]（笔）	17754	15927	13439	0.71	0.491

注：b 为根据第一留置权、自住房活跃贷款（包括 REO）统计获得。

d 为根据第一留置权、自住房、浮动利率活跃贷款（包括 REO）统计获得。

（七）违约程度变化

美国 Alt－A 贷款正常偿还比例比次级贷款高，但是危机期间违约率逐年显著上升。从表 5.34 可以看出，美国 Alt－A 贷款偿还正常率由 2008 年的 84.8%下降到 2009 年的 77.7%后再下降到 2010 年的 73.7%，而同期违约率则由 15.2%直线上升到 26.3%。同样，在逾期 30～59 天、逾期 60～89 天和逾期 90 天以上的贷款结构中，各档比重均逐年显著上升，至 2010 年累计达到 16.1%。

表 5.34　　危机期间美国 Alt－A 贷款违约程度变化

指标	年度均值			差异检验	
	2008 年	2009 年	2010 年	F 值	概率
还款正常[b]	0.848	0.777	0.737	264.49	0.000
逾期 30～59 天[b]	0.046	0.052	0.052	68.85	0.000
逾期 60～89 天[b]	0.020	0.025	0.025	139.38	0.000
逾期超过 90 天但没有出现止赎或 REO[b]	0.031	0.060	0.086	478.97	0.000

注：b 为根据第一留置权、自住房活跃贷款（包括 REO）统计获得。

（八）银行止赎变化

美国 Alt－A 贷款的银行止赎和 REO 比例均不高，但危机期间却都显著上升。从表 5.35 可以看出，2008 年这两个指标的百分比分别为 3.6%和 1.8%，2009 年上升到 6.2%和 2.3%，2010 年进一步上升至 7.7%和 2.3%。不仅如此，它们的绝对数也在显著波动。每千个住房单位 Alt－A 贷款的止赎数逐年上升，依次为 0.433 笔、0.654 笔和 0.702 笔；每千个住房单位的 REO 数起伏波动，依次为0.229笔、0.241笔和0.199笔。

这期间银行的重设没有发生显著变化，尽管其数字由2008年的14389笔逐年下降，到2009年为14088笔、2010年为14061笔。但是拟在未来12个月内、12~23个月内重设的比例逐年上升。只有在未来24个月以后重设比例才逐年下降。

表5.35　　危机期间美国Alt-A贷款止赎变化

指标	年度均值			差异检验	
	2008年	2009年	2010年	F值	概率
重设的数目[d]	14389	14088	14061	0.00	0.996
在未来12个月重新设定[d]	0.079	0.099	0.121	74.73	0.000
在未来12~23个月重新设立[d]	0.119	0.133	0.154	89.23	0.000
在未来24个月以后重新设定[d]	0.410	0.307	0.152	1320.07	0.000
止赎	0.036	0.062	0.077	117.35	0.000
每千个住房单位的止赎数[b]	0.433	0.654	0.702	13.82	0.000
REO百分比[b]	0.018	0.023	0.023	15.93	0.000
每千个住房单位的REO[b]	0.229	0.241	0.199	3.13	0.044

注：b为根据第一留置权、自住房活跃贷款（包括REO）统计获得。

d为根据第一留置权、自住房、浮动利率活跃贷款（包括REO）统计获得。

综合以上三个方面分析，美国各州平均有Alt-A贷款74459.02笔，每千户总住房单位有15.4笔Alt-A贷款。其间，自住房与非自住房比为0.682:0.318，一直很稳定。平均每1000个自住房单位的Alt-A贷款有8.288笔，规模变化不显著。

其间，Alt-A贷款的平均利率为6.314%，平均余额为225933.825美元，平均贷款期限为46.059个月。与次级贷款相似，随着危机加深，它的利率显著下降、期限显著延长。

美国Alt-A贷款的主要目的是购房，占比达到43.6%；其次用于提现的占37.3%、其他用途占比19.1%。与次贷相似，危机期间Alt-A贷款的购房动机显著下降；与次贷不一样，Alt-A贷款提现与其他用途在危机期间变化不显著。

美国Alt-A贷款中浮动利率贷款仅占35.2%，而且这一比例在整个危机期间变化不显著。整个市场 Alt - A 贷款价值比（LTV）均值为 83.431%、中位数为 85.349%。

美国 Alt - A 的平均信用评分为 703 分，而且随着危机加深显著下降。Alt - A 贷款违约率比次级贷款低很多，但仍有 22.1%。Alt - A 贷款的止赎比例为 6.1%，REO 的百分率为 2.2%，两者累计占比达到 8.8%。

与次级贷款一样，Alt - A 贷款的违约率和止赎率随着危机加深逐渐加重，但与次贷不一样，Alt - A 贷款在美国存在州际差异：小州比大州轻一些。

第四节　本章小结

综上分析，美国境内次级贷款和 Alt - A 贷款在 2008—2010 年暴露出了很大风险。作为住房贷款中两类最平民化商业贷款，它们的共同特点是：（1）规模大，每千个总住房单位中就有 34.3 笔是这两类高风险贷款。（2）自住率高，即使是 Alt - A 贷款的自住率也有 68%。（3）信用低，特别是次级贷款的平均信用分只有 614 分。（4）贷款动机分散，无论是次级贷款还是 Alt - A 贷款，用于购房的比例均不超过 50%。（5）贷款条件宽松，贷款时候没有或者提交文件少的人在次贷中超过 1/4、在 Alt - A 贷款中超过 2/3。（6）违约率高，即使是 Alt - A 贷款的违约率也大于 22%。（7）银行止赎率高，即使 Alt - A 贷款也有 6.1% 的止赎率。

一、整体差异比较

除了服务对象不同外，次级贷款和 Alt - A 贷款的市场表现还存在整体上的差异。前者比后者规模略大且自住房比率高；其整体信用偏低因而市场利率比后者高。次级贷款的主要目的是提现金而 Alt - A 贷款用途主要是购房；相应地，前者超过一半是浮动利率贷款而后者相反。前者信用评分低、违约率高而后者信用评分高、违约率低，前者银行止赎率高而后者止赎率低。

（一）次级贷款规模比 Alt - A 规模略大

在 2008—2010 年金融危机期间，美国各州平均住房单位有 4833754.66 户，次级贷款平均有 91563.64 笔，平均每 1000 户住房单位中有 18.9 笔次级贷款。各州平均有 Alt - A 贷款 74459.02 笔，每千户总住房单位有 15.4 笔 Alt - A 贷款。可见无论是绝对规模还是相对总住房单位，美国次级住房抵押贷款都比 Alt - A 贷款规模大。

（二）次级贷款中自住率比 Alt - A 高

次级贷款中自住房贷款与非自住房贷款比为 90.72:9.28。每 1000 个自住房有 14.82 笔次级贷款。而 Alt - A 贷款中自住房与非自住房 Alt - A 贷款比为 0.682:0.318。平均每 1000 个自住房单位的 Alt - A 贷款有 8.288 笔。可见，尽管两类贷款中自住房贷款比例都超过半数，但次级贷款中自住率比 Alt - A 高。

（三）次级贷款比 Alt - A 贷款利率高、余额小、期限长

次级贷款的平均利率为 7.88%，平均余额为 155209.44 美元，平均贷款期限为 51 个月。而 Alt - A 贷款的平均利率为 6.31%，比次级贷款利率低；平均余额为 225933.83 美元，比次级贷款余额大；平均贷款期限为 46 个月，比次级贷款期限短。

（四）次级贷款在危机前的反应比 Alt - A 贷款迟

两类贷款都集中在危机前四年内发放，但年度分布不同。美国次级贷款在 2006 年和 2005 年发放的比例分别为 27.43% 和 23.97%，累计超过 50%。而 Alt - A 贷款的一半以上集中在 2005 年发放。金融危机对两类贷款发放都有影响。次级贷款在危机前一年发放比例锐减，至 2007 年只有 9.69%；而 Alt - A 贷款却从 2006 年开始减少，至 2007 年为 11.7%。可见，Alt - A 贷款发放在 2008 年前两年就已经受到影响。

（五）次级贷款主要用途是提现而 Alt - A 贷款主要为购房

美国超过一半的次级贷款动机是为了提现，占比高达 56.04%；而真正为了购房的次级贷款比例平均只有 32.35%。此外，还有 11.2% 的次级贷款用于其他目的。相对来说，Alt - A 贷款的主要目的是购房，占比达到 43.6%；其次用于提现的占 37.3%；其他用途占比 19.1%。可见，Alt - A 贷款用于购房的比例明显比次级贷款高。

（六）次级贷款的平均当期利率和 LTV 比 Alt - A 贷款高

两类贷款在购房与提现上差异一致。其间次级贷款平均购房当期利率为 7.97%，平均余额为 156492.90 美元，平均 FICO 和 LTV 分别为 628.88 倍和 93.80 倍；平均提现当期利率为 7.90%、平均余额为 156530.09 美元、平

均 FICO 和 LTV 依次为 605. 85 倍和 80. 14 倍。Alt – A 贷款的结构特征也类似。其购房平均当期利率为 6. 38%，与提现平均当期利率 6. 396% 相当；购房平均当期贷款余额为 211691 美元，比提现平均当期余额 232854 美元低；而购房平均 FICO 为 713、平均 LTV 为 90. 76 均相应地比提现平均 FICO 693、平均 LTV7 6. 63 高。但必须指出，次级贷款的当期利率和 LTV 比 Alt – A 贷款高。

（七）次级贷款中浮动利率贷款超过一半而 Alt – A 贷款则仅占 1/3

次级贷款中，浮动利率贷款占比超过半数，高达 58. 31%，而 Alt – A 贷款中浮动利率贷款仅占 35. 2%。而且，前者浮动利率高于参考利率的利差较大，其间次贷平均当期利率为 8. 03%、平均初始利率为 8. 20%，浮动利差平均达到 6. 04 个百分点。后者浮动利差相对较小。整个 Alt – A 贷款市场平均初始利率为 5. 16%，平均当期利率为 5. 76%，浮动贷款利差平均为 2. 993 个百分点，均只有次贷一半。

（八）次级贷款的贷款价值比 Alt – A 贷款略高

整个次级贷款市场的 LTV 的均值为 84. 42%、中位数为 86. 52%。而 Alt – A 的 LTV 均值为 83. 43%、中位数为 85. 35%，与次贷相当；但具有高 LTV 比率的 Alt – A 放款数目为 15441 笔，比次贷少 13698 笔。

（九）次级的信用评分偏低而 Alt – A 信用则相对比较高

各州次级贷款的平均信用分值为 614. 88 分，而且低于 600 分的客户占比高达 41. 0%，高于 660 分的占比只有 19. 02%。大部分住房贷款不是处在信用不低于 620 分的高 LTV 就是处在低 LTV 且信用不高于 620 分的高风险状态。而 Alt – A 的平均信用评分为 703 分，比次级平均信用高出近 90 分。其中，信用低于 600 分的占比只有 2. 0%，而信用高于 660 分的 Alt – A 占比高达 78. 3%。这与次级的信用结构形成巨大反差。

（十）次级守信程度低而 Alt – A 守信度高

美国次级贷款有 27. 35% 是没有或提交文件少就获得贷款的人。放款时有二次抵押贷款的数目有 17120. 11 笔，占全部次级贷款的 18. 7%。还款时在过去 12 个月至少一次还款逾期的占比高达 62. 12%。而 Alt – A 贷款中没有或提供的文件少的客户占比高达 62. 7%，是同期次级贷款的两倍；而还款时在过去 12 个月至少一次还款逾期比例为 31%，只有同期次级贷款的一半。可见，信用度高者守信程度也高，即使没有文件约束。

（十一）次级贷款的违约率高而 Alt - A 贷款违约率低

次级贷款中，还款正常的比例只有 54.77%，相当大比例的贷款已经发生逾期违约。从平均值看，逾期 30 ~ 59 天的贷款占比 10.16%；逾期 60 ~ 89 天的贷款占比 5.41%；逾期超过 90 天但没有出现止赎或 REO 的贷款占比 14.64%；三者累计占比超过 30%。

相对来说，Alt - A 贷款违约率比次级贷款低很多，只有 22.1%。其还款正常率为 77.9%，比次级贷款的平均水平高 23.2 个百分点。在 22.1% 的违约 Alt - A 贷款中，逾期 30 ~ 59 天的有 5.1 个百分点，逾期 60 ~ 89 天的有 2.4 个百分点，逾期超过 90 天但没有出现止赎或 REO 的有 6.3 个百分点。

（十二）银行对次级贷款的止赎率比对 Alt - A 贷款止赎高

美国各州平均每 1000 个住房单位有 1.625 笔次级贷款被银行止赎，有 0.6823 笔贷款被银行 REO。两项累计占总次级贷款 15%；其中，前者占比 10.85% 而后者占比 4.24%。

而 Alt - A 贷款的止赎比例为 6.1%，REO 的百分率为 2.2%，两者累计占比达到 8.8%，比同期次级贷款的 15.1% 低 6.3 个百分点。具体而言，每千个住房单位中 Alt - A 贷款的止赎数有 0.620 笔、REO 数量为 0.223 笔。

二、州际差异比较

除了上述差异外，次级贷款和 Alt - A 贷款在美国境内各州表现也不尽相同。危机期间，美国境内次级贷款市场是高度统一融合的，不仅利率无显著差异，而且各州次级贷款的发放规模和风险资产结构比例都与总住房单位比完全吻合。相对来说，美国境内 Alt - A 贷款市场却不然，表现出一定的区域差异，这种差异突出表现在各州 Alt - A 贷款利率的显著差异上，尽管各州 Alt - A 贷款规模也显示出与次级贷款类似的特征。原因可能是因为次级贷款得到美国政府的担保而 Alt - A 贷款是纯商业贷款。

（一）美国境内次级贷款市场是高度统一融合的

各州次级贷款市场的差异集中表现在次级贷款的规模及其相对数量上。如类型 1 州人口规模相对较小，次级贷款的数量及其结构资产规模也相应小。而这种差异正揭示出美国境内各州次级借款人贷款环境的一致性，即类型 1 州是小州，其次级贷款的规模和各种结构的资产规模确实比类型2州小；而这个数字相对于各州总住房单位数目是一定的。唯一不同的只是类型1州次级贷款的违约率和止赎率比类型2州轻一点。

而那些真正反映市场结构和利率水平的指标则无显著差异。这表明美国境内各州次级贷款市场是高度统一融合的。

1. 各州次级贷款价格高度一致

类型1州次级贷款的平均利率为7.92%、平均期限为50.2个月，与类型2州的7.78%和48.8个月高度一致。类型1州贷款价值比（LTV）的均值为84.9%、中位数为87%，与类型2州的均值84%和中位数86.4%也无显著差异。可见美国境内次级住房抵押贷款市场是高度统一的。

2. 各州自住房与非自住房的次级贷款比完全一致

类型1州这一比例为0.91∶0.09，类型2州该比例为0.913∶0.087，两者之间无显著差异。

3. 各州次级贷款的动机与结构用途完全相同

次级贷款通常有三个方面用途，即用于购房、再融资过程中提现和其他用途。类型1州这三者之比为0.325∶0.571∶0.105，类型2州三者比为0.330∶0.574∶0.096，它们的结构完全一致，都是以再融资过程中提现为主要目的。原因可能与美国境内各州不仅购房的平均当期利率、平均LTV和平均FICO完全一致而且提现的平均当期利率、平均FICO也完全一致有关。

4. 各州次级的信用结构无显著差异

类型1州次级平均信用评分为614.1分，类型2州同类平均信用分值为616.6；前者信用低于600分与高于600分的之比为0.416∶0.584，后者这一比例为0.395∶0.605，它们均无显著差异。

5. 各州次级贷款的违约结构和风险结构均无差异

类型1州次级贷款在过去12个月至少一次还款逾期的占比为62.3%，与类型2州的64.5%无显著差异。在实际发生逾期的三个阶段中，类型1州逾期30～59天、60～89天、90天以上（但没有出现止赎或REO）三者比例为0.103∶0.055∶0.148，类型2州三者比为0.098∶0.053∶0.159，彼此也是完全对应一致。最后，两类州REO百分比和每千个住房单位的REO数目都无差异。类型1州平均每千个住房单位有0.680笔逾期贷款被银行REO，REO百分比为4.3%，与类型2州的0.897笔和4.9%均差异不显著。

市场风险结构包括贷款的年限结构、品种结构和风险资产结构等。从年限结构看，类型1州2007年、2006年、2005年及其前发放的次级贷款结构与类型2州无显著差异，前者结构比为0.097∶0.277∶0.665，后者比例为0.095∶0.286∶0.657，均显示出危机前次级贷款锐减的趋势。

从品种结构看，类型1州浮动利率贷款与固定利率贷款比为0.588∶0.412，与类型2州0.594∶0.406完全一致。两类地区不仅平均当期利率大小相当而且浮动利率高于参考利率的利差也无显著差异。从风险结构看，类型1州高LTV且信用低于620分与低LTV且信用不低于620分的次级贷款比为0.147∶0.238，与类型2州的0.127∶0.255高度一致，而且在未来12个月、12～23个月、24个月以后三个阶段重设的次级贷款比上，两类地区也无差异。可见，美国各州次级贷款规模总量可能不同，但是风险资产的结构比例完全相同。

（二）美国境内各州Alt－A贷款是有差异的

这种差异不是因为其规模大小不同，而是突出表现在它们的利率水平、信用分值和违约程度、银行止赎等方面。与次级贷款相似，这里Alt－A贷款规模上的差异与各州总住房单位差异高度吻合，说明了美国境内各州住房抵押贷款的环境基本一致。

1. 类型1州Alt－A贷款的自住房比例只有类型2州的77.1%

类型1州Alt－A贷款不仅总规模而且各结构资产规模都大约是类型2州的2%，这一数字与它们的总住房单位比也温和。但是，类型1州自住房与非自住房Alt－A贷款比为0.678∶0.322，而类型2州该类贷款比为0.723∶0.277，两类州同。类型1州Alt－A贷款的自住房比例仅相当于类型2州的77.1%。

2. 类型1州Alt－A贷款不仅总利率水平而且各结构利率均比类型2州高

类型1州Alt－A贷款平均利率为6.332%，而类型2州该类贷款平均利率为6.007%，前者比后者高0.325个百分点。其他结构利率，无论初始利率还是当期利率，无论是购房利率还是提现利率，基准浮动贷款利率关系也是如此。

3. 类型1州Alt－A信用比类型2州低

类型1州Alt－A平均信用702分而类型2州704分。不仅如此，前者高LTV且信用低于620分的贷款占比1.1%比类型2州0.6%高，而低LTV且信用不低于620分的占比61.5%比类型2州69%低。

4. 类型1州Alt－A贷款违约率低于类型2州

类型1州Alt－A贷款偿还正常率为77.9%，比类型2州70.5%高出7个百分点。不仅如此，类型1州在过去12个月至少一次还款逾期比例为31%比类型2州38%也少7个百分点。

5. 类型1州Alt－A贷款止赎率比类型2州轻

类型1州银行对Alt－A贷款的止赎比例为6.1%，而类型2州银行对该类贷款的止赎率为9.4%。类型1州银行对Alt－A贷款REO比率为2.2%，而类型2州REO百分比为3%。可见，无论是止赎还是REO，类型2州的百分比都比类型1州高。

综合州际差异检验结果，我们发现原来美国境内各州之间贷款规模差异不是实质性差异。无论是次贷还是Alt－A贷款，它们与各州总住房单位的高度一致，恰恰说明了美国境内各地的贷款环境一样。次级信用低、Alt－A信用高，但是无论哪一类贷款似乎在州小的地方（如类型1）实际守信度高些。其违约率和银行止赎率都低一些。尤其是高度商业化的Alt－A，在类型1州信用评分没有类型2州高，可实际守信度比较高。这应该引起重视。

三、危机期间变化比较

危机期间，美国境内次级贷款与Alt－A贷款规模均变化不大。无论次贷还是Alt－A贷款余额变化也不显著，但是它们平均利率持续下降、平均贷款期限延长。无论次级贷款还是Alt－A贷款，其购房动机整体在下降，它们的违约率和银行止赎率都在继续加重。

当然，次级贷款的特殊性也有突出表现：次级贷款由于自住房贷款比率上升因而单位自住房的贷款笔数出现下降；次级贷款用于提现的动机显著上升；次级贷款中浮动利率贷款比例下降。而Alt－A贷款在这些方面均无显著变化。此外，Alt－A信用评分显著下降而次贷者无此变化，可能是因为次贷本身信用不高且得到政府重点救助。

（一）次级贷款与Alt－A贷款规模变化不大，但前者自住房贷款比率上升

危机期间，美国境内的次级贷款与Alt－A贷款的总规模变化不显著，仅略微减少。但它们的自住房与非自住房贷款比例却出现分化，前者自住房与非

自住房贷款比例发生显著变化而后者却变化不显著，次级贷款自住房贷款占比由2008年的90.21%上升至2009年的90.64%，再升至2010年的91.16%；非自住房占比由9.79%下降到9.36%再到8.86%。可见，危机期间美国次级贷款的自住房比率上升，而Alt－A贷款则未变。

（二）无论次贷还是Alt－A贷款余额变化不显著，但平均利率下降、贷款期限延长

次级贷款的平均利率由2008年的8.46%下降到2009年的8.09%后再降到2010年的7.36%；平均贷款期限则由40个月延长至48.9个月后再延长到60.2个月。

各州Alt－A贷款的平均利率由2008年的6.68%下降到2009年的6.38%后继续下降到2010年的6.05%；平均贷款期限由2008年的34.16个月延长至2009年的43.57个月，再延长至2010年的55.004个月。

（三）次级贷款和Alt－A贷款购房用途整体下降，但仅次级贷款提现动机显著上升

危机期间，美国无论次级贷款还是Alt－A贷款的用途均发生变化。它们用于购房的贷款比例都显著下降，前者由2008年的33.80%下降到2009年的32.67%，再下降至2010年的31.14%；后者用于购房的贷款比由44.5%下降到43.8%再降至42.9%。但是，其间仅次级贷款提现动机显著上升，由54.52%上升至57.73%。

（四）次级贷款中浮动利率贷款比例下降，而Alt－A贷款中该贷款变化不显著

次级贷款中浮动利率贷款占比由2008年的59.8%下降到2009年的58.32%后继续降到2010年的57.29%。但是，无论是次贷还是Alt－A贷款，它们浮动利差均没有发生显著变化。

（五）次贷信用风险不变，而Alt－A信用显著下降

危机期间，美国次级贷款信用风险未出现变化，不仅信用评分而且信用结构均变化不显著。而Alt－A平均分值由703分显著下降到702分，而且信用高于660分的比例由2008年的78.6%下降到2009年的78.4%，再降至2010年的78.0%。

（六）无论次级贷款还是 Alt－A 贷款，违约率都逐渐上升

危机期间美国次级贷款还款正常的比例由 2008 年的 59.94% 减到 2009 年的 53.84%，再下降到 2010 年的 52.14%。Alt－A 贷款偿还正常率由 2008 年的 84.8% 下降到 2009 年的 77.7% 后再下降到 2010 年的 73.7%。

（七）无论次级贷款还是 Alt－A 贷款，银行止赎率均显著上升

危机期间，美国商业银行对次级贷款的止赎率由 2008 年的 9.49% 上升到 2009 年的 10.97%、再升至 2010 年的 11.60%。对 Alt－A 贷款的止赎率由 2008 年的 3.6% 升至 2009 年的 6.2%，再上升至 2010 年的 7.7%。

第六章　美国住房抵押贷款违约的影响因素

第一节　理论基础

通过结构化模型来解释住房抵押贷款的行为，根植于消费者行为的经济理论。通过构建行为模型，在最大化效用（和净财富）过程中，理性决定继续支付抵押贷款是否能够最大化其利益。这类研究还包括在抵押贷款支付决策这一更广泛的框架内考察支付模型。此外，在违约概念被引入违约期权定价模型后，学者一直用期权定价方法来分析抵押贷款，期权与房产净额的核心作用构成了违约研究中的主流观点。并且在运用期权理论的同时在消费者选择模型中将交易成本、危机事件和预期等的各种影响因素综合到一起，形成更为复杂的模型。

一、支付模型

最早出现的有关住房抵押贷款违约的理论模型是支付模型，其中应用最为广泛的是选择的最优模型。在住房抵押贷款的每个付款期，有四种选择：（1）根据合同约定支付款项；（2）延迟付款（拖欠）；（3）停止付款（违约）；（4）通过再融资或出售该房产提前还款。假定在给定条件下，评估从四种选择中获得的效用，并就效用最大化的结果进行选择。该类模型的一个核心是要同时对抵押贷款如何支付做出决定。

（一）最优违约模型的基本形式

假设最大化其效用函数。效用函数决定于相互排斥的定性选择向量 S 与外生状态变量向量 X。效用最大化函数表示为另一个状态变量的概率函数，即

$P(s_i \mid X) = f_i(X)$，在该函数中，S 中所有 n 个元素对应于给定 X 的概率总和即为总体的概率（Campbell 和 Dietrich，1983）。这些概率可以通过随机效用模型的 McFadden（1973）变形得到（例如 Campbell 和 Dietrich，1983；Zorn 和 Lea，1989）。可以在继续支付、延期支付、违约或提前支付中进行选择，在多变量 logit 估计中，抵押贷款的违约决定是其中的一种选择（Zorn 和 Lea，1989；Cunningham 和 Capone，1990）。如果违约能够使税后真实财富最大化，他们会选择违约。假设选择违约，其支付函数可以表示为（Vanden 和 Thibodeau，1985）：

$$W_D = (Y - R - Q_r)(1 + r_i) + W(1 + r_i)$$

若选择继续支付则支付函数可以表示为

$$W_C = (Y - R - Q)(1 + r_0) + (V_T - L_T) + W(1 + r_i)$$

其中，W_D = 违约时的支付函数；

W_C = 继续支付时的支付函数；

Y = 税后实际家庭年收入；

R = 不可自由支配的实际必要开支（除住房外）；

Q_r = 实际必要租金（总租金加公用事业费等）；

r_i = 非住房类投资的预期实际收益率；

W = 当前除住房外的实际财富；

Q = 税后抵押贷款的实际必要支出（加附加税、保险及其他住房拥有的支出）；

r_0 = 借入资金的预期机会成本或贷出资金的预期收益率；

（当 $Y - R - Q \geqslant 0, r_0 = r_i$；或当 $Y - R - Q < 0, r_0 = r_b$）

V_T = 当前住房的预期实际市场价值；

L_T = 当前实际未清抵押贷款余额。

在上述假设中，当 W_D 大于 W_C 时，预期选择违约而不是继续支付。

（二）最优违约模型的发展

Jackson 和 Kasserman（1980）首次检验并证实了在违约决策分析中消费者选择最优模型的适用性。他们构建了两种竞争性假说：基于最优行为模式的净值法与支付能力（现金流）法。在第一种方法中，基于其继续或终止还款的财务费用和回报的理性比较来决定是否违约。如果考虑一切收益和费用后住房净值为负，将选择违约。在第二个方法中，如果收入现金流变得在没有过度财务负担的情况下不足以支付定期还款，他们会违约。Jackson 和 Kasserman 假设贷款价值比和抵押贷款利息在这两种情况下与违约都是正相关的，然而只有在净值法下，抵押贷款期限才与违约存在正相关关系。他们运用 1736 笔 FHA 203（b）贷款的事前数据对模型进行检验。与支付能力模型相比，他们的发现更加支持违约的净值最大化模型。

在消费者选择的多期模型中，Campbell 和 Dietrich（1983）扩展了 Jackson 和 Kasserman 有关净值在违约决定中起重要作用的观点。初始与现时贷款价值比对违约决定产生显著的正向影响，为住房净值水平在做出违约决策时起重要作用提供了证据。收入可变性（用地区失业率代替）这一有关的因素对违约有显著的正向影响。Campbell 和 Dietrich（1983）模型中的初始抵押贷款支付收入比几乎没有变化。他们将缺乏变化归因于贷款机构在贷款发放时即仔细审查这一比例，拒绝发放该比例超过某一临界值的贷款。此外，运用总量收入指数的事前数据估计同期或事后信息也可能导致了这一比例在一定时间内缺乏变化。与之前研究一致，Campbell 和 Dietrich（1983）的结论是新房贷款比存量房贷款的风险更高。同样地，房屋抵押贷款的年限与违约的关系是非线性的。然而他们认为阐述抵押贷款年限的直接影响应该谨慎。由于数据限制妨碍了贷款时限的独立影响，因此违约的潜在因素难以精确衡量。

二、违约期权模型

20 世纪 80 年代中期，违约决定的概念被引入期权定价模型。此后，学者一直用期权定价方法来分析住房抵押贷款。

期权是一种在某些经济情况下被执行而在另一些情况下不执行的或有索取权。就住房抵押贷款而言，最主要的两个不确定性来自未来利率水平和抵押财产的未来价值。当然，未来收入水平和整体财务状况等因素也较为重要。如果忽略后者，违约可视为看跌期权，在每个付款期之始向贷款人以抵押贷款价值出售房子（Foster 和 Van Order，1984）。同样地，提前还款可以看作看涨期权，允许为抵押贷款工具而转换一笔资金。在评估是否行使期权时，考虑抵押贷款和住房的市场价值，它们可以粗略衡量看跌期权的“价值”（In the money）（Quigley 和 Van Order，1991）。从这个角度看，违约被看成纯粹的金融问题，收入和就业状况等特征并不重要。

Foster 和 Van Order（1984）是第一个将期权理论正式运用于住房抵押贷款违约领域，大大拓展了 Campbell 和 Dietrich（1983）的研究。运用 FHA 203（b）从 1960—1978 年的违约率数据，Foster 和 Van Order（1984）估计了贷款价值比并使用这一信息构建了一系列用以表征样本期内具有负净值的贷款百分比的变量。这些净值变量以当期和滞后期的形式出现在回归模型中。总体而言，期权违约模型效果出奇地好，仅净值变量就能解释 90% 的方差。

标准的固定利率抵押贷款可以视作一种纯粹年金或不可赎回债券，包括由贷款机构开具并由持有的两份嵌入式期权：一份是提前还款期权；另一份是违约期权，这两种情况都会终止合同约定的现金流。如果提前还款，总贷款余额被归还给贷款机构，而违约发生时，可能并且通常会有一些本金损失，损失数额以损失严重程度的百分比的形式表示。根据这一方法，提前还款可以看成一个看涨期权，允许偿还抵押贷款在当时的贷款余额；而违约可看成是看跌期权，允许通过将抵押资产的所有权转移给贷款机构的方式来终止债务。

从概念上说，如果对两个嵌入式期权进行估值，那么抵押贷款的价值就是没有期权工具与两份期权共同价值之差。

在固定利率抵押贷款估值的一般模型中，Kau、Keenan、Muller 和 Epperson（1992）的研究被广泛引用，他们认为违约和提前还款存在竞争风险。Kau 等研究了现如今变成标准的双因素理论估值方法，该方法同时允许利率和房价具有不确定性，同时假设期权执行是最优的且没有交易费用。抵押贷款减去嵌入式看涨和看跌期权价值后的价值满足没有闭合解的偏微分方程。但是在制定边界条件并采用有限差分法和数值计算方法的情况下是可以求解的。在 Kau 等的研究发现中，他们注意到除非初始贷款价值比或者房价波动非常大，否则违约风险对于抵押贷款价值的影响小于提前还款对抵押贷款价值的影响。该结论不仅意味着看涨期权的价值远大于看跌期权的价值，而且有助于理解为什么研究焦点在提前还款而不是违约。

这类模型包括两个随机过程：市场利率 $r(t)$ 和房价 $H(t)$。抵押贷款价值（V）取决于这两个因素。著名的 Cox Ingersoll Ross（CIR）利率过程可以表示为

$$d(r) = \gamma(\Theta - r)dt + \sigma_r \sqrt{r} dz_r$$

式中 Θ 为稳态平均利率，γ 为调整速度，σ_r 为利率波动。抵押贷款价值还取决于房价 $H(t)$，可以用类似的扩散过程来描述：

$$\frac{\mathrm{d}H}{H} = (\alpha - s)dt + \sigma_H dz_H$$

式中的 α 为住房瞬时总收益，s 为服务，σ_H 为住房收益波动。这里的 dz_r 和 dz_H 是标准 Wiener 过程。

Kau、Keenan、Muller 和 Epperson（1992）认为，在完美资本市场假设中，抵押贷款价值（V）满足以下偏微分方程（PDE）：

$$\frac{1}{2}H^2\sigma_H^2\frac{\partial^2 V}{\partial H^2} + \rho H\sqrt{r}\sigma_H\sigma_r\frac{\partial^2 V}{\partial H\partial r} + \frac{1}{2}r\sigma_r^2\frac{\partial^2 V}{\partial r^2}$$

$$+ \gamma(\vartheta - r)\frac{\partial V}{\partial r} + (r - s)H\frac{\partial V}{\partial H} + \frac{\partial V}{\partial t} - rV = 0$$

式中的两个运动状态变量（dz_r 和 dz_H）的相关系数为 ρ。

通过设定边界条件，可以导出抵押贷款价值（V）。对于经济参数的变化对提前还款和违约价值以及抵押贷款价值的影响，数值结果可以提供静态比较。这类模型需要假设对两份期权进行理性行权。特别是假设当抵押财产的价值降到贷款价值以下时会立刻违约。同样，它还假设当抵押品价值升到高于贷款面值时会立刻提前还款。

Kau 和 Kim（1993）对这种方法进行了扩展，研究在没有交易费用和非财务动机下提前还款的时间选择。与 Kau、Keenan、Muller 和 Epperson（1992）一样，他们通过数值计算的方法解偏微分方程，推导出提前还款的预期时间表达式。Kau、Keenan 和 Kim（1994）采用了类似方法研究违约概率，从而推导出取决于房价波动水平、初始贷款价值比、息票利率和利率环境。违约概率主要取决于初始贷款价值比和房价波动。例如，一份息票利率为 9%，初始贷款价值比为 80%、房价波动为 10% 的 30 年期固定利率抵押贷款的累计违约概率小于 2%，但是若初始贷款价值比为 95%，那么累计违约概率将超过 10%。违约风险主要取决于初始贷款价值比这一结论与早期研究文献是一致的（Dickinson 和 Heuson，1994）。

Hilliard、Kau 和 Slawson（1998）将二元二项式期权定价技术应用于固定利率抵押贷款合同中的违约期权和提前还款期权的估价。这项技术比 Kau、Keenan、Muller 和 Epperson（1992）采用的有限差分法简单，但得出相似的结果，违约或提前还款的联合期权在2%之内。类似地，提前还款期权的价值比违约期权的价值要大一个数量级。

三、基于期权理论的最优违约模型

运用期权理论，在消费者选择模型中考虑交易成本、危机事件和预期等的影响。

Vandell 和 Thibodeau（1985）讨论了交易成本和危机事件的问题。他们对 Campbell 和 Dietrich's（1983）以及 Foster 和 Van Order's（1984）的消费者选择模型进行了扩展，运用期权模型，在模型中加入影响房产价值的当地市场条件因素：危机事件和交易成本。不同于以往学者，Vandell 和 Thibodeau 考虑贷款市场价值而非账面价值的重要性，并用个人贷款历史数据进行分析。他们还分析了用后向适应性加权指数计算出的预期房价在违约决定中的作用（Simons，1990）。

Vandell 和 Thibodeau（1985）运用经济学理论，正式构建了包括预期在内的消费者选择的两期最大化模型。在每个付款期，假定在五种结果中选择一种：贷款违约、贷款拖欠、通过再融资预付资金、通过住房售出偿付或按照合同还款。在期末选择税后实际财富最大化的结果。例如，如果违约能使期末的税后实际财富更多，将选择违约而不是继续付款。

Vandell 和 Thibodeau（1985）提出选择拖欠贷款时的支付函数如下：

$$W_{Del} = (Y - R)(1 + r_i) + (V_T - L_T) + W(1 + r_i) - Q(1 + r_d)$$

其中，W_{Del} = 选择拖欠贷款时的支付函数；

Y = 税后实际家庭年收入；

R = 必要的不可自由支配的实际支出（除住房外）；

r_i = 非住房投资的预期实际收益率；

V_T = 当前住房的预期实际市场价值；

L_T = 当前实际未清抵押贷款余额；

W = 当前除住房外的实际财富；

Q = 税后抵押贷款的实际必要支出（加附加税、保险及其他住房拥有的支出）；

r_d = 包括利息和罚金的拖欠还款的预期实际成本。

Vandell 和 Thibodeau 对理论模型进行了实证检验，对违约决策进行了专门分析。与模型一致，他们发现同期权益净额对违约有显著的正向影响，而抵押贷款的市价与账面价值的差异则显现出显著的负向影响。

然而，与收入来源变量相比，这两个变量对违约的作用更小。Vandell 和 Thibodeau（1985）发现初始贷款价值比从 75% 上升到 95%，对违约风险影响的程度只有个体经营对违约影响的 1/14。基于这些结果，Vandell 和 Thibodeau 对不同情境下的违约率进行了模拟。在正常情况下，他们估计，预期负净值在贷款发放后的 5 年为 10% 时，违约概率仅有 1.75%。与期权违约模型论点相反，非净值因素似乎在违约决定中发挥重要作用。

第二节 相关实证研究

有关住房抵押贷款的违约研究始于 20 世纪 60 年代。相对较为正式的实证研究都尝试识别抵押贷款和在贷款期间与抵押贷款违约高度相关所表现出来的特征。Jung（1962）、Page（1964）和 von Furstenberg（1969）以及其他一些学者所评估的抵押贷款风险与抵押贷款特征间的关系，包括贷款价值比、利率及贷款年限等特征。后来的研究拓展了抵押贷款风险的分析，包括所有权的一系列特点（von Furstenberg，1969；Herzog 和 Earley，1970；Sandor 和 Sosin，1975；von Furstenberg，1969 以及 Green，1974）。Vandell（1978）、Webb（1982）、Zorn 和 Lea（1989）和 Cunningham、Capone（1980）等还将违约分析扩展应用于其他类型的抵押贷款。此外，大量文献将期权理论运用于违约行为的研究，认为净值在违约决定中起主导作用。鉴于现实中的违约水平比纯违约期权理论的预测值要低，不少学者对纯违约期权理论进行了拓展，将交易成本、迁移、追索权、声誉等因素引入期权模型。

一、贷款特征的影响

住房抵押贷款的风险源与贷款特征有一定的关系。贷款特征包括利率、贷款种类、贷款期限、贷款金额、首付要求等。

以贷款特征为代表的违约期望，被视为高风险抵押贷款所收取的利率溢价。这些研究的基本前提是，向收取的利率反映了贷款机构对抵押贷款风险的期望，且由于违约风险随贷款与房产价值比的上升而增加，利率在放款时与贷款价值比呈正相关。

Page（1964）为这一基本前提以及关于利率与其他融资条件也各不相同的争论提供了实证支持。贷款价值比与抵押贷款利率呈负相关的发现可能表明只有收入更稳定、更高的才可以购买高价值住房，也因此被贷款机构看成是低风险客户（Sandor 和 Sosin，1975）。这些早期研究开始于 20 世纪 60 年代末一直到 20 世纪 70 年代早期，抵押贷款风险也即抵押贷款的利率溢价被视为贷款的一个专有特征。在这些研究中，理性地被假定为要对违约这个选择进行再三权衡，因为他们要承担信用评级降低的后果以及因违约而获得的“不道德”的烙印（von Furstenberg，1969）。

研究还关注了不同类型贷款合同的违约状况。Philips、Rosenblatt 和 Vanderhoff（1996）利用从 1986—1992 年的个人抵押贷款，用多项 logit 方法估计违约概率。15 年期的和 30 年期的固定利率抵押贷款以及可调整利率抵押贷款的结果不同。同大多数其他实证研究一样，他们发现可调整利率抵押贷款的违约率较低；不同的是，他们发现可调整利率抵押贷款的提前还款率较高。可调整利率抵押贷款通常被认为有更高的违约风险，因为如果利率上升将面临还款冲击。当然，如果贷款机构认识到这个事实，在承销可调整利率抵押贷款时更为谨慎，就不会出现违约率上的差异了。Capone、Cunningham 和 Capone（1990）对美国可选择的抵押贷款工具进行了研究。他们用 ARM 和 FRM 样本分析了抵押贷款违约。该研究在以前研究的基础上进行了扩展。均值模拟分析表明，ARMs 对变量变化更为敏感，通常比 FRMs 有更高的违约风险。Vandell（1978）模拟了抵押贷款工具在不同情境下的违约风险。正常情况下，如 20% 的首付、房产升值以及房产坐落在稳定社区，不同类型贷款的表现大致相同。在更差情况下，例如低首付或房产没有升值，包括固定利率抵押贷款在内的所有抵押贷款风险都会上升。然而，对于价格水平可调整的抵押贷款（PLAM）以及累进付款抵押贷款（GPM），风险增加得尤为严重。与 Vandell（1978）采用模拟不同，Zorn 和 Lea（1989）利用加拿大的个人滚动抵押贷款（一种可调整利率的抵押贷款）数据，对抵押贷款行为模型进行估计。他们通过多项 logit 估计证实以前研究的隐含假设：ARM 和 FRM 的违约行为具有类似动机。鉴于净值和抵押贷款利率在违约决策上的重要性，Zorn 和 Lea 推测美国 ARMs 的违约风险比 FRMs 要高，这是因为与抵押资产相关的资本所得可能低于经常调整的 ARMs，并且 ARMs 在设计上具有更高的真实抵押贷款利率的潜力。

这些早期研究还提供了住房抵押资产净值对实际违约行为产生重要影响的证据。Vandell（1978）认为同期净值即同期贷款账面价值与同期住房价值的比率对违约决定产生重要影响。von Furstenberg（1969，1970a，1970b）分析 FHA 和 VA 抵押贷款样本的整体数据后，发现住房权益净值在贷款发放之时是违约风险最重要的预测因素。例如，当贷款价值比从 90% 增至 97% 时，新房贷款的违约率将增加 7 倍。

其他贷款特征也是影响住房抵押贷款风险的重要因素。贷款期限越长，贷款风险越大，但在贷款年龄从贷款发放 3 年或 4 年之后，贷款风险逐渐降低[von Furstenberg（1969）1969 年]。最后，中级的（Secondary or Junior）融资的存在也是拖欠贷款（Herzog 和 Earley，1970）的重要决定因素。

Deng、Quigley 和 Van Order（1996）描述了零首付抵押贷款的违约可能性，零首付是为了提升住房拥有率水平的一种政策措施。Deng、Quigley 和 Van Order提出一个竞争性风险模型，用半参数方法和房地美从 1976—1983 年发放并一直追踪到 1992 年的贷款大数据集进行估计。他们认为在额外违约风险没有被充分定价的情况下，零首付抵押贷款的成本将高达总贷款的 10%。

二、相关因素的影响

与贷款特征相比，相关因素对违约的影响并没有获得明确结论。例如，尽管违约率随着收入下降而迅速上升，但也可能显示为贷款价值比随着收入下降而上升（通常情况下，低收入家庭可以负担的只有极少首付款）。因此，当 von Furstenberg（1969）发现家庭收入对违约有很大影响时，他认为该影响实际包含贷款价值比对违约的影响。

Vandell（1978）认为相关因素特别是就业、死亡和离婚等事件对违约产生重要影响。

在对抵押贷款拖欠的分析中，Herzog 和 Earley（1970）检验了与其相关的其他因素的影响，发现无论是年龄、婚姻状况，还是需抚养家庭成员的人数对拖欠或违约都没有影响。此外，Morton（1975）和 Sandor 和 Sosin（1975）证实了抵押贷款还款收入比在发放贷款的初始并不显著。这一事实可归因于贷款实践，即贷款机构在发放贷款时会小心地关注这一比率，一旦超过某一个临界值将拒绝贷款（Herzog 和 Earley，1970）。

与以往研究中考虑的连续变量形成对比，Williams、Beranek 和 Kenkel（1974）将还款收入比信息以分类形式列入其对违约决定的分析中。在此形式下，初始的还款收入比高于30%的都明显地比其他更容易违约。

与其他相关因素不同，家庭收入变化对抵押贷款违约和拖欠的影响是相同的。在对抵押贷款拖欠的分析中，Herzog 和 Earley（1970）检验了收入可变性对问题贷款的影响，他用职业作为收入可变性的代理变量。在贷款发放初始时从事收入变动较大职业时，比其他更有可能拖欠贷款。例如，个体经营者和销售员，其收入变动非常大（Webb，1982），比收入较少变动的专业人士和管理人员更有可能拖欠贷款。

对于信用评分在预测抵押贷款表现方面，Avery、Bostic、Calem 和 Canner（1996）描述了信用评分对后续贷款表现预测的程度。Avery、Bostic、Calem 和 Canner（2000）分析了信用报告，指出报告中的遗漏、不一致和地区差异。

理解与相关因素效应对理论发展也很重要。长期以来，人们一直以为欲望或需要迁移可能会导致违约（von Furstenberg，1969；von Furstenberg 和 Green，1974；Giliberto 和 Houston，1989；Waterhouse，1990），但没有进行检验。需要分析因素如危机事件等事后信息是否确实是违约决定事物驱动力，分析迁移决定如何与住房净值状况相联系，有助于探讨迁移与违约决定之间的关系（Giliberto 和 Houston，1989）。

三、住房特征的影响

除了贷款特征、相关因素外，当地房地产市场与不动产状况对违约风险也存在影响。住房在郊区的贷款比在城市中心位置的贷款的违约风险低（von Furstenberg，1969；Green，1974）。失业率高的地区可能有更高的贷款违约率（Williams、Beranek 和 Kenkel，1974）。最后，不动产和社区的良好状况与抵押贷款利率溢价呈负相关（Sandor 和 Sosin，1975）。

四、预期损失、资本要求与违约率

从贷款机构和投资者的角度看，仅研究违约率是不够的，因为违约率并不足以衡量住房抵押贷款风险。例如，如果目的是确定贷款违约保险费率，估计政府补贴计划违约费用或者制定抵押贷款类别的利率溢价，违约率就不是适当的衡量指标（Evans，Maris 和 Weinstein，1985）。这是因为贷款违约损失会随着贷款的不同而有所变化，而违约率无法反映这一事实。因此，预期抵押贷款损失的度量是比违约率更好的抵押贷款风险指标。

Evans、Maris 和 Weinstein（1985）分析了抵押贷款损失和违约率的决定因素，发现初始贷款价值比高，违约率更高，预期损失更大。与之形成对比，贷款额对违约率没有影响，但对预期亏损存在显著的负向影响。类似地，虽然向非洲裔美国人发放贷款的这两项指标要比向其他贷款的风险更大，但对预期损失影响的差异比违约率小。非洲裔美国人的借款比其他的违约率高 7.47%，但他们之间预期损失的差异只有 2.35%。从机制角度来看，这些结果表明预期损失可能比违约率更好地衡量了违约风险，因为预期损失为估计抵押贷款保险费率、抵押贷款的利率溢价和政府补贴计划潜在的违约成本奠定了更加准确的估计基础。

在评估贷款机构和保险机构的资本要求时，需要对住房抵押贷款预期损失和风险进行估计。FHA 共同抵押贷款保险基金在 20 世纪 80 年代后期消耗严重，促使该基金进行了精算分析，由 Price Waterhouse（1990）担当。鉴于违约贷款要向储备基金索赔，Price Waterhouse 开发出经济模型，通过分析 FHA 贷款违约历史，估计索赔和不索赔贷款终止的概率，用于预测基金未来的索赔状况。

Price Waterhouse 的索赔分析结果与先前的分析是一致的。以贷款价值比衡量的住房净值水平对索赔率有显著影响，但其影响随贷款价值比的不同而发生变化。贷款价值比上升，对净值的负向影响也会上升；贷款价值比高于 90%，索赔会大幅上升；在超过 95% 时，索赔将进一步增加。相反，贷款规模对索赔存在显著的负向影响。也就是说，小额贷款比大额贷款更具风险，这是由于只有高收入可能才有资格获得大额贷款。

因此，贷款特点在衡量资金池亏损风险中起至关重要的作用。在评估估计的有效性时，Price Waterhouse 发现，对发生于 1979—1987 年的 FHA 实际违约理赔数目，96% 能够准确预测。同样地，贷款构成的不同很容易解释 1988—1990 年的索赔预测。1988 年和 1989 年预测的违约索赔数量激增来自 FHA 贷款日益趋高的贷款价值比。1990 年的索赔预测下降原因在于模拟使用了较大的贷款额，而按照法律，要求更低的初始贷款价值比。

Quigley 和 Van Order（1991）还考察了放款机构大规模贷款池的损失风险及其资本要求。贷款价值比和地域多元化对风险有显著影响。初始贷款价值比为 81% ~90% 的贷款机构所需资本是比率为 91% ~95% 的贷款机构所需资本的三分之一。类似地，在全国范围内多元化经营的贷款机构只需要地区性贷款机构所需资本的一半。这种差异意味着贷款机构的资本要求需要根据贷款价值比等贷款特征和地域多样化等进行设定。

对于贷款池的违约风险，一种适合的分析方法是比例风险估计方法（Proportional hazard estimation）。该方法是违约文献研究中较为先进的方法。Quigley 和 Van Order（1991）使用比例风险模型估计违约概率。该方法与过去四十年创新发展的统计方法在违约研究中的应用是一致的。以前的应用包括回归分析（von Furstenberg，1969），多元判别分析（Herzog 和 Earley，1970）、逐步判别分析（Morton，1975）、队列分析（von Furstenberg，1969；Green，1974）、Tobit 回归估计（Webb，1982）、Logit 估计（Vandell 和 Thibodeau，1985）和多项式 Logit 估计（Zorn 和 Lea，1989；Cunningham 和 Capone，1990）。

如果我们将风险定义为一次事件（违约），将风险率定义为该事件在开始没有发生（抵押贷款在期初是正常贷款）而在特定的时期会发生的概率，那么风险模型可以用于估计第一年、第二年等的违约概率。风险模型也可以用于分析每年风险率的影响因素，例如住房净值、住房抵押贷款的平价与市价之差。通过统计性估计风险函数，我们可以测算这些因素对违约发生的影响。反过来，这一统计估计结果可用于不同类型的分析，例如可以进行住房抵押贷款定价；对于具有不同贷款价值比的抵押贷款，可以比较哪个违约机会更大（Van Order，1990）。

Van Order（1990）举例说明采用该方法进行抵押贷款定价。他发现，一笔发放于 1980 年的贷款，如果贷款价值比为 80% 或更低，则在第一个 10 年内的违约机会为1.4%。假设贷款价值比为80%的1美元贷款的违约损失大约是25美分，前期费用0.25×1.4%即0.35%（每年收费约8个基点）即可覆盖预期损失。比例风险方法因有助于我们更好地理解现实中的违约实践而获得广泛应用。

五、违约过程中的拖欠决定

相关但不同于违约决定的是决定推迟一期或多期贷款还款安排。根据前述所讨论的支付模型的前提，在抵押贷款每一付款期的另一个支付选择是拖欠。与违约受到广泛关注相比，有关拖欠的研究相当有限。缺乏这方面研究有两个主要原因。首先，违约被认为比拖欠更严重、更昂贵。违约最终可能放弃用抵押贷款购置的住房的所有权，而拖欠贷款的仍有意保有所有权并在未来某一时期继续持续偿还抵押贷款。拖欠显然没有违约那么严重。其次，拖欠决定难以建模。从角度看，拖欠可以认为是现金流问题：由于收入下降或支出意外增加而被迫在拖欠抵押贷款与减少非抵押支出之间做出选择。因此，拖欠不易于在盛行的期权方法框架内进行分析。

鉴于这些困难以及违约被认为是最严重和最昂贵的抵押合同终止这一事实，强调违约是很容易理解的。

然而，拖欠对贷款人也是存在昂贵成本的。拖欠成本包括罚金、更低的信用评级以及做出推迟偿还抵押贷款决定时的情绪困扰。对于贷款机构，长期还款拖欠的贷款可能几乎与变成止赎的贷款一样麻烦和昂贵（Sandor和Sosin，1975）。仅这一事实就意味着非常有必要对拖欠问题进行研究。

此外，并非所有方面的抵押贷款风险都能够通过违约研究充分地得到解决。例如，Webb（1982）认为，拖欠而非违约分析，需要评估不同类型的人口是否存在不同的抵押贷款风险，因为违约的决定因素与住房和贷款特征相关，但与其特征只有边际关系。

尽管如此，拖欠却没有得到足够重视，大多数研究都是假设触发拖欠的因素与违约相同。然而，拖欠需要从银行和贷款人的角度进行不同分析。

（一）贷款机构视角

拖欠的早期研究试图识别贷款机构在贷款发放之时就已知的哪些因素与随后的贷款拖欠有关。与违约研究结果一致，三个贷款因素对拖欠一致产生正向影响：贷款价值比、存在初级融资（Junior Financing）（Herzog 和 Earl，1970；von Furstenberg 和 Green，1974）和抵押贷款年限（von Furstenberg 和 Green，1974）。类似地，相关的两个因素即职业和家庭收入对推迟抵押贷款还款决定有显著影响。由于大多数拖欠贷款最终都被偿还，这些早期研究表明，反映住房净值和支付能力的变量与拖欠的相关性没有违约系统（von Furstenberg 和 Green，1974；Morton 1975）。

（二）视角

与早期研究相比，后来的研究分析了抵押贷款拖欠决定。决定推迟抵押贷款支付是在面临收入下降时被迫在拖欠与减少非抵押支出之间做出选择的结果。对另类抵押贷款工具（AMIs）的潜在拖欠研究中，Webb（1982）运用的是密歇根大学调查研究中心的收入动态面板数据。Webb（1982）将潜在拖欠定义为增加抵押贷款还款收入比（住房负担）随时间而增加，他发现特征对模拟的潜在拖欠起重要作用。在估算收入和抵押贷款支付的可变性对潜在拖欠的影响时，Webb 发现：不论偿还抵押贷款的条款如何变化，高风险与其他相比更有可能拖欠贷款。潜在拖欠的严重程度和持续时间也与特征有关。但无论特征如何，在支付方面具有最高变化程度的 AMIs 表现出最高的拖欠风险。

尽管有大量的实证研究，拖欠的早期研究缺乏正式理论基础。在违约决定的研究中，Vandell 和 Thibodeau（1985）也在消费者选择的两期最大化模型中考虑了拖欠期权，然而在实证分析中仅考察了违约期权，并没有检验拖欠决定。Harmon（1989）则使用比例风险方法对拖欠决定进行了研究。

与违约研究相比，关于拖欠决定知之甚少。违约文献表明，危机事件（例如 Vandell 和 Thibodeau，1985）、希望或迁移需要（例如 Foster 和 Van Order，1984；Giliberto 和 Houston，1989）可能对违约起到重要作用。鉴于这些事件与贷款特点只有些微相关，而与特征完全相关，在违约决策分析的框架中包含拖欠决策可能更适当。最终，更好地理解拖欠决定可能导致重新评估支付模型及其分析假设，拖欠和违约决策是不同的，它们可能具有序列相关性。在关于抵押贷款拖欠和止赎的研究中，Herzog 和 Earley（1970）估计了条件止赎风险的决定因素，条件止赎风险即由贷款拖欠演化为止赎。他们发现，对条件止赎风险显著的影响类似于对贷款拖欠的影响，只有三个例外。第一，贷款期限与拖欠呈反向相关但与条件风险直接相关。第二，贷款发放时的职业对贷款拖欠有显著影响，而对条件风险的影响不一致且不显著。第三，只有用于再融资目的的贷款呈现出更高的拖欠风险，而用于再融资和新建造目的的贷款都具有更高的条件风险。

六、违约期权理论的预测性

违约期权理论认为抵押品价值一旦低于贷款价值就会产生违约行为，净值在违约决定中起主导作用。Vandell（1995）将此违约定义为“无情”行为，即违约是纯财务行为，不受非经济因素影响。

Kau、Keenan 和 Kim（1991）基于数值模拟来求解违约理论模型表明，交易成本对行使期权几乎没有影响，因此他们的结论是期权行使不受感情因素影响。然而，现实中，当抵押住房的价值降到低于贷款余额时，一些可能并不违约。违约期权的执行明显低于理论预期引起强烈争论。Quigley 和 Van Order（1992）认为“无情”模型的理论前提与观察到的违约行为之间存在差异。

纯期权理论会产生一些问题。首先，所得出的价值与实际观察到的抵押资产的市场价格存在差异。尤其是该理论不能解释为什么抵押贷款或者 MBS 通常以远超过面值的价格销售。Dunn 和 Spatt（2005）描述了 20 世纪 80 年代中期，GNMA 价格在 100～115 范围内、FNMA 价格在 105～110 范围内进行交易。其次，理论违约率（包括提前还款率）与实证结果并不匹配。尤其是期权理论方法预测的违约和提前还款率比实际操作中观察到的要高很多。在 Foster 和 Van Order（1984）的研究中，净值滞后项具有显著性，表明违约期权没有立即行使。Quigley 和 Van Order（1995）利用 1975—1989 年发放的常规商业贷款数据，发现违约期权在负资产处于低水平时不会被立即执行，但违约率和 LTV 之间具有强烈的关联性。例如，在他们的原始数据中，LTV 小于 75% 的贷款违约率为 0.29%，违约率在 LTV 为 81%～85% 时增长到 1.40%，在 91%～95% 时为 4.72%。

对于违约期权没有被“无情”地行使存在各种各样的争议。

理想状态下，无论什么时候，房子价值加上任何行权费用之后都低于抵押贷款价值，行权，并因此违约（Foster 和 Van Order，1984）。但由于违约期权具有内在价值，并且抵押贷款的现值受未来违约选择的影响，因此有些负净值可能不违约，因为他们会丧失以后的违约期权（Epperson 等，1985），这可能会理性地拖延以避免失去在未来执行期权的权力（Kau、Keenan 和 Kim，1994；Kau 和 Kim，1994；Ambrose、Buttimer 和 Capone，1997）。这个因素导致很难衡量看跌期权的价值。

使得此类计算复杂的第二个问题是行使违约期权的成本估算问题。还需要考虑交易成本、搬迁费用及声誉和信用评级价值等成本，这些方面同时也受到违约影响（Quigley 和 Van Order，1991）。例如，可能由于其他非财务动机如房屋出售、离婚导致的家庭解体等一些外生触发事件而终止偿还贷款。由于抵押贷款条款可能对迁移产生影响，因此因果关系可能被颠倒了。

在何种程度上没有行使价内期权一直是许多实证研究的主题。一些学者研究了危机事件、交易成本、迁移会延迟、加速或消解行使违约期权的可能。

Vandell（1995）支持基于事件触发的理论，认为负资产可能是违约的必要条件，但不是充分条件。对于负净资产的，Foster 和 Van Order（1984）认为，离婚或失业等某一事件可能会触发违约。Vandell（1995）提出了贷款机构的具体影响问题，因为贷款机构最终会启动止赎这一对违约的补救措施。在触发事件理论的研究中，Elmer 和 Seelig（1999）认为必须对整体财务状况进行评估来确定违约是不是最佳选择。

对没有行使抵押贷款期权的一个解释是存在异质性。如果对住房的持有期不同，那么不同家庭对预期再融资收益的计算结果将不同。考虑到交易成本，如果偿还期太短，那么以高于市场利率的利率进行再融资可能就没有经济意义了。

交易成本和其他成本对违约决定的影响成为一些研究的主题。例如，Kau、Keenan 和 Kim（1991）提出了违约决定的跨期最优模型，认为违约不是当住房净值低于未付本金的价值或付款的现值，而是当住房价值低于贷款机构抵押贷款价值（的成本）的成本。与 Epperson et al 等（1985）的观点一致，他们认为该值包括现在行使期权的价值与将来终止期权的价值。模拟分析支持了他们的模型。具体地，他们发现住房价值必须大幅下降超过在零净值点之前的抵押贷款终止期权的价值，违约相对而言实际上是理性的。他们得出结论，认为当现实中交易成本在违约决定中发挥的作用很小或没有作用，涉及的金额可能被误认为是交易成本。

Quigley 和 Van Order（1992）不认同此观点，认为交易成本、转移成本、声誉成本和资本约束对住房抵押贷款违约期权的行使比在其他无摩擦金融市场上较少表现出“无情”。针对 Kau、Keenan 和 Kim（1991），Quigley 和 Van Order（1992）承认虽然“无情”行使违约期权的概念与观察到的违约数据一致，但不能解释三个不一致性：（1）各种初始贷款价值比的平均违约率峰值与 Kau、Keenan 和 Kim（1991）的预测更加类似；（2）与理论相反，作为初始贷款价值比函数的损失严重程度显著上升；（3）高与低贷款价值比之间的违约率差异显著低于 Kau、Keenan 和 Kim（1991）的预测。

Foster 和 Van Order（1984）把行使期权的不完美性归因于交易成本的重要性，这在他们的研究中并没有充分论证。后来，Foster 和 Van Order（1985）发现即使在交易成本为零或净值为负时同样不会行使违约期权。

Quigley 和 Van Order（1992）在对 Freddie Mac 贷款数据进行研究后认为，尽管他们承认交易成本本身不能解释差异，但他们仍然声称交易成本，特别是声誉成本，加上随机而非确定的抵押期限确实与观察到的违约行为是一致的。抵押贷款期限变成随机的，是因为迁移的原因是随机，且抵押贷款持有者在迁移时以平价而非市场价值偿还贷款。他们没有就该观点进行实证检验。

Giliberto 和 Houston（1989）在其明确考虑迁移机会的违约理论模型中，进一步考察了危机事件和成本对违约的作用。他们认为，在贷款发放的时候购买住房和抵押贷款是最优的。然而，这些住房抵押贷款随着时间的推移由于生命周期和经济事件而变成次优。生命周期事件包括结婚、离婚、死亡、工作变化或工作地点转移。可能导致住房和抵押贷款变成次优的经济事件包括价值下降，或工作或收入损失、住房成本增加，使得抵押贷款还款负担变得过于沉重。

当住房、抵押贷款或两者同时变成次优时，可能会考虑迁移和违约。Giliberto 和 Houston（1989）认为，存在一个账面净值范围，在此范围内打算迁移的可能违约（但不一定会这样做）。在这个范围内，净值和迁移机会价值之间交互作用而影响违约。迁移机会的影响因素包括与迁移相关的增量收入现值的影响、抵押贷款现值、正常抵押贷款本金余额、市场价值与所有者财产价值之差、再融资和迁移成本。Giliberto 和 Houston 没有对其模型进行检验。

违约会对信用等级造成损害，产生信誉成本（交易成本的一种形式）。Quigley 和 Van Order（1992）的研究表明声誉成本与抵押贷款的随机项可以解释观察到的违约行为，特别是持有不可转让抵押贷款的想要或不得不迁移的行为。但是声誉成本很难量化。追索权是另一个问题，如果抵押债务不是完全无追索权的，那么执行看跌期权可能无法消除债务。此外，违约还有负所得税的影响。破产和抵押贷款违约之间也可能有相互影响。以上这些问题都还没有得到充分研究。

然而，尽管把违约作为一种看跌期权的做法很普遍，但它根本不是一个明确合约期权；相反，违约是违背合同，而非执行合同规定的期权。而止赎即剥夺住房所有权，根本不是可以执行的期权；相反，它是贷款机构在违约的情况下实施的补救措施。此外，如果考虑到将抵押贷款不同业务功能和信用风险再分配到专业机构，违约就不再单纯由最初贷款机构决定了。当一笔贷款被证券化时，就会产生投资者、贷款服务商，并且可能还有信用保险提供商，所有这些角色都对任何违约的最终结果产生影响。

第三节　违约影响因素检验

一、样本及变量

本部分选取 2005—2015 年美国 48 个州（由于数据不全，去除 Nebraska 州和 Oregon 州）的面板数据作为研究样本。

被解释变量：个人住房抵押贷款违约率

分别选取优级个人住房抵押贷款违约率、次级个人住房抵押贷款违约率作为度量美国个人住房贷款违约风险的指标。

解释变量

州人均实际 GDP

州人均实际 GDP 是衡量州经济发展水平和宏观经济周期的经典指标。Salas 和 Suarina（2002）、Jimenez 和 Saurina（2005）的实证分析结果均显示不良贷款率与GDP增长率相关。GDP的快速增长主要归因于经济水平的快速发展和国民收入的提高，借款人还款压力减小，这就导致了不良贷款出现一定程度的下降。

州人均收入

收入作为借款人主要的还款来源，其变动对违约与否有直接关系，收入的减少可能会导致借款人因无法筹集还款而被动违约。

州房价指数

州房价指数采用美国联邦住房金融局的数据。房价指数是用以衡量房地产行业景气程度的指标。此外，为最大化个人收益，房价下降到一定程度也会导致借款人由于用所贷资金购买的住房变为负资产而采取策略性违约。

住房抵押贷款利率

住房抵押贷款利率采用美国政府国民抵押贷款协会住房抵押贷款30年固定利率。该指标衡量的是个人住房贷款价格。为最大化个人收益，借款人可能会在市场利率降低使其用所贷资金购买的住房为“负资产”时采取策略性违约。

州失业率

失业率是宏观经济景气度的重要指标，同时失业也是居民个人收入发生急剧下降的主要因素。经济景气时失业率会相应下降，人均收入提高，借款人偿债能力增强，而对未来的乐观预期也导致借款人履约。

住房空置率

美国联邦统计局定义“空置”为“在住房调查时无人居住（非暂时无人居住）的住房”。与之相对应，“空置率”指某一时点空置房面积占房屋总面积的百分比。此指标衡量了房地产市场相对过剩的程度，反映的是房地产市场的供求信息，被广泛应用于衡量房地产市场的景气度、房地产泡沫和周期性波动的重要指标。按国际惯例，商品房空置率在5%以下意味着需求方难以找到合适房源，属于卖方市场；合理区间为5%～10%，市场较平稳；10%～20%为危险区，20%以上为商品房严重过剩。Blank和Winnick（1953）研究了以空置率偏离自然空置率的程度衡量的超额需求与租金的关系。此后，Maisel（1963）和Fair（1972）也做了类似研究。而Leeuw和Ekanem（1971）质疑了上述文章提出的空置率这种价格调整机制的有效性。故本部分选取住房空置率指标，结合房价指数作为衡量房地产市场景气度的指标，检验其对违约率的影响。

二、违约影响因素分析

优级住房抵押贷款违约率平均值为2.94%，而次级住房抵押贷款违约率为6.65%，比优级贷款高出一倍多；优级贷款的最小值、最大值分别为0.19%、10.31%，而次级贷款分别为0.93%、17.49%，后者远低于前者。优级贷款违约率的标准差低于次级贷款，意味着其波动水平小于次级贷款（见表6.1）。

表6.1　样本描述性统计特征

变量	观察值	均值	标准差	最小值	最大值
优贷违约率（%）	480	2.944	2.135	0.188	10.315
次贷违约率（%）	480	6.645	3.504	0.933	17.490
房价指数（取对数）	480	2.518	0.125	2.266	2.860
GDP（十亿美元，取对数）	480	4.665	0.079	4.491	4.862
人均收入（美元，取对数）	480	4.596	0.071	4.422	4.796
利率（取百分比的对数）	480	0.684	0.090	0.525	0.794
空置率（%）	480	9.242	3.064	2.800	18.700
失业率（取百分比的对数）	480	0.781	0.152	0.362	1.143

（一）优级住房抵押贷款违约率影响因素

对变量进行单位根检验，LLC检验法在1%的水平上拒绝有单位根；同样地，IPS检验法也在1%的水平上拒绝有单位根。Hausman检验的结果表明应接受固定效应假设；同样地，B－P检验，即采用Breusch和Pagan（1980）基于OLS估计的残差所构造的LM统计量，也接受固定效应假设。因此，本部分根据两种检验采用固定效应模型。

优级贷款的回归结果显示，被解释变量一阶滞后项、GDP、失业率和对违约率的影响显著。而空置率、房价指数、人均收入、贷款利率不显著（见表6.2）。

表 6.2 优级住房抵押贷款违约率影响因素

	系数	标准差	t 值	P 值
违约率滞后一期	0.58	0.036	16.17	0.00***
房价	-0.59	1.098	-0.53	0.593
人均收入	-1.89	1.877	-1.01	0.314
GDP	5.31	2.377	2.23	0.026**
空置率	-0.02	0.014	-1.36	0.174
利率	0.32	0.652	0.5	0.62
失业率	2.16	0.271	7.97	0.00***
常数	-15.12	8.297	-1.82	0.069*

注：＊＊＊、＊＊、＊分别表示在1%、5%和10%水平上显著。

被解释变量的一阶滞后项显著为正，表明前一期违约率对当期有显著的正向影响，意味着违约率具有惯性作用。GDP 的回归符号为正，在其他因素不变的情况下，GDP 上升 1% 会导致违约率上升 5% 。这与之前的假设似乎矛盾，原因可能是银行等金融机构的放贷是顺周期的，在经济/房地产市场上行阶段可能扩大信贷、降低房贷利率、降低贷款审核标准、降低损失准备金和资本金，使得信贷增长率超过 GDP 增长率，由供给驱动信贷的扩张并且造成供给相对于有效需求过剩，降低标准和利率则导致了信贷扩张的同时，也增加了金融体系的信用风险。这会使金融体系抗周期的能力大大降低，增大系统性风险，引发经济衰退甚至经济危机。美国 20 世纪 80 年代中后期至 90 年代初爆发的储贷协会危机便是一例。与理论和实践一致，失业率对违约率影响显著为正。失业率的增加可能导致失业的借款人无法按时支付贷款本息。在其他因素不变条件下，失业率上升 1% 可能引起违约率上升 2% 。可见，优级贷款的违约率与宏观经济形势密切相关。

然而，房地产市场景气度对违约率的影响并不显著。原因可能是房价与收入的波动只有在达到一定程度时，如失业或家庭原因引发的收入急剧减少或市场环境恶化导致房价大跌时才会显著引致借款人违约。空置率指标反映的是房地产市场供求的相对情况，是通过供求影响房价和个人住房抵押贷款利率进而影响违约率，因此，尽管一直被当作衡量房地产市场景气度的指标，但对违约率的影响并不显著，影响程度也很小。

（二）次级住房抵押贷款违约率影响因素

次级住房抵押贷款违约率的回归结果显示，房价指数在10%水平上对次级住房抵押贷款违约率影响显著；美国各州人均收入、失业率对违约率的影响在5%的水平上显著；州GDP增长率在1%的水平上显著。而贷款利率和空置率对次级住房抵押贷款违约率的影响不显著（见表6.3）。

表6.3　次级住房抵押贷款违约率影响因素

	系数	标准差	t值	P值
违约率滞后一期	0.74	0.035	21.1	0.00***
房价	-2.97	1.755	-1.69	0.091*
人均收入	6.12	2.592	2.36	0.019**
GDP增长率	0.07	0.022	3.12	0.002***
空置率	-0.02	0.027	-0.84	0.403
利率	0.39	1.225	0.32	0.753
失业率	3.15	0.604	5.22	0.00***
常数	-21.51	11.442	-1.88	0.061*

注：***、**、*分别表示在1%、5%和10%的水平上显著。

可以看出，房价指数的系数显著为负，其他因素不变的情况下，房价指数下降1%会引起次级住房抵押贷款违约率上升3%。原因可能是房价下降到一定程度会使借款人所购住房价值小于未偿付贷款价值而变成“负权益”进而诱发借款人策略性违约。美国各州人均收入对违约率产生显著的正向影响，其他因素不变时，人均收入上升1%会引起州次贷违约率上升6%，这些结果无论是方向还是影响程度都与常识和理论预期不符，如前所述，可能与银行放贷具有顺周期特征相关。就失业率而言，其他因素不变的情况下，失业率上升1%会导致违约率显著上升3%。原因是借款人失业会导致其收入急剧减少因而丧失主要还款来源，出现被动违约。GDP增长率对违约率产生显著的正向，其他因素不变的情况下，GDP增长率上升1%会导致违约率上升0.07%。如前所述，这应该归因于银行进行顺周期放贷。

第四节　本章小结

本部分在基于住房抵押贷款违约理论和相关实证分析的基础上，运用

2005 年到 2014 年美国 48 个州的面板数据，对住房抵押贷款违约的影响因素进行了实证检验。

1. 州 GDP 指标和州失业率均显著影响住房抵押贷款违约率。其中失业指标无论是显著性还是系数的方向和大小都与常识和理论假设相符，说明失业作为收入剧降的主要原因，会显著引起借款人违约。

2. 房价指数和人均收入两个指标对次级住房抵押贷款的影响显著，而对优级住房抵押贷款的影响不显著，说明房地产市场、个人生活水平的变动对信用较差的借款人影响更显著。在其他因素不变的情况下，房价指数下降 1% 会引起次级住房抵押贷款违约率上升 2. 97%，表明信用较差的贷款容易受房地产市场价格变化的影响。

美国住房抵押贷款违约影响因素对中国有借鉴意义，尽管我国房地产市场以及住房抵押贷款市场与美国有着诸多不同。中国现在正处于国民经济高速发展之后的经济转型阶段，商业银行体系还远不如西方发达国家成熟，存在抗风险能力较弱、个人征信体制缺失等问题。在"房子是用来住的，不是用来炒的"定位下，为了促使国民经济全方位步入"新常态"，降低银行体系个人住房抵押贷款违约率对预防银行破产和金融风险具有深远意义。

首先，加强和完善我国征信制度建设。有利于银行建立更完善的贷款审核及评价体系，使贷款的定价与风险相匹配。市场经济发达的美国，其现代个人信用制度体系已经相当成熟，社会公民都有意识地建立和维护良好的信用记录，在发放个人住房抵押贷款时，银行可以根据借款人的信用特征差别化定价，使得收益和风险相匹配，同时，银行也可以根据自身风险的偏好设定各类不同风险等级的贷款比例来兼顾收益率和运营的稳健。在描述统计中可以看到，与优级个人住房抵押贷款的违约率相比较，次级个人住房抵押贷款的违约率平均值为 6. 64%，比优级的 2. 94% 高出 1 倍多，最小值、最大值（0. 93%、17. 49%）相对于优级（0. 19%、10. 31%）都更高。

相比之下，我国的个人信用建设起步较晚，很不成熟。信用中介行业供需双重不足。就供给方来说，虽然目前我国由中国人民银行牵头的个人征信系统已经初具规模，但指标仍然偏少，且存在严重的信息不对称。许多重要的个人信用信息如缴税记录、水电煤缴费记录、个人房产信息等还没有纳入信用系统。另外，我国仍缺少有实力收集并提供全面、完整、高质量信用信息和信用产品的服务商，规范化、规模化运作无法实现。就需求方来说，银行有各自的信息库，但是缺乏统一的标准，缺乏数据的完整性和全面性，而社会其他主体对信用产品需求不足，没有意识也无动力使用信用产品最大化自身效益。这就导致了我国信用中介行业的市场化程度很低，获利和消费都存在阻碍。而且，目前我国个人信用评估标准、个人征信数据源的内容、信用报告的格式、信用等级评估指标设计均无统一标准，这大大降低了我国个人信用信息的可比性。此外，行业的监督、管理和立法缺失，个人联合征信缺乏制度保障。

因此，我国现阶段应运用政策手段引导全国统一标准的、全面的个人信用信息数据库的建立。鼓励征信产品的研发和创新，如开发更科学高效的信用管理软件和征信数据库。同时，完善法律法规的建设，规范信用服务行业的运作和行业发展，同时注意规范个人信用资料的使用，保护个人合法权益，制裁违法行为。

其次，控制房价，建立房价变化的预警和应急机制。房地产行业是对中国GDP单一贡献最大的行业，而房价的下跌会导致理性借款人的策略性违约，因此控制和稳定房价对降低个人住房抵押贷款违约率有着重要意义。在目前调控和转型时期，政府应预先建立科学的房地产价格下跌预警和处理机制。在房市价格下滑的过程中，势必会面临房贷违约率增加，因此有效地预防和应对以增强银行体系抗风险能力，对于防范发生大规模的系统性风险显得尤为重要。

最后，降低失业率。一方面，可以通过鼓励创业的方式降低失业。降低创业门槛，鼓励大学生、农村人口等各类型的群体进行自主创业，为创业者提供平台、拓宽融资渠道；另一方面，针对如毕业生、农村劳动力、退役军人和残疾人等重点群体提供就业帮助。

第七章　美国住房抵押贷款止赎的影响因素

美国次贷危机的一个显著特征是住房抵押贷款出现止赎危机，那么止赎受哪些因素影响呢？本部分通过实证检验来探讨这些影响因素。

对这些因素的了解把握有助于我们对未来的止赎状况进行预测，以此防控金融机构的止赎风险。而在各种预测途径中，通过探索宏观经济与贷款止赎之间的关系不失为一种有效途径。本部分对美国 1984—2015 年的止赎率与宏观经济指标之间的关系进行实证分析，以找出对止赎权有显著影响的宏观经济指标。

第一节　相关实证研究

住房抵押贷款丧失止赎权是贷款严重违约的必然结果。对于个人住房抵押贷款止赎的影响因素研究，主要从微观影响因素及宏观影响因素这两个方面进行研究。

影响个人住房抵押贷款止赎权的微观影响因素是与借款人或贷款本身相关的变量，包括借款人的年龄、性别、个人收入、学历，以及贷款的首付比率、贷款总额、起始时间等。而宏观变量则是指与宏观经济状况相关的变量，包括失业率、利率、人均可支配收入、CPI 等。目前已有的、关于住房抵押贷款止赎权的实证研究大多从微观角度出发，而关于宏观影响因素的研究则多为定性研究，很少有实证研究。

由于国内的住房抵押贷款起步晚且暂无止赎权概念，与住房抵押贷款止赎相关的研究多由国外学者完成。自 1975 年《住房抵押公开法》实施以来，美国出现了不少与抵押贷款的违约或止赎权相关的实证研究；而中国学者囿于政策及数据限制，较少有关于抵押贷款止赎影响因素的实证研究，即便有也多关于贷款违约，而关于止赎权的研究则从未出现。

根据《住房抵押公开法》的规定，从1975年起，美国的相关政府部门及金融机构均定期公布与住房抵押贷款相关的数据，因此具备非常完备的相关数据可供研究。不少学者就止赎问题进行了研究。

Deng等（2006）选取一批在1992—1996年发行的贷款为研究对象，进行了住房抵押贷款的止赎权影响因素研究。他们对这批贷款进行了竞争风险估计并得出了结论，FICO信用评分与止赎率存在显著的负相关关系，而失业率及LTV比率与止赎率则存在显著的正相关关系，尤其对于FICO信用评分较低的借款人而言。

Pennington等（2006）选取1998—2005年的次级贷款绩效数据为研究对象，对次级贷款的止赎权影响因素进行了研究。他们将固定利率抵押贷款与混合可调节抵押贷款进行对比研究并得出了相应结论，信用分数与止赎率显著负相关，LTV比率与止赎率显著正相关，但失业率对止赎权没有显著影响。

Gerardi等（2007）选取1987年1月到2007年8月马萨诸塞州的贷款档案为研究对象，这份档案包含马萨诸塞州所有住房的购买、再贷款、销售及止赎权信息。他们在对这份档案进行了详尽的考察和分析后得出结论，用次级贷款购买的房产比用优级贷款购买的房产更容易遭遇止赎权。

Foote等（2007）同样运用了上述的马萨诸塞州贷款档案作为研究对象，检验了负资产净值对贷款违约及止赎权的影响。他们证实了Gerardi等（2007）得出的结论，并发现借款人的负资产净值与止赎率存在显著正相关关系，无论他们借的是优级贷款还是次级贷款。

Demyanyk等（2008）选取2005—2006年次级抵押贷款的绩效数据为研究对象，对住房抵押贷款止赎权的影响因素进行了研究。他们的结论是，贷款发放标准的降低，尤其是对LTV比率要求的降低，是次级贷款借款人进行贷款拖欠并最终导致止赎权的主要原因。

从以上相关研究可以看出，大多数关于住房抵押贷款止赎权影响因素的研究都是从微观角度出发的。他们研究了借款人的年龄、教育状况、婚姻状况、FICO信用分数，贷款的首付比率、期限利率等微观因素对于个人住房抵押贷款止赎权的影响。至于宏观因素方面，部分学者在研究中涉及了失业率、房价指数、利率等宏观经济因素，但是至今没有得出较为一致的结论。以失业率为例，部分学者认为失业率的上升会导致住房抵押贷款的违约率乃至止赎率的上升，但是也有学者认为两者之间并没有什么相关性。当前的学术界尚且缺乏对住房抵押贷款止赎权的宏观影响因素的系统性研究，使得住房抵押贷款的发放机构很难根据宏观经济因素的走势来进行违约风险管理。

与美国不同，缺少个人抵押贷款方面的公开微观数据，即使是宏观和中观数据，也只有个人住房抵押贷款和房地产贷款不良率，还是年度数据，而且时间短，分别起始于2007年和2005年，几乎难以进行具体的数据分析，因此国内关于住房抵押贷款的研究大多限于定性研究，少有相关的实证研究。而研究止赎权更是无从谈起，因此根本没有这方面研究。

下文以美国住房抵押贷款市场为研究对象，并在前人研究的基础上选取了一些可能对止赎率造成影响的宏观经济指标，通过实证检验，分析这些宏观经济指标对不同类型贷款止赎率的影响关系。

第二节 实证检验

一、数据与变量

本部分选取2005年至2015年第一季度全美各州的住房抵押贷款止赎率的月度数据，共计123个月。样本覆盖了30年间的全部贷款、优级贷款、Alt－A贷款、次级贷款止赎率，具有较高代表性。所有数据均来自Bloomberg数据库。

在诸多宏观经济指标中，可能对个人住房抵押贷款产生影响的指标可分为四类，分别为房价、利率、收入、就业。

从房价看，Foster等（1995）、Vandell（1995）认为，房价上涨会使得住房价值上升，从而增加借款人违约的机会成本。住房价值的上升也能提升借款人对未来的财富预期，因为房价的上涨使借款人能够在未来的住房出售中获利。出于这些原因，借款人违约的可能性下降，住房止赎的可能性也下降。本部分从住房价格和新建住房价格两个角度刻画房价。住房价格采用美国房价指数，数据来源于美国房地产协会。该指标在地域上覆盖了全美及 50 个州各自的房价指数，在时间上覆盖了 2005 年至今，它越高，则说明美国的平均住房价格越高。新建住房价格选取全美新建住房平均售价，数据同样来源于美国房地产协会，在时间上覆盖了 2005 年至今。

就利率而言，Ho 等（2006）认为，随着抵押贷款利率上升，借款人需要偿付的贷款利息就越高，贷款违约的可能性也越大，从而带来更高止赎的可能性。此外，市场短期利率对现金流有着直接影响，因以 LIBOR 为代表的市场利率也对止赎权有一定影响。本部分从抵押贷款利率和市场利率两个角度刻画利率的影响。抵押贷款利率采用全美平均 5 年期抵押贷款利率，数据来源于抵押贷款银行家协会，该指标越高，则说明美国抵押贷款利率在普遍升高。市场利率采用 LIBOR。

就收入而言，Gerardi（2007）认为随着人均可支配收入的上升，个人对贷款的承受能力上升，因此贷款违约率可能会下降，止赎的可能性也随之下降。本部分选取人均可支配收入作为美国居民收入水平的指标，该数据来源为美国经济分析局。

从就业看，Deng 等（2006）、An 等（2007）提出，失业率的上升会导致个人及家庭的收入减少，从而对贷款的承受能力下降，更可能导致止赎。本部分选择失业率这一指标，数据来源于美国劳工统计局（见表 7.1）。

表 7.1　　变量与数据来源

类别	变量名	单位	描述	数据来源
因变量	全部	%	全部类型抵押贷款的止赎率	抵押贷款银行家协会
	优贷	%	优级贷款的止赎率	抵押贷款银行家协会
	Alt - A	%	Alt - A 贷款的止赎率	抵押贷款银行家协会
	次贷	%	次级贷款的止赎率	抵押贷款银行家协会
房价	房价指数	指数	房价指数	美国房地产协会
	新建房价	万美元	新建住房平均房价	美国房地产协会
就业	失业率	%	失业率	美国劳工统计局
利率	抵押率	%	5 年期抵押贷款固定利率	抵押贷款银行家协会
	LIBOR	%	代表市场利率	Bloomberg
收入	收入	美元	人均可支配收入	美国经济分析局

表 7. 2 列示了根据经济理论所进行的研究假设。

表 7. 2 **研究假设**

类别	变量名	研究假设	符号
房价	房价指数	平均房价与住房抵押贷款止赎率负相关	-
	新建房价	新建住房平均房价与住房抵押贷款止赎率负相关	-
就业	失业率	失业率与住房抵押贷款止赎率正相关	+
利率	抵押率	抵押贷款利率与住房抵押贷款止赎率正相关	+
	LIBOR	市场利率与住房抵押贷款止赎率正相关	+
收入	收入	人均可支配收入与住房抵押贷款止赎率负相关	-

二、实证分析

表 7. 3 是基于 2005—2015 年 3 月的月度数据的全部变量的描述性统计。从均值看，优级贷款、Alt - A 和次级贷款止赎率存在很大差异，三者分别为 5. 15% 、7. 92% 和 11. 79% ，标准差也依次变大，意味着它们之间的波动水平也依次增大。而其最大值和最小值更能体现止赎率差异。

表 7. 3 **变量描述性统计**

变量	均值	标准差	最小值	最大值
全部	8. 057	4. 603	0. 820	13. 730
优贷	5. 152	3. 643	0. 110	10. 170
Alt - A	7. 916	5. 350	0. 220	14. 950
次贷	11. 788	5. 997	1. 720	18. 980
房价指数	203. 268	14. 686	180. 070	227. 010
新建房价	29. 550	2. 756	24. 520	38. 400
失业率	6. 919	1. 886	4. 400	10. 000
抵押率	4. 344	1. 320	2. 598	6. 358
LIBOR	1. 886	2. 026	0. 226	5. 495
收入	11328. 762	1130. 108	9147. 500	13317. 400

在表 7. 4 至表 7. 7 中，模型（1）加入了所有解释变量；对于两个利率变量，模型（2）中取 5 年期抵押贷款固定利率，模型（3）中取 LIBOR。

表 7.4 全部贷款止赎率的影响因素

	模型 1	模型 2	模型 3
失业率	1.0395*** (0.0667)	0.9922*** (0.0541)	1.05772*** (0.0638)
房价指数	-0.0756*** (0.0099)	-0.0734*** (0.0098)	-0.0719*** (0.0092)
抵押率	0.0907 (0.0961)	0.1433* (0.0859)	
收入	-0.0025*** (0.0001)	-0.0025*** (0.0001)	-0.0025*** (0.0001)
新建房价	-0.0113 (0.0375)	-0.0241 (0.036)	-0.0195 (0.0365)
LIBOR	0.0929 (0.0768)		0.1257* (0.0684)
常数	-12.5973*** (1.8953)	-12.1612*** (1.8645)	-12.5278*** (1.8929)
R^2	0.99	0.99	0.99

注：＊＊＊、＊＊、＊分别表示在1%、5%、10%的水平上显著；括号内为估计标准差。

表 7.5 优级贷款止赎率的影响因素

	模型 1	模型 2	模型 3
失业率	0.8936*** (0.0534)	0.6587*** (0.0525)	0.6931*** (0.0799)
房价指数	-0.0514*** (0.0080)	-0.0400*** (0.0095)	-0.0923*** (0.0115)
抵押率	-0.9994*** (0.0769)	-0.7383*** (0.0834)	
收入	-0.0014*** (0.0001)	-0.0013*** (0.0001)	-0.0018*** (0.0001)
新建房价	0.0235 (0.0300)	-0.0400 (0.0350)	0.080** (0.0457)
LIBOR	0.4611*** (0.0614)		0.1004 (0.0857)

续表

	模型 1	模型 2	模型 3
常数	-4.0241*** (1.5165)	-1.8603 (1.8096)	-4.7899** (2.3704)
R^2	0.99	0.99	0.98

注：＊＊＊、＊＊、＊分别表示在 1%、5%、10% 的水平上显著；括号内为估计标准差。

表 7.6 Alt - A 贷款止赎率的影响因素

	模型 1	模型 2	模型 3
失业率	1.3618*** (0.0805)	1.1958*** (0.0683)	1.214*** (0.0891)
房价指数	-0.0760*** (0.0120)	-0.0680*** (0.0124)	-0.1061*** (0.0128)
抵押率	-0.7353*** (0.1160)	-0.5508*** (0.1084)	
收入	-0.0022*** (0.0001)	-0.0022*** (0.0001)	-0.0025*** (0.0001)
新建房价	0.0392 (0.0453)	-0.0057 (0.0455)	0.0960** (0.0510)
LIBOR	0.3259*** (0.0926)		0.0605 (0.0956)
常数	-9.9366*** (2.2867)	-8.4072*** (2.3526)	-10.4999*** (2.6430)
R^2	0.99	0.99	0.99

注：＊＊＊、＊＊、＊分别表示在 1%、5%、10% 的水平上显著；括号内为估计标准差。

表 7.7 次级贷款止赎率的影响因素

	模型 1	模型 2	模型 3
失业率	1.1713*** (0.1290)	1.1835*** (0.1041)	1.4626*** (0.1521)
房价指数	-0.1599*** (0.0193)	-0.1605*** (0.0189)	-0.1004*** (0.0218)
抵押率	1.4520*** (0.1860)	1.4384*** (0.1652)	

续表

	模型 1	模型 2	模型 3
收入	-0.0041*** (0.0002)	-0.0041*** (0.0002)	-0.0035*** (0.0002)
新建房价	-5.78e-06 (7.26e-06)	-5.45e-06 (6.94e-06)	0.0000 (8.70e-06)**
LIBOR	-0.0239 (0.1485)		0.5002 (0.1632)***
常数	-14.3589*** (3.6668)	-14.471*** (3.585)	-13.2464*** (4.5127)
R^2	0.98	0.98	0.97

注：＊＊＊、＊＊、＊分别表示在1%、5%、10%的水平上显著；括号内为估计标准差。

从回归结果可以看出，各变量的回归系数符号基本与前文所提出的研究假设一致。

失业率与住房抵押贷款的止赎率具有显著的正相关关系。失业率上升会使得更多家庭失去部分或全部经济来源，而这会使得他们无力支付贷款，并导致贷款拖欠甚至损失止赎权。比较表中的系数可以发现，失业率对 Alt-A 贷款和次级贷款的影响程度要高于对优级贷款的影响程度。这应该是因为相较于优级贷款的借款人而言，Alt-A 贷款和次级贷款的借款人具有更大的失业可能性。在经济形势不佳、失业率普遍上升时，Alt-A 贷款和次级贷款的借款人更可能成为失业者，从而丧失支付住房贷款的经济能力。

房价指数与住房抵押贷款的止赎率具有显著的负相关关系。随着房价的上涨，房屋的内在价值随之升高，止赎引起的机会成本也就越高，因此借款人更加倾向于按时偿还贷款。比较回归结果不难看出，从优级贷款到 Alt-A 贷款再到次级贷款，随着贷款质量的下降，房价指数与止赎率的负相关性上升。这是由于对于信用记录较差、偿还能力较弱的借款人而言，房屋价值上升时止赎导致的机会成本越高，因此房价上升时他们更倾向于按时偿还贷款。

人均可支配收入与住房抵押贷款的止赎率具有显著的负相关关系。随着可支配收入的上升，人们的还款意愿也会上升。而比较回归数可知，不同贷款的止赎率与人均可支配收入的相关性没有太大的差别。

抵押贷款利率与次级贷款的止赎率具有显著的正相关关系，这一点与研究假设一致；但它与优级贷款及 Alt - A 贷款的止赎率呈现出负相关关系，与前文的假设是矛盾的。导致这种结果的原因可能有两个：一是对于优级贷款和 Alt - A 贷款的借款人而言，抵押贷款利率上升对他们的影响并不算太大，贷款利率的适度上升并不至于让他们出现违约行为；而对于次级贷款的借款人而言，由于他们的经济状况本身就比较拮据，因此抵押贷款利率的上升对他们造成的压力较大，从而导致违约率上升、止赎的可能性上升。二是 2008 年前后金融危机期间各经济指标的剧烈波动。在金融危机期间，住房抵押贷款的违约率快速飙升，而止赎的比率也迅速上升，与此同时，美国政府为了缓和房地产市场波动、提振经济，大幅降低联邦基金利率，致使抵押贷款利率大幅下降，由此两者之间有了明显的负相关关系。

LIBOR 与住房抵押贷款的止赎率之间的相关性不如其他变量那么显著。从回归结果来看，LIBOR 对优级贷款和 Alt - A 贷款的止赎率没有显著影响，但与次级贷款的止赎率具有明显的正相关关系。这可能是因为相较于其他类型抵押贷款，次级贷款的违约情况更易受到市场利率的影响。

第三节 本章小结

美国住房抵押贷款止赎受宏观经济因素的影响。失业率和抵押贷款利率对止赎率有显著的正向影响，即失业率上升会导致止赎率上升；而抵押贷款利率上升也会引起止赎率的上升。而房价指数和个人可支配收入对止赎率则有着显著的负向影响，即房价普遍升高时，止赎率会下降；而个人可支配收入上升时，止赎率也会随之下降。

这些发现对我们的启示在于，国家相关监管部门应当利用宏观经济指标的变动来预测止赎的情况，也即对住房抵押贷款市场的违约率做出预测。监管机构观察到失业率或抵押贷款利率上升时，或者观察到房价或个人可支配收入普遍下降时，应当对止赎风险上升的可能性保持警惕。

当前中国的宏观经济正处于 GDP 增速放缓、房价指数走低、货币政策适度宽松的环境，这与美国大量住房贷款发生止赎危机之前的宏观经济环境有些相似。相较之下，中国的监管当局制定的住房抵押贷款监管政策更为谨慎，加之中国人的消费观念与美国人超前消费的观念也大有不同，因此中国房贷市场的风险低于美国。但这并不意味着中国的金融机构就可以放松警惕，各金融机构依然需要密切关注宏观经济指标的变动情况，并严格执行事先制定的房贷发放标准，以控制住房抵押贷款违约率的上升情况。

第八章　止赎危机的外部效应

美国次贷危机期间出现的大量住房抵押贷款违约并最终引发止赎风潮，成为美国非常严重的社会问题，引起了美国乃至全球的高度关注。止赎会造成社会损失或负面的外部效应，干预措施的经济原理正是基于此。在止赎危机之前，很少有研究探索止赎的外部效应，但在止赎危机后这类研究快速增加。

止赎对于贷款机构乃至整个社会来说代价都是很大的。要承担搜寻费用和搬迁的花费，面临家庭分离的问题，将来再次获得信贷也将困难重重。贷款机构的损失是止赎住房最终售价与贷款价值以及相关成本（如法律、物业管理、交易费用以及机会成本）之差。与止赎有关的社会损失来自直接的政府开支和房产价值下跌。空置住房导致的损失尤其严重，这些空置的房产会招致犯罪活动（这又导致了政府开支的增加）以及更差的物理环境（进一步导致价值降低）。

止赎的社会代价表现在各个方面，本部分仅就其影响较大的三个方面的外部不良效应进行分析：（1）止赎住房被低价出售；（2）止赎住房贬值降低正常住房的价格；（3）止赎引致犯罪率提高。

第一节　止赎住房被低价出售

如果失去赎回权的住房会对其他正常房产的价值带来负面影响，那么这些住房自身就应该被低价出售。虽然对止赎住房估算方法和解释不同，但止赎住房贬值是客观存在的。

至少有三点原因可以简单地解释止赎住房贬值：（1）住房特征普遍不同；（2）普遍较差的住房状况和较低的住房质量；（3）流动性贴水。很少有实证研究通过包括止赎指数、代表关键建筑特征（比如住房数目，面积大小，房龄、卧室浴室的数目）和社区环境的回归模型找到这类贬值。显然，不同的研究描述建筑特征和社区环境有很大不同，社区环境经常以地区代英尺如邮政编英尺简单替代。然而，如果有人认为建筑特征和社区环境很好控制，那么所有有统计意义和经济意义的止赎住房贬值都可以归于住房质量和流动性差异。有几篇研究试图分别分析两种因素的影响。

两篇止赎住房贬值的早期研究只限定在社区环境的范围内。Shilling、Benjamin 和 Sirmans（1990）估计 1985 年出售的路易安那州巴吞鲁日的止赎公寓贬值了 24%。而 Forgey、Rutherford 和 VanBuskirk（1994）发现在 1991 年 7 月到 1993 年 1 月之间出售的得克萨斯州阿灵顿住房贬值了 23%，该研究使用真实邮政编英尺而非邮政编英尺虚拟变量控制住房周边特征。与上述结果不同，Carroll、Clauretie 和 Neill（1997）研究了美国住房和城市发展部在 1990—1993 年在拉斯维加斯的住房销售，他们发现使用邮政编英尺控制建筑特征和区位后，止赎住房的贬值不存在统计意义上显著性。

更新一些的两个研究运用 hedonic 法对更多的样本和更丰富的社区环境数据进行了分析。Sumell（2009）的研究估计 2004—2006 年在俄亥俄州凯霍加县出售的止赎住房有 50% 的贬值。Likewise、Campbell、Giglio 和 Pathak（2009）的研究包括了 1987—2007 年马萨诸塞州单户住房的出售，这些住房有 22% 的贬值，该研究仅衡量了 2007 年的 hedonic 特征。不同于这些以前研究，Pennington - Cross（2006）应用重复销售模型，将住房特征和周边特征分离开（假设不变）。以全国止赎住房为样本，并且考虑到都市房价指数，作者比较了住房从刚购买到最后成为银行屋（REO）的价格变化，发现仍有 22% 的累计贬值。

止赎住房贬值的一个看似合理的解释是这些住房的质量不是一般就是偏低。陷入困境的业主无论是出于内在的心理或是外在的经济实力都不再想耗费财力来维持住房，这一倾向导致二手住房贬值。近期的两项研究考虑了可观察的主观质量指数，认为止赎住房无论是被公允估价或是被过低估价都会使其价格低于市场平均售价（Clauretie 和 Daneshvary，2009；Sumell，2009）。然而要正确评估止赎住房折价问题，仍然需要在控制住房质量方面有所突破。

住房的占用状态也影响到住房质量，包括业主自住、租住和空置的状态。业主没有居住，尤其是空置的住房在止赎住房中的质量通常要差一些。Knight

(2002)、Anglin、Rutherford 和 Springer（2003）以及 Clauretie 和 Daneshvary (2009) 的研究提供证据证明了空置所带来的贬值，Clauretie 和 Daneshvary (2009) 还发现住房处于租住状态会带来贬值。如何通过占用状态和止赎的相互作用来将占用状态作为独立的影响因素从可观察的住房质量中分离出来需要进一步研究。

止赎住房贬值的部分原因可能来自特定销售者，他们因为要减少持有住房的成本（如财产税、保险和维护费用）而希望住房尽快出手，因此愿意接受较低价格。显而易见，由于低于市场价格的售价会给销售住房的中介机构带来可观的经济利益，因此这种解释需要有限套利机会。在流动性假说前提下，一个人想要在市场上找到止赎住房所需的时间较短。然而证据表明，市场上较短的收寻时间可能是住房质量不良的信号，因此解释实证模型时需要谨慎。

现金折扣能减少销售的不确定性，节约交易的手续费用。Forgey、Rutherford 和 VanBuskirk（1994）以及 Clauretie 和 Daneshvary（2009）的研究都提供了住房出售中现金折扣存在的证据。然而，根据他们的研究还不能明确看出这些因素对止赎住房产生了什么影响。此外，使用现金和止赎之间的相互关系可能对研究更有帮助。

Clauretie 和 Daneshvary（2009）的研究引入了不同的参数，包括建筑特征、社区环境、住房状况、占用状态和现金销售，最后得出了少于 10% 贬值的结论。在所有用 hedonic 法解释止赎住房的售价中，虽然这个研究可以代表所有的分析，但研究的数据来源还是局限在 2004—2007 年内华达州克拉克县。

总的来说，虽然住房评级在不同地区不同时间会有很大不同，但是止赎住房的贬值是存在的。如果止赎住房的外部质量和内部质量都较低，那么被估计的影响住房质量的因素就基本上可以反映出二手住房的贬值情况。止赎住房的销售者通常比业主更急于出售，这也导致了止赎住房的价格较低，也就是说销售者耐心程度对止赎住房价格产生了影响。

第二节　止赎住房贬值降低正常住房的价格

如上所述，止赎住房会低价出售，这便产生这样的问题：这些止赎住房会不会引起负面的外部效应，拉低正常住房的价格？根据 Lee（2008）的研究，三个潜在渠道可能会引发止赎的此类溢出效应：（1）通过由于住房缺乏维护或疏忽导致荒废的渠道；（2）通过比较而拉低估价；（3）止赎住房的供应量增加。Leonard 和 Murdoch（2009）进一步提出周围住房失去赎回权意味着社区环境变差，这也导致了止赎的外部效应。

从供给数据看，2007—2011 年，太多的住房被挂牌出售，其中许多都是止赎住房。除此之外，几百万套进入止赎程序的住房正在排队等待挂牌销售。这些被称为“影子住房存量”的住房最终出现在了市场当中，进而拉低了房价。

近期，一些研究认为非困境住房的价格与所处区域的止赎住房数量呈负相关关系，这些研究在 hedonic 回归模型中引入了不同的建筑特征和社区环境参数，另有研究使用的是重复销售模型。这些研究还包括其他一些参数：（1）住房区位和评估时期；（2）对“周边范围”和“止赎”的界定；（3）是否考虑多个止赎住房的影响。

Immergluck 和 Smith（2006）运用 1999 年芝加哥 9600 个单户住房的售价数据，这些住房在 1997 年失去赎回权，研究中控制了建筑和社区环境特征。他们对 1/8 英里（一条街）范围内和 1/4 英里（两条街）范围内的止赎住房数量进行了区分，发现在 1/8 英里范围内每有一个常规商业贷款的止赎住房就会造成房价下降 0.9% ~1.1%，具体数值取决于是否控制了统计区域的房价中位数。离待售住房 1/8 英里到 1/4 英里远的常规商业贷款止赎住房对待售住房的价格的溢出效应不大，在 0.1% 到 0.2% 之间。有趣的是，政府担保贷款的止赎住房对周围住房价格没有影响。为什么不同的贷款类型的止赎住房会有不同的影响现在还不清楚，这种差异还需要进一步调查研究。

Schuetz、Been 和 Ellen（2008）以 2000—2005 年的纽约样本数据研究住房（单户和多户）的销售价格与止赎通知之间的关系。他们将止赎住房按两个因素加以区分：一是止赎住房和正常住房的空间距离（250 英尺以内，250 ~500 英尺，500 ~1000 英尺）；另一个是住房处于止赎状态的时间（短于或长于 18 个月）。他们找到了止赎房的价格溢出效应的证据，发现止赎住房距离待售住房越远，处于止赎状态的时间越长，影响越大。这些结论不太合理，说明所采用的模型存在一些问题，如说他们使用较少的社区特征（所处行政区、邮政编英尺和距地铁的距离），忽略了房价波动。作者的另外一些结论是止赎会给住房价格带来压力，止赎住房越多压力越大。

Mikelbank（2008）第一次将止赎住房的溢出效应从空置/弃置住房中分离出来，该研究使用2006年俄亥俄州富兰克林县的住房数据。该研究发现空置的负向影响比止赎的影响更为严重，但是空置住房的影响多集中于近距离（最多500英尺），而止赎的影响虽小些但其影响范围要远（有1000英尺）。该研究的一个很大优点是将住房质量按住房状态和结构作出划分。作者引入有限的社区特征控制变量（业主自住房需求上升趋势），运用用以解释不可察社区特征的特殊经济计量方法。

Leonard和Murdoch（2009）利用2006年得克萨斯州达拉斯县的单户住房销售数据进行了研究。他们在hedonic分析模型中引入了建筑和社区环境的大量特征指标，包括近期房价变动趋势。作者将待售住房周围的空间范围分别以250英尺、500英尺、1000英尺、1500英尺进行划分，以此确定止赎住房处于哪个范围。研究发现，止赎住房的存在会降低房价，250英尺距离内每有一处止赎住房，房价就会降低0.5%。虽然给定模型使解释比较困难，但研究结果还是表明存在止赎的溢出效应（-0.1%），甚至在较远距离时也会存在。

Rogers和Winter（2009）估计了1998—2007年密西西比州圣路易斯县的止赎住房对正常住房价格的影响。研究中包括距离（止赎住房距离待售住房多少英尺）和时间（住房处于止赎状态已经有多少个月）这两个因素，并用这两个因素研究止赎的影响。研究发现，虽然六个月前失去的赎回权比两年前失去的赎回权的影响更大，但是止赎住房离待售住房的距离越近对价格负向影响更大。研究还发现，止赎住房的数量越多，止赎的边际影响越小。Rogers和Winter（2009）分析的不足是研究缺少短期变量；而且研究缺少社区控制变量，虽然采用空间广义矩方法（GMM）重新估计了实证模型。GMM估计结果在量上与普通最小二乘法（OLS）类似，尽管数值只有OLS的一半，这也说明确实需要控制社区的影响。

Lin、Rosenblatt和Yao（2009）的研究使用了2003—2006年芝加哥MSA的房产销售数据，从空间和时间维度描绘了止赎的溢出效应。他们发现在经济状况不好的年份（如2006年），处于10个街区之内（空间距离）和处于止赎状态5年（时间）的一处止赎住房对周围房价产生-8.7%的溢出效应。止赎的溢出效应在经济状况好的年份（如 2003 年）会下降到一半大小，说明了房产市场周期的重要性。这项研究所估计的止赎溢出效应影响相对较大的，可能是由于 hedonic 模型中的建筑特征数据有限、仅用邮政编码代替社区特征、没有控制地方房价变动趋势。因此，止赎的外部效应可能超过了止赎住房本身所产生的影响。

Campbell、Giglio 和 Pathak（2009）研究了马萨诸塞州 20 年内单户住房的出售情况（尽管建筑和社区特征来自 2007 年的衡量值）。他们首先估计止赎住房对售价的影响，既没有控制影响止赎和房价的一般（不可察的）冲击，也没有控制房价对止赎的反向作用。他们初步得出了 7% ~9% 的止赎折扣影响［有意思的是，该结果和 Lin、Rosenblatt 和 Yao（2009）的估计结果是一致的］。然而，在采用两个不同的双重差分方法以将混合影响分离出来后，他们进一步估计止赎住房处于 0.05 英里范围内可以拉低 1% 的房价。

Harding、Rosenblatt，Yao（2009）运用重复销售模型而非 hedonic 模型以保持建筑和社区特征的连续性。他们对比了止赎住房的实际售价和“期望价格”之间的差异，对止赎住房在距离（0 ~300 英尺，300 ~500 英尺，500 ~1000 英尺，1000 ~2000 英尺）和时间（处于止赎状态的时间）方面进行划分，“期望价格”是在房价指数与周围止赎活动的基础上得到。在 7 个 MSA 区域，他们发现在距止赎住房 300 英尺范围内的住房售价会降低 1%；如果距离变成 1/8 英里，那么平均贬值水平降至 0.5%。他们还发现最大贬值水平出现在止赎住房出售的时候（在银行屋出售前），他们将此最大值归于与未来业主相关的房产疏忽和不确定性。

总的来说，实证证据表明止赎住房会影响周围住房销售价格，使其价格下降。此外，止赎住房处于止赎状态的时间越长，距待售住房的距离越远，对房价影响下降得越多。hedonic 回归模型很容易遇到变量遗漏的问题，尤其是对建筑特征和社区环境的有限选取。因为重复销售方法不需要大量的建筑特征和社区环境数据，而且模型本身更容易适用于多数的地理区域和较长时间范围，因此使用该模型会提高研究质量。当然，重复销售模型也需要长时间内的样本。研究结果也强调了空置房价变动趋势的重要性，房价变动趋势会影响拖欠贷款的可能性。

第三节 止赎引致犯罪

住房抵押贷款止赎是否会导致犯罪率的上升是关系到居民生活和社会稳定的一个重大课题，同时也是学界研究的热点。

理论和实证研究几乎都得出了一致结论：止赎会提高区域性的城市乃至整个国家的犯罪率水平，对社会治安和经济繁荣的消极作用不可小觑。信贷危机引发的止赎具有非同寻常的危害。

在分析止赎与犯罪率关系之前，先界定如下几个定义。（1）犯罪率：一定时空范围内犯罪者与人口总数对比计算的比率。（2）暴力犯罪：包括自杀、强奸、抢劫、加重攻击行为等。（3）财产犯罪：包括偷窃，盗窃，对财产造成损毁等。（4）公共犯罪：较轻的一些犯罪，包括涂鸦、卖淫、游荡、毒品犯罪。

一、止赎引致犯罪的理论解释

鉴于止赎与犯罪的联系关系到社会经济的安定繁荣，很多相关研究试图从理论上解释为何一个地区的止赎行为会引致犯罪。例如，在贫困地区（通常也是止赎高发区），被遗弃的空置住房往往就成了小偷、毒贩与娼妓的聚集地。例如在美国得克萨斯的奥斯丁，人均收入很低，数据显示有41%被空置的住房能够轻而易举地破窗而入，83%都被小偷、毒贩与娼妓非法使用过。其犯罪率是周围街区的两倍之多（Spelman 和 William，1993）。[①] 以下犯罪理论从不同方面对止赎过程进行研究。

（一）社会解组理论

社会解组理论于 1972 年由 Shaw 和 McKay 提出[②]（Shaw 和 McKay，1972）。该理论认为，人与人之间彼此依存，维持一定的平衡机制；社会之间有高度凝聚力，在制度的约束与规范的共识下形成一定社会秩序，但当外界因

① Spelman, William, 1993. Abandoned buildings: magnets for crime? J. Crim. Justice 21 (5), 481 – 495.

② Shaw, Clifford R., McKay, Henry D., 1972. Juvenile Delinquency and Urban Areas, rev. ed. University of Chicago Press, Chicago.

素产生冲击时，社会秩序被破坏，其控制力量减弱。那么，从犯罪学角度来看，贫穷、民族异质性、人口流动等因素就会导致社会解组，犯罪率上升。居民之间彼此监督往往可以有效地抑制犯罪，但当社区处于一片混乱中时，居民就无心维系社区凝聚力，不会去监督彼此的行为。对那些房子面临止赎的人来说，他们无力偿还贷款，可能被赶出去，心理压力巨大，就更不愿花精力维系社区组织，保证其监督力量了。与此同时，因为失去了周围街坊领居的帮助，对抗犯罪的困难更大了。社区的关系纽带减弱，弱化了社区抑制犯罪的能力。

（二）破窗理论

由 Wilson 和 Kelling[①]（Wilson 和 Kelling，1982）于 1982 年提出。社区的一些状况，如破旧的住房、杂乱的草坪、随处可见的垃圾，都是社区失序，公众麻木不仁的体现。社会监察力下降，治安进一步恶化，犯罪就会乘此机会渗入社区。对于住房面临止赎的人来说，他们对住房的状况已经无所谓了，住房即使破败也与他们无关，这种漠不关心的态度使社区整体体现出一种无序的状态。其余居民对社区认同感降低，恐惧犯罪，就会不断从社区搬出。这样一来，空房率的上升使得住房的状况进一步恶化。如此恶性循环，对犯罪分子来说，作案成本下降，作案动机增强，从而导致犯罪滋生猖獗。

（三）日常活动理论

1979 年由 Cohen 和 Felson 提出[②]（Cohen 和 Felson，1979）。这一理论重在探讨在什么情形下会发生犯罪。要找到合适的犯罪场所、目标对象，还要确保自己不被抓获，理性的犯罪分子就会想方设法把握好作案时间与作案地点。从这一角度来看，那些无人监管的地方往往会成为作案地点首选，因为犯罪分子不会有任何恐惧的心理。那么当空置房数量增多时，小偷认为自己不会被捉到，肆无忌惮地登堂入室，盗窃案件数就会上升。此外，止赎带来二级市场上住房转手率的提高，更多的人被卷入这样一种风险相对较高的所有权关系中来。对这样一种缺少管制的交易行为来说，一旦一方有利益的损失，更有可能诉诸暴力加以解决，犯罪率进一步提高。

---

① Wilson, James Q., Kelling, George L., 1982. The police and neighborhood safety: broken windows. Atlantic Mon. 127, 29 - 38.

② Cohen, Lawrence, Felson, Marcus, 1979. Social change and crime rate trends: a routine activity approach. Am. Sociol. Rev. 44 (4), 588 - 608.

二、止赎引致犯罪的证据

以上是住房抵押贷款止赎会提高犯罪率的理论解释。不少研究还从城市这个区域层面和国家层面以及城市特征等多个方面提供实证证据。

（一）区域层面的证据

不少研究从城市层面研究止赎对犯罪率的影响。这些研究将着眼点集中于某个区域或城市，在样本选取上应当更加精细，数据应当更加可靠，而分析得出的结论也能反映出在止赎这一发生于美国的全国性现象中，个体样本的犯罪率对其反应。本部分以美国纽约、印第安纳波利斯和路易斯维尔三个地区为例，分析止赎对犯罪率的影响。

1. 来自纽约的证据

为考察纽约住房抵押贷款止赎发生的街区之间与周围地区的犯罪率的变化，Ellen、Lacoe 和 Sharygin（2013）将纽约分成了一块块街区，利用 2003—2010 年纽约止赎发生的地点位置，以及 2004—2008 年纽约被通报的犯罪的具体位置的数据，研究止赎对犯罪率的影响。

犯罪率分为四种：总犯罪率、暴力犯罪、财产犯罪、公共犯罪。由于无法具体得知每一位债务人的行为，因此无法追踪每一栋收到止赎通知的住房的最终去向，加之纽约的止赎过程所用时间具有比其他地区长的特点，为简化问题，假设收到止赎通知的住房直至 2011 年还未观察到住房的处置结果，则赎回权在收到通知的 18 个月后被终止。

Ellen、Lacoe 和 Sharygin（2013）发现，当地区发生 3 起或更多起止赎时，犯罪率的提高最明显，且该地区初始的犯罪率越高，犯罪率的提高也越多。从数据来看，某一街区每增加一个单位的止赎房，会使总犯罪率提高 0.7%，暴力犯罪率提高 1.5%，公共犯罪率提高 0.8%。同时，在初始犯罪率较高的地方，由于止赎引起的犯罪率的增加也越多。而财产犯罪在发生止赎的地区附近没有明显增加，原因可能是止赎住房附近的财产不吸引人或是没有被通报的缘故（见图 8.1）。

为了证明止赎确实会提高犯罪而不仅仅与犯罪相关，Ellen、Lacoe 和 Sharygin（2013）进一步通过控制其他变量来准确反映止赎与犯罪的关系。结果显示，止赎率和犯罪率之间的联系还是显著，表明止赎率确实会使犯罪率提高。

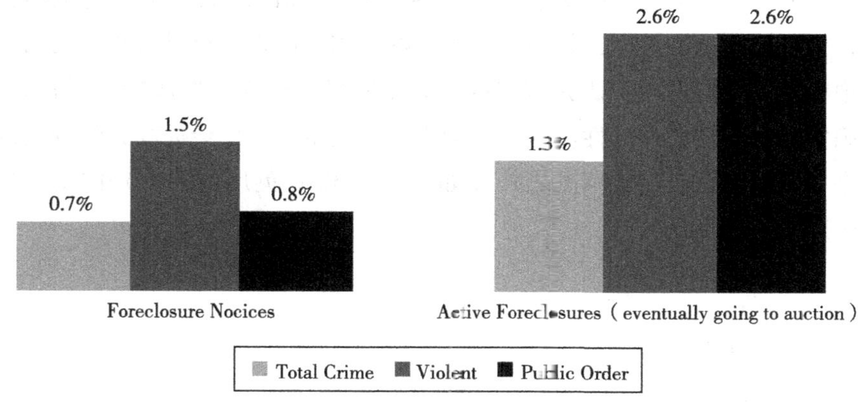

资料来源：Ellen、Lacoe 和 Sharygin（2013）。

图 8.1 止赎与犯罪之间的关系

此外，对止赎住房的处理方式不同会对犯罪率产生不同影响。具体而言，将被拿去拍卖或已经拍卖过的住房附近的犯罪率提高程度要比别的处置方式更高。正在拍卖的房子对犯罪率的影响比拍卖过的房子的影响程度大。

2. 来自印第安纳的证据

Payton、Stucky 和 Ottensmann（2015）对美国印第安纳州首府印第安纳波利斯的住房抵押贷款止赎对犯罪在空间范围上的影响进行了研究，发现随着距离范围的扩大，止赎的平均数上升，但止赎分布密度大致保持不变。止赎具有负的外部性，而随着距离范围的扩大，止赎对犯罪率的影响会有所下降。

Payton、Stucky 和 Ottensmann（2015）以 500 × 500 平方英尺为一个单元格，以单元格为中心选取四个距离范围：单元格；离单元格 1250 英尺内；1250 ~ 2250 英尺；2250 ~ 3250 英尺。

他们发现，平均每个单元格犯罪数大约为 4 起，在 0 ~ 260 起的范围内变化。平均每个单元格止赎数大约为 0.31 起，变化范围为 0 ~ 18 起。平均止赎数随着距离的扩大而上升，但止赎分布密度（止赎数/英里）大致不变，止赎密度的标准差随着距离的扩大而减小。

止赎事件发生在不同距离范围之内，对本单元格的犯罪率会产生不同影响。总体上看，止赎对犯罪率的影响，与将犯罪案件具体分为财产犯罪与暴力犯罪之后相差无几。在 500 × 500 平方英尺的单元格范围之内，两者之间的关系最为明显。止赎对犯罪的影响在 1250 ~ 2250 英尺的距离范围之内依旧比较明显，而超过此范围之后，相关性迅速下降。相对而言，对暴力犯罪的估计并不是很精准，可能是由于研究范围内暴力犯罪案件较少所造成的。尽管如此，止赎确实具有不良的外部性。一件止赎事件的发生，不仅会提高其附近街区的犯罪率，也会对距其一定范围之外（如 2250 ~ 3250 英尺范围内）的街区犯罪率产生影响（见图 8.2）。

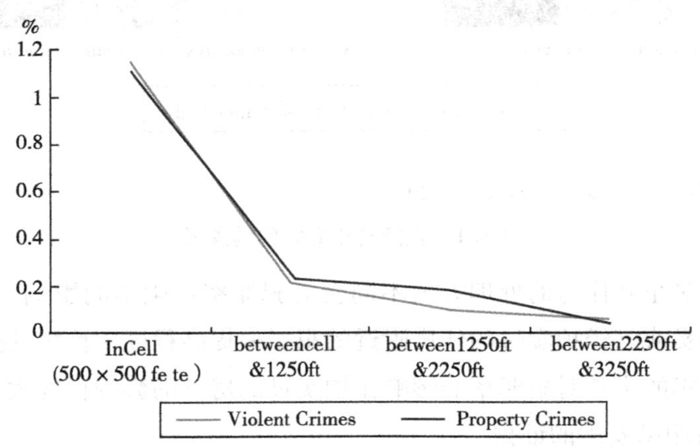

资料来源：Payton、Stucky 和 Ottensmann（2015）。

图 8.2 止赎的单位变化引起的暴力和财产犯罪变化

从折线图可以明显看出止赎与犯罪之间的关系。该折线图是在控制其他变量的情况下犯罪率的变化与止赎率的变化之间的关系。在 500 × 500 单元格之内，多发生一件止赎事件，本单元格内的财产犯罪率和暴力犯罪率就会分别上升 1.15% 和 1.11%。但如果此止赎事件发生在距 2250 ~ 3250 英尺范围之外，本单元格内的财产犯罪率和暴力犯罪率就只会分别上升 0.05% 和 0.04%。可见，以上实证研究都表明，止赎具有负外部性，随着距离范围的扩大，止赎对于犯罪率的影响会下降。

3. 来自肯塔基的证据

Zhang 和 McCord（2014）通过对肯塔基州的城市路易斯维尔的研究，证实了止赎和城市所面对的犯罪率成正比例，且某区域的止赎影响不限制于自己区域之内。而且，比起富有的区域，止赎在贫困区域内更是预测犯罪的重要因素，因而经济不平等也是一个重要的因素。此外，止赎对犯罪率的影响还与区域内的空置房数量、被租房数量和总住房数量以及平均住房价格相关。

Zhang 和 McCord（2014）运用2006—2008 年肯塔基州路易斯维尔市的止赎数据以及警方提供的犯罪率数据，犯罪率采用比止赎数据晚一年数据即2007—2009 年，目的是探讨止赎和犯罪率之间是否存在因果关系。

为了研究止赎率与犯罪率之间的相关关系，Zhang 和 McCord（2014）将城市各分成街区，从中获取每个街区的信息（收入，贫困率等）。然后采用了OLS 模型、空间回归分析（Spatial Regression Analysis）、地理加权回归（Geographical Weighted Regression）三种模型来研究止赎在不同街区内如何影响犯罪率，以及在多大范围内会影响周边街区的犯罪率。此外，还对贫困率、平均住房价格及被租住房和空置房等进行了控制。

在路易斯维尔，止赎率对犯罪率的影响与区域内的生活水平呈负相关。比较富有地区域似乎对止赎毫无反应，但在贫困区域中，由于当地已存在的社会经济问题，使得止赎率会迅速提高犯罪率，符合社会解组理论。

Zhang 和 McCord（2014）发现在比较贫困的旧区如路易斯维尔的南、西北和市中心，止赎率和犯罪率成正比。主要是因为这些小区低收入和少数群体比较多。在这些小区的大量止赎对当地人来说加重了已存在的种种社会、经济问题，而这也刺激了犯罪率的上升。相反，较富有的区域（如路易斯维尔的东北和东南地区）对止赎的影响似乎不存在。在这种小区，被止赎的住房空置时间基本上比较短，而当地人也采取更多措施来减轻止赎对小区的负面影响。

止赎率对犯罪率的影响与区域内的犯罪率正相关，止赎每增加一单位，高犯罪率的区域的犯罪率增加比低犯罪率地区的多。

此外，止赎率对犯罪率的影响与区域内的空置房数量、被租房数量和总住房数量呈正相关，与区域内的平均住房价格呈负相关。空置房数量的增多为犯罪提供了更多的安全场所，而住房价格一定程度上反映了该区域内的人们的生活水平，生活水平较高的地方的止赎对犯罪影响较小，因此止赎率对犯罪率的影响与区域内的平均住房价格呈负相关。

综合以上区域层面的证据不难发现它们有共同结论，即止赎率的上升，会引起一定范围内犯罪率的明显上升。在纽约，止赎率的上升会导致区域内总的犯罪率、暴力犯罪率和公共犯罪率的明显提高。具体而言，当一地区发生3起或更多起止赎时，犯罪率的提高最明显，且该地区初始的犯罪率越高，犯罪率的提高也越多。从数据来看，某一街区每增加一个单位的止赎房，会使总犯罪率提高0.7%，暴力犯罪率提高1.5%，公共犯罪率提高0.8%。

而财产犯罪率比较特殊，止赎住房附近的财产犯罪率几乎没有影响。可能是因为止赎房内的财物不吸引人或止赎房附近的财产犯罪相对而言汇报较少。但对印第安纳波利斯的研究结果显示，从区域整体而言，止赎的增加会导致财产犯罪率的提高。研究还发现止赎对区域内的暴力犯罪及财产犯罪有明显的影响。

同时，止赎效应在其附近区域最为明显，同时具有负外部性，其影响范围可达3250英尺以外，随距离增大而减弱。具体而言止赎率带来的犯罪率的提高会向周围地区辐射：500×500平方英尺的区域对1250英尺范围内的财产犯罪和暴力犯罪提高的影响很明显，而随着距离的增加，影响减弱。但也有一项对路易斯维尔的研究表明，区域内的止赎率上升对周围地区的犯罪率的影响较小。该研究也将地区划分为一块块单位研究对象，结果显示：虽然止赎率止赎增加1个单位造成犯罪率增加了0.6单位，周边街区的犯罪率却增加不多。但该研究中的区块是相邻的，不排除研究者在测算犯罪率时该犯罪率已经受止赎影响的可能，因此，还需进一步讨论。

（二）国家层面的证据

除了城市层面的证据，Arnio、Baumer和Wolff（2012）还在样本范围更大、更有宏观意义的国家层面上详细考察了止赎率对犯罪率的影响，同样得出了止赎率会提高犯罪率的结论。

Arnio、Baumer和Wolff（2012）采用覆盖全国的大量样本，试图从国家层面证明止赎率与犯罪率的关系。止赎率对犯罪率具有乘数效应，即单位止赎率的增长会引起大于一单位的增长，并且止赎率具有正外部性，一个区域的止赎率增长会引起邻近区域犯罪率的增长。同时，单纯的治安水平下降不足以解释犯罪率的升高，只有在资源掠夺严重、没有新兴房地产业的地区，乘数效应才能得到明显的反映。

Arnio、Baumer和Wolff（2012）选取了美国3141个县中人口在30000人以上的1817个县作为样本县，以止赎率（2007年样本县每1000笔住房贷款中的止赎数）为自变量，犯罪率（2008年各县市警方备案的抢劫案数和盗窃案数）为因变量，并将控制变量设定为样本县的资源耗用程度（依照贫困家庭率、根据地区物价水平差异调整过的家庭收入的中位数、基尼系数、女性名下的房产、黑人比例综合考量）、人口规模和人口密度（常住人口数和每平方英里常住人口数）、人口变动（最近购买住房入住的居民比例以及2000—2007年的人口变动情况）、失业率、2000—2007年建造的住房比例，来全面地分析止赎率从全国的角度对犯罪率的影响。值得说明的是，止赎率与犯罪率的数据选取时间上相差一年，其目的正如上文所述，是为了造成一个使得止赎率与犯罪率充分作用的时间差，这样反映出来的数据才相对准确。

Arnio、Baumer和Wolff（2012）首先从止赎率与犯罪率的数据入手，剔除其他变量的影响，根据所采集的样本县不同的止赎率及其对应的犯罪率来拟合止赎率—抢劫犯罪率曲线和止赎率—入室盗窃犯罪率曲线；然后通过控制相关变量，研究了资源耗用程度与房地产业发展程度在相同止赎率的情况下对不同样本县犯罪率的影响（见图8.3）。

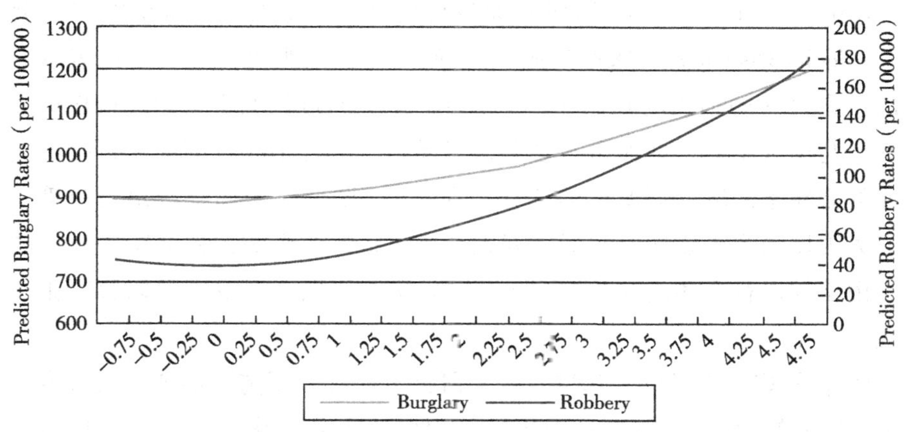

资料来源：Arnio、Baumer和Wolff（2012）。

图8.3　不同止赎水平下抢劫与盗窃率

如图8.3所示，在其他变量相同的情况下，止赎率与犯罪率之间不是简单的线性关系。止赎率—抢劫犯罪率曲线和止赎率—入室盗窃犯罪率曲线均为下凹曲线，当止赎率低于某一水平时（在止赎率—抢劫犯罪率曲线上大致是

0.5，在止赎率—入室盗窃犯罪率曲线上大致是0.75），止赎率对犯罪率几乎不产生影响，而随着止赎率的增加，犯罪率有明显上升的趋势。

而且止赎对犯罪率的影响还与所在县市的资源占用情况、当地的房地产业密切相关。若该县市资源匮乏，而房地产业老化，少有新楼盘建造，则止赎率对犯罪率的影响较为明显。

此外，作者根据大量样本的分析，说明了某个县的止赎率升高会使得相邻的县的犯罪率也相应升高。

（三）城市特征对止赎、犯罪率的影响

现有的许多文献已就止赎影响犯罪率的方式、程度和作用范围等问题进行了深入的讨论与证明。大部分研究都认为止赎率与犯罪率正相关，但这种关系并不在所有城市成立。也就是说，在不同的城市中，犯罪率和止赎率的相关关系是不同的（Baumer et al.，2012）。那么，城市特征如何影响止赎率与犯罪率的相关关系？回答这个问题将为不同的研究结论提供整体的解释框架，具有理论意义；也在政策制定方面增加了一个分析的维度，具有现实意义。

Hipp和Chamberlain（2014）通过使用社会学概念——城市的“社会距离”（Social Distance），来衡量城市的特征。“社会距离”越大，则表示城市内的凝聚力（团结程度）越小。“社会距离”通过影响当局的决策作用于犯罪率。与街区不同，在城市水平上，当局可以出台相应政策法规，缓解止赎造成的犯罪率问题。而城市的“社会距离”，则会对当局是否出台政策、出台多大力度的政策以缓解犯罪率问题，产生很大的影响：社会距离较大的城市，由于缺乏社会团结和共同的价值观，更不倾向于提供资源以解决犯罪率问题。

Hipp和Chamberlain（2014）分别研究了“社会距离”的四个关键变量对特定犯罪率的影响：（1）经济不平等程度（由基于房价的基尼系数衡量）；（2）经济团体的空间隔离程度（由各街区平均收入的中值差异衡量）；（3）种族异质性（由赫芬达尔系数衡量）；（4）种族的空间隔离程度（由泰尔系数衡量）。其中，经济不平等程度和种族异质性反映了城市中群体（及其价值观念）的不同；而经济团体和种族在空间上的隔离会降低城市整体联系，进而影响城市的“社会距离”。他们采用1996—2011年南加利福尼亚州128个城市

警方每月的数据（Uniform Crime Reporting，UCR），将犯罪分为加重恐吓行为（Aggravated Assault），抢劫（Robbery），入室盗窃（Burglary），机动车盗窃（Motor Vehicle theft）和偷盗（Larceny）五类，分别考察了在不同特征的城市中，止赎率对这五类犯罪的影响。

Hipp 和 Chamberlain（2014）的研究为主流观点提供了证据：在止赎率高的城市犯罪率更高。而城市的经济和种族特征会对两者关系产生影响。

他们在控制止赎率的情况下，考察了经济不平等程度和经济团体空间分割对止赎率和除机动车盗窃外的四种犯罪率关系的影响。发现在不平等程度低、经济团体空间分割小的城市，犯罪率最小；在不平等程度平均的城市，四类犯罪率也随着空间分割的增大而增大；但在不平等程度高的城市，四类犯罪率在空间分割小时更大，也就是说，小范围（街区）的经济不平等最易产生高犯罪率（见图 8.4）。

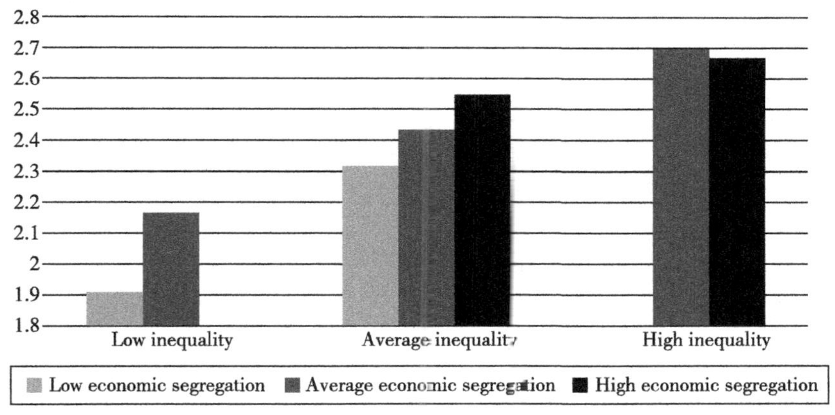

资料来源：Hipp 和 Chamberlain（2014）。

图 8.4　城市经济不平等程度和经济分割对止赎和抢劫关系的影响

其次，在对种族异质性和种族空间分割状况对止赎率与犯罪率关系的影响的研究中发现，种族异质性和种族空间隔离程度对所有类型的犯罪率均有影响，但对机动车盗窃类、偷盗犯罪率与加重恐吓行为、抢劫和入室盗窃犯罪率的影响不同。在种族异质性低的城市，种族的空间隔离增加了犯罪率，所以，最高的犯罪率发生在种族异质性低、隔离程度高的城市。但在种族异质性高的地区，隔离程度越低，犯罪率越高（见图 8.5）。

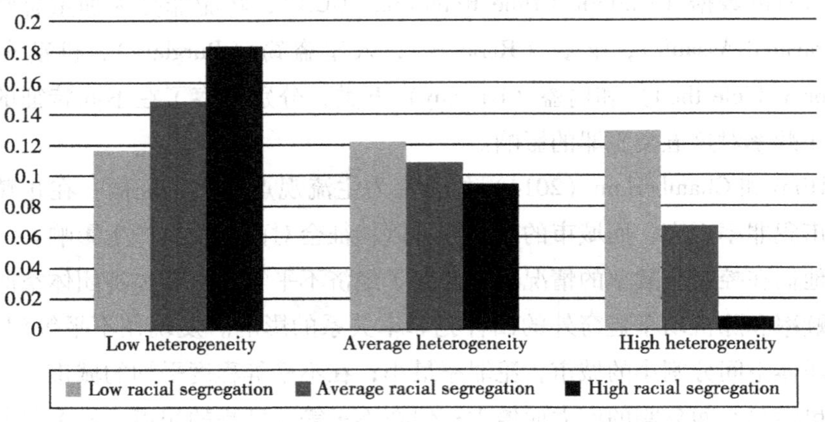

资料来源：Hipp 和 Chamberlain（2014）。

图 8.5 种族异质性和种族分割状况对止赎率和盗窃关系的影响

第九章　美国政府应对违约和止赎的干预措施

前文已经分析，正常情况下，住房抵押贷款一旦逾期超过 90 天即变成贷款机构的坏账，因此丧失住房赎回权。而贷款机构乃至整个社会都可能因止赎而付出很大代价。而一旦止赎演变成全社会现象，则可能导致非常严重的社会问题。正因为如此，在美国这个世界最发达且政府高度干预的住房抵押贷款市场，自次贷危机全面爆发后，即开始了历史上最大规模的救市行动以减少止赎导致的社会损失。美国联邦政府出台了一系列干预措施，各州政府颁布诸多法律规定，以防止贷款违约演变为丧失住房赎回权，同时减缓已经止赎的大量住房产生巨大的不良外部效应。

美国联邦应对违约和止赎危机的政策分为两类：一是对于有可能和已经违约的贷款，注重防止并减少止赎；二是对于已经进入止赎程序和已经止赎的住房，注重减轻集中的止赎住房对邻近社区的影响。第一种应对措施包括布什和奥巴马联邦政府的主要行动。这些行动包括 2007 年底公布的国家缓解止赎咨询项目、在美国证券化论坛上被率先提出的希望联盟和与之相关的调整计划、2009 年开始实施的住房可负担计划（MHA）项目（包括住房可负担调整项目和住房可负担再融资计划以及它们的辅助性项目）。第二种政策侧重于减缓止赎对当地社区的影响，这类政策包括三个阶段的社区稳定计划（NSP），即 NSP1、NSP2 和 NSP3。与联邦政府干预政策相对应，各州也倾其所能防止并减少止赎以及降低止赎住房对社区产生的不良影响。

概而言之，美国政府应对违约和止赎的干预措施从多方面综合考虑，创新方法，很大程度上使止赎得到了控制。其救助重点是针对居民住房抵押贷款的负担能力，让居民走出债务的困境，同时减缓止赎对社区产生的不良影响，而非像中国那样救房价，让过高的房价或房地产泡沫得以持续。美国地方和州政府的市场干预措施主要包括以下四个方面的内容。

(1) 协商修改住房抵押贷款合约条款，为推迟还款提供条件：降低贷款利率；减少本金；延长还款期限；延长还款拖欠容忍期限；等等。

(2) 保证借贷双方的信息沟通顺畅：联系提醒其违约行为，并在改变抵押品销售日期后做出通知；建立业主保护办公室；建立互联网平台，公开信息。

(3) 支持并鼓励发挥贷款机构、保险公司等金融机构的作用。

(4) 运用国家宏观经济手段：财政拨款设立基金，发布紧急贷款援助计划，提供援助咨询和救助。

第一节 布什政府防止止赎的政策

虽然没有明确公认的住房抵押贷款止赎危机的起始时间，但不少人认为是在2006年末或2007年初，此时很多地区的止赎数量在经过一段时间的低水平后开始迅速增长，尤其是亚利桑那、加利福尼亚、佛罗里达和内华达这四个沙漠之州。最大的一家次级贷款机构新世纪公司在2007年春破产了。在春末夏初之际，美联储主席伯南克和美国住房和城市发展部（HUD）部长Alonzo Jackson申请联邦基金用于防止止赎的咨询之用。

在2007年8月，联邦住房管理局（FHA）宣布了其保障项目，在此项目中联邦住房管理局为拖欠贷款的房主提供了更多可获得的贷款来防止止赎。尽管联邦住房管理局所筹集到的资金在2008年激增，但由于其他贷款机构所提供的信贷数量大量萎缩，到2008年4月，只有不到1800名的贷款拖欠者接受了联邦住房管理局保障项目（Swarns，2008）。

2008年10月，次级抵押贷款危机持续恶化，参议员Richard Durbin推出了帮助破产家庭挽救住房行动（D－IL）。这一法案允许判决破产的审判调整住房贷款的余额。当符合第13章的条件而被判为破产时，法庭就可以调整贷款，包括强制性批准或是通过住房或其他抵押品的市场公允价值减少贷款余额来保全贷款。然而，这一法案对业主自住住房担保的贷款不起作用。破产审判可以调整空置住房或投资性房产的贷款余额，而不适用于居住性住房。Durbin法案可能会释放一部分破产数量，也会使投资于抵押贷款担保证券的投资者和金融机构在被判定破产之前主动调整贷款。包括很多和担保机构在内的 Durbin 法案反对者以及布什政府均认为这一提案会使利率持续上升，Levitin 和 Goodman（2008）预计强制性批准的贷款会导致贷款利率上升 0.05 个到 0.15 个百分点。该法案最终没有实施。

布什政府是同意替换 Durbin 法案的主张者之一，在 2007 年 10 月公布了希望联盟。这一联盟包括银行和投资者贸易联盟、邻里计划和其他组织。希望联盟通过一个 1～800 的数字为房主提供防止止赎的咨询。布什政府再次拒绝强力干预的呼吁，同时宣布他们将致力于合理的而不是自发的次级抵押贷款调整。这一提议一开始由一个结构化金融投资者贸易集团美国证券化论坛（ASF）提出。这一计划被很多消费者保护集团所诟病，一部分原因就是它对金融机构和投资者来说是完全自发的，还有就是它将列入符合条件的设置得太少（Said 和 Zito，2007）。据估计，次级抵押贷款的符合项目需求条件的比例在 3% 到 12% 之间（Immergluck，2009）。

2007 年 12 月，国家缓解止赎咨询（National Foreclosure Mitigation Counseling，NFMC）项目开始实施。在 2011 年，划拨资金在 5 轮以上，NFMC 项目提供了超过 59 亿美元给地方的住房咨询机构来判定房主是处于止赎还是有止赎危险。在布什和奥巴马主导的贷款调整措施中，对于申请贷款调整，NFMC 项目的顾问是主要拥护者。在 2010 年初，NFMC 项目对超过 100 万美元的房主提供了咨询。一项由国会授权的对此项目的评估发现在通过这一项目得到咨询的房主中，止赎数量有显著下降。

2008 年夏，由于经济衰退，大选临近，解决止赎问题的政治压力也在加大。由于投资于次级抵押贷款担保证券存在巨大损失，政府支持企业房利美和房地美需要联邦政府帮助的倾向越来越明显。政府支持企业由于股票价格下跌而比以前杠杆更高。

2008 年 7 月，住房和经济恢复法案（HERA）颁布。住房和经济恢复法案规定政府支持企业在必要的情况下会被接管，本质上是将让其置于政府的直接控制之下（Weiss et al.，2008）。它同时还包含对住房建筑商的税收减免，对首次购买住房者的税收抵免政策（随后得到了简化），还有为地方政府非获益性的收购止赎住房提供资金，后来被称为社区稳定计划，这在后面还会分析。

住房和经济恢复法案中的防止止赎计划是耗资 3000 亿美元的业主希望计

划（H4H），由联邦住房管理局执行，目的在于为经济困难者提供资金使他们能还得起贷款，并以数额更小、偿还可能性更大的固定利率贷款代替原来的贷款。项目规定在卖出住房时要分给联邦住房管理局50%的收益。项目没有解决经济困难的普遍持有的次级留置权抵押贷款，尤其是高成本住房市场中的贷款。次级留置权贷款可以进行筹资。业主希望计划成效不大，即使住房和城市发展部放松了对借贷双方的要求并尝试使对失去留置权的贷款机构发放补偿更容易。但在2010财政年度，业主希望计划也只通过了340笔贷款。

在2008年7月住房和经济恢复法案颁布后，许多地区的房价持续下降，止赎的数量持续上升并且开始蔓延到了类优级和优级贷款市场。2008年9月初，财政部部长鲍尔森宣布为政府支持企业提供资金并且命令新的GSE掌管者联邦住房金融局（FHFA）接管两家公司，使联邦住房金融局可以实际控制两家公司。在美国和世界金融市场更大的动荡中，包括雷曼兄弟的倒下和美国国际集团的破产，财长鲍尔森签发了一个7000亿美元的提案建立了问题资产救助项目（Troubled Asset Relief Program，TARP）。这一提案其实是为危机加剧做准备的。2008年10月初，美国国会通过了紧急经济稳定法案（Emergency Economic Stabilization Act，EESA），该法案批准了问题资产救助项目，并列入法律。问题资产救助项目开始所起的作用只是从金融机构收购贷款或抵押贷款担保证券以使其甩掉摆脱问题资产。然而到了10月中旬，在英国向银行注资后，财政部指定问题资产救助项目的资金只能用来购买大金融机构优先股。布什政府不管法案中的规定，决定停止使用问题资产救助项目的资金直接帮助经济困难的房主。

2008年底，奥巴马在执政前就尝试强制批准另一半问题资产救助项目的资金。国家经济顾问委员会主任萨默斯建议新政府使用500亿~1000亿美元的问题资产救助项目资金来缓解止赎。信中还说新政府会找机会更改破产法来允许对次级留置权抵押住房贷款的强制性批准。

2009年1月，美联储开始一项收购房利美和房地美发行的抵押贷款担保证券的项目。在2008年金融危机最严重时期，与抵押贷款相关的证券市场也不可避免地发生了衰退。不仅如此，即使政府支持企业的监管者增加了企业抵押贷款担保证券的信用度，美联储收购价值1.25万亿美元的政府支持企业的抵押贷款担保证券的决定降低了贷款利率（Gagnon 等，2011；Hancock 和

Passmore，2010）。即使收购抵押贷款担保证券的项目不在于减少止赎，而主要在于为市场提供流动性并且降低利率，严格来说不算防止止赎的项目，但对止赎确实产生了一定的抑制效果。保持抵押贷款利率在一个较低水平还可以使浮动贷款的利率不会一路升高。如果利率在2008年底和2009年持续升高，那么止赎也会上升到更高数量。然而，美联储收购抵押贷款担保证券的项目的主要受益人是数以百万计的中等和高收入的住房购买者和住房持有者。他们在每月偿还贷款时可以省下几百美元，这使他们中的大部分人远离了止赎风险。收购抵押贷款担保证券和降低利率的政策见效缓慢，在缓解止赎上不能称为有效、公平、目的性强的方法，也没有降低2009年的止赎率，但这些措施对止赎率产生一定的影响。

第二节　奥巴马政府防止止赎的政策

奥巴马政府在其最早制定的国家政策中将强制性更强的防止止赎政策列为首位。布什政府的希望联盟计划被认为是不合适的无效的政策而受到批评，美国证券化论坛和希望联盟的调整计划在2008年前半年只负责9%的贷款调整，在后半年这一比例又下降到了2%（Fitch Ratings，2009）。不仅如此，2008年下半年只有少于7%的调整贷款减少了偿还本金。一部分原因是许多调整贷款没有减少偿还数额，更不用说未偿本金了。在这一阶段，6个月中再违约的部分占了34%～51%（Agarwal等，2010）。然而贷款调整导致了本已减少的贷款偿付额在2008年又增加了，很多中介机构仍然关注超短期的债务偿还期的延长，这只减少了一个月的还款（他们在后来增加的数量超过了以前的水平）或根本没有明显的减少。

对奥巴马政府的调整贷款措施的一个重要影响因素是联邦存款保险公司接管第二大贷款公司Indymac。联邦存款保险公司主席Sheila Bair对希望联盟用非标准的边际方法来调整贷款表示怀疑。2008年，联邦存款保险公司采取一项措施，可以通过一个标准化协议为债务收入比在31%以上的单方面提供贷款调整。

2009年3月，奥巴马政府出台了住房可负担计划（Making Home Affordable，MHA），计划帮助700万～900万个房主。一开始，住房可负担计划坚持两个关键项目，住房可负担再融资计划（Home Affordable Refinancing Program，HARP）通过政府支持企业提供更多的再融资机会。政府支持企业一直以来都使贷款数额低于住房价值的80%除非有私人抵押贷款担保机构所担保的贷款价格高于这一水平。因为越来越多的房主面临糟糕的情况（住房价值比贷款额低），他们不能够在利率处于历史性低点时期为其贷款进行再融资。这样的再融资会导致贷款偿付额减少，因此会降低这类贷款止赎的风险。根据住房可负担再融资计划，再融资贷款的贷款额与住房价值之比的上限增加到了105%，几个月后这一上限又被提高到125%。住房可负担再融资计划将使400万～500万个房主的贷款通过再融资转换为低成本贷款。

住房可负担计划的另一个令人关注的组成项目是住房可负担调整项目（Home Affordable Modification Program，HAMP）。住房可负担调整项目是由问题资产救助计划提供资金的，在面临止赎风险时申请贷款调整来使贷款支付额在长期内减少。住房可负担调整项目是一个复合项目，贷款调整分两步走。第一步，贷款机构或投资者负责降低贷款的每月偿还额，使其数额等于每月总收入的38%。第二步，减少贷款偿付额的成本相当于月收入的31%，这一部分成本由贷款机构或投资者和联邦政府共同承担。在以前的住房可负担调整项目中，金融机构不要求但可以减少本金。在此住房可负担计划中，本金削减替代项目（PRA）支持这一行为，下面将进行介绍。

在面对其他资格要求时，住房可负担调整项目是否适用通过一个标准化的“净现值”（NPV）来估价，净现值评估比较了调整贷款和没有调整贷款的贷款机构或投资者的净现值。净现值评估使用特定的方法来比较两种情况下的现金流量并折合成当前的货币金额。如果预期调整贷款所得到的现金流量的净现值比预期止赎所得到的现金流量的净现值高，金融机构就会选择调整贷款。净现值评估的逻辑是从贷款机构或投资者的角度看金融机构执行贷款调整是值得的。贷款调整项目被媒体称作主要帮助的项目，也是范围更广的减轻贷款机构损失计划的组成部分。支持贷款调整的重要理由是和适当的贷款调整相比，贷款机构或投资者在执行止赎时损失更多（White，2009）。当金融机构止赎时，贷款机构或投资者在止赎量少于一半时可以迅速恢复，持有超过60%的次级贷款或超过50%的次级留置权贷款就可以控制损失的严重程度。

从贷款机构或投资者的角度看他们支持净现值评估，但社会可能不支持。

不仅如此，金融机构有能力影响净现值分析的实施，如果金融机构不能从调整过程中获益，他们就会扭曲结果不进行调整来保证既得利益。

所有住房可负担调整项目都进行了三个月试行调整，虽然实际上几乎20%的试行调整延长至6个月（问题资产救助计划特别监察组，2011）。在试行阶段，住房可负担调整项目至少在新的水平上偿付三次贷款。在过渡到永久调整后，贷款偿还期保持固定不变或至少为5年，在这之后如果在调整阶段获得了低于市场水平的利率，利率可能会每年上升1%最终回到市场利率水平。

住房可负担调整项目的基本思想是这样的：通过对金融机构的小额奖励和对评估实行调整的标准化协议，金融机构和贷款机构或投资者对调整的抵制就会减少。然而，住房可负担调整项目没有快速公平地减少大量破产的贷款调整所面临的障碍。

住房可负担调整项目这一继布什政府的希望联盟之后的项目，另外一个特点是没有对金融机构施加调整贷款的要求。即使调整过程中的一些步骤可能会触发强制调整，但住房可负担调整项目还可以通过许多其他方式允许金融机构和贷款机构或投资者限制贷款调整。不仅如此，住房可负担调整项目的调整过程中许多关键的基础投入或估价都处于金融机构的控制下。图9.1表明了住房可负担调整项目过程的复杂性。

美国财政部在介绍住房可负担调整项目时，表明该项目可以通过实行与2007年的Durbin法案类似的破产贷款调整条例来得到补充。这样的法案为驱使贷款机构实行贷款调整提供强制的“大棒”，而住房可负担调整项目对金融机构的激励则是胡萝卜。破产贷款调整法案在白宫得到通过，但没有得到参议院的通过。奥巴马政府没有强制推行法案，而是认为住房可负担调整法案不需要破产贷款调整辅助就可以达到目标（Lillis，2009）。结果，奥巴马政府的防止止赎政策比布什政府的希望联盟更有目标，更长远，结构更明确，但也只是依赖住房可负担调整项目的小额奖励金这根胡萝卜而缺少了破产贷款调整这根大棒。奥巴马政府计划住房可负担项目可以帮助700万~900万个房主，其中住房可负担调整项目可以帮助300万~400万个房主。

住房可负担计划不久就通过针对防止止赎的障碍和经济软着陆创造机会的一系列附加项目得到扩展，当房主不能拥有住房时，就会实行卖空、止赎替代和搬迁帮助。这些项目中其中一个是第二留置权调整项目（成为 2MP），主要用于消除或调整次级留置权抵押贷款。若优先留置权抵押贷款被住房可负担调整项目调整过，那么参与第二留置权调整项目的金融机构必须调整的次级留置权贷款。在住房可负担调整项目的框架下，遵守特定协议的金融机构的行为会产生两个结果，一是杜绝次级留置权贷款，二是减少一部分偿还额并调整剩余期限。通过住房可负担调整项目，金融机构在受到偿还贷款的激励后会实行第二留置权调整项目。虽然这一项目是 2009 年春提出的，但直到 2010 年春才得以实行。此外，尽管房地产市场上仍存在大量次级留置权抵押贷款，但只有不到 35000 笔贷款在第二留置权调整项目实行后的 15 个月内得到了调整。

直到 2010 年末，住房可负担调整项目没有正面遭遇到处境很糟的情形。没有根据房产价值进行贷款余额重组、处于严重负资产状况的会没有动力设法保留住房所有权，尤其在保留住房所有权会产生其他债务违约或对家庭经济状况产生严重负担时。事实上，这就是为什么在破产判决时对贷款余额实行调整会对政府大规模贷款调整的努力起补充作用。如果没有破产调整的威胁，金融机构和投资者就没有动力多做真正可持续的贷款调整使止赎数量大幅下降。面对这一问题，美国财政部在 2010 年底开始实行本金削减替代（Principal Reduction Alternative，PRA）项目。本金削减替代项目给予金融机构除了住房可负担调整项目外的激励使其减免本金，同时此项目也给予贷款投资者激励。然而，即使减少本金会比其他形式的调整带给投资者更多的利益，本金削减替代项目并没有要求金融机构减少本金。

住房可负担计划中另一个防止止赎的项目是住房可负担止赎替代（Home Affordable Foreclosure Alternatives，HAFA）项目。住房可负担止赎替代的规则于 2009 年底制定，在 2010 年春得以实行（SIGTARP，2011）。住房可负担止赎替代目的在于鼓励卖空和代替止赎来对止赎做合适的替代。在很多州，参与了这些交易中任何一种都要对通过余额判决进行了卖空或止赎替代后的未偿贷款余额负责（即使这些贷款没有经过担保）。实际上这些交易比从表面上看到的获利更少。住房可负担止赎替代的一个组成部分是要求参与的或投资者搁置一切权利来推行余额判决。住房可负担止赎替代激励金融机构和实行卖空或止赎替代操作，服务商执行 HAFA 交易可获得 1500 美元奖励，而房主得到了 3000 美元的搬迁援助。然而，很多金融机构和贷款机构或投资者可能不愿放弃在卖空或止赎替代后的有效判决。参与住房可负担止赎替代的十家最大的金融机构报告称2011年5月内他们共为住房可负担止赎调整项目调整失败的贷款机构完成了12000笔卖空和止赎替代，是2011年6月完成的住房可负担止赎替代操作的总数的十倍还要多。

2013年5月30日，美国财政部以及住房和城市发展部宣布①，将原定于2013年12月31日到期的住房可负担计划延期两年，并扩大使用标准，以使更多贷款购房者从中受益，从而支持房地产市场的良性发展。此时已有约130万名购房者直接从中受益。但这项计划的惠及面不及政府预期，而且房贷机构对此热情不高，政府计划从财政部划拨的项目资金尚有很大一部分没有动用。

2014年6月26日，奥巴马政府又将住房可负担计划申请的截止日期延长为2016年12月31日。为了使更多的业主了解住房可负担计划，2014年9月24日美国财政部、住房和城市发展部和美国广告协会（Ad Council）推出了一系列公共服务广告作为其防止止赎援助行动的一部分。②

资产救助计划提供资金的项目与住房可负担调整项目途径不同，它的附属房贷可负担项目是重灾区基金（Hardest Hit Fund，HHF），该基金经美国财政部授权为州住房金融机构（HAFs）提供资金，住房金融机构反过来在他们所在的州设计和实施详细的防止止赎的项目（Immergluck，2010）。重灾区基金被认为是减少止赎的创新方式，可以适应于局部地区的住房市场和经济状况。从2010年2月开始，重灾区基金项目分四轮给住房金融机构分派了超过76亿美元的资金，发放基金的标准和基金的使用条件每一轮都有所改变。第一轮提供了15亿美元给五个州（亚利桑那州、加利福尼亚州、佛罗里达州、密歇根州和内华达州）。这些州的房价已经从最高点下降了至少20%。至少在一开始，这一轮财政部的基金使用范围很广泛，只要是用于减少止赎或是缓解止赎对家庭的影响。几个月后的第二轮基金发放中，又有6亿美元的基金被分派到了另外5个州。这一次高失业率地区人口比重较大的州被选中，包括北加利福尼亚州、俄亥俄州、俄勒冈州、罗德岛和南加利福尼亚。这一轮的基金使用条件和

① Obama Administration Extends Application Deadline for the Making Home Affordable Program. 2013－5－30.

② U. S. Department of the Treasury, U. S. Department of Housing & Urban Development, and the Ad Council Launch New Public Service Ads to Reach Struggling Homeowners, 2014－9－24.

第一轮是相似的。2010 年 8 月，第三轮共有 20 亿美元的重灾区基金被分派到了失业率高于全国水平的州。这次接受基金的州增加到了 17 个，另外再加上华盛顿，囊括了除亚利桑那州外其他以前接受过基金的州。第三轮基金用于援助失业者偿付贷款的项目。最后，9 月底财政部即将结束资产救助计划基金发放之前，额外的 35 亿美元的资金被分派到了重灾区基金援助的州以保持重灾区基金项目。

通过使用大规模的整体推进方法，重灾区基金项目在防止止赎和贷款调整项目方面进行了局部创新。然后，即使经济稳定紧急法案在设计例如住房可负担调整项目和重灾区基金的防止止赎的项目时给予美国财政部较大的自由裁量权，财政部对重灾区基金提议的回应还是缺乏灵活性（Immergluck，2010）。例如利用重灾区基金支持对合法援助这一提议就被拒绝。除此之外，金融机构和政府支持企业反对一些重灾区基金的州实行本金削减项目，即使这些损失可以用重灾区基金的一对一资助来解决。在住房可负担调整项目中，财政部就没有要求金融机构或政府支持企业参与本金削减项目。

2009 年和 2010 年失业迅速上升，成为止赎的重要推动因素。2010 年 3 月，财政部推出了家庭可负担失业项目（Home Affordable Unemployment Program，UP）。在家庭可负担失业项目下，住房可负担调整项目的能得到 3 个月的贷款偿还期的延长。在收到全国许多地区失业普遍超过 6 个月的经济中，偿还期延长 3 个月没有多少作用的意见时，财政部将偿还期延长至 12 个月。然而政府支持的企业拒绝参与家庭可负担失业项目，使得这一项目只能适用于没有政府支持的企业贷款。

家庭可负担失业项目有两个补充项目，一个是用于帮助失业者偿付贷款的重灾区基金项目，另一个是用于帮助没有重灾区基金项目资助的项目。在 2010 年夏的《多德—弗兰克华尔街改革和消费者保护调整改革法案》中，国会批准了 10 亿美元用于贷款偿付援助项目，即紧急住房贷款计划（Emergency Homeowners Loan Program，EHLP），致力于帮助失业房主偿还贷款。紧急住房贷款计划只在 32 个重灾区基金不适用的州实行。然而，直到 2011 年夏这一计划才得以实行。不仅如此，直到 2011 年 6 月政府支持企业才同意这一项目（Prior，2011）。

第三节 缓解止赎的外部性：社区稳定计划

联邦政府在违约和止赎的应对措施中除了绝大多数目的在于防止止赎外，还采取措施消除止赎的空置住房对周边社区的负面影响。为此实施了社区稳定计划（NSP）。

社区稳定计划由三个不同项目组成，每个项目由不同法规授权，目的在于获取和再使用止赎的住房。这三个项目通常被称为 NSP1（HERA 授权）、NSP2（由 2009 年的 ARRA 授权）和 NSP3（由 2010 年 Dodd – Frank Wall Street Reform and Consumer Protection Act 授权）。尽管三个项目的适用条件有所不同，但资金都可以使用在以下五个方面：（1）获取和复原遗弃或止赎的住房；（2）为类似于首付援助项目（为购买止赎住房）的机制提供资金；（3）为住房进行土地储备；（4）拆除无法使用的住房；（5）重建拆除或空置的住房。

对于 NSP1，美国国会给住房和城市发展部两个月的时间制定 39 亿美元在受惠于社区发展基金（CDBG）的社区与州之间的分配方式。州政府在得到资金时可以直接用来购买止赎住房，也可以将资金分给下级地方单位。住房和经济恢复法案要求每个州至少得到 NSP1 总资金（190 万美元）的 0.5%。住房和城市发展部根据反映止赎严重程度的多个数据源设计规则，资金划拨根据该规则进行。如果根据住房和城市发展部的规则，使某个社区发展基金的社区得到的拨款少于 200 万美元，这一地方就不会得到直接拨款，而是算入对州政府的拨款中。在住房和经济恢复法案覆盖的 1201 个地方政府中，超过 300 个直接拨款已完成，包括对州政府的拨款。所有接受社区稳定计划资助的地方政府共收到 6220 万美元的拨款，其拨款额的中值为 430 万美元。

到 2010 年 10 月，NSP1 的所有资金全部分配到位（虽然这些资金不是必须要花），分配的资金用于不同的活动：66% 的资金用于获取和复原住房；11% 用于新建住房；6% 用于帮受助者获得住房所有权；5% 用于拆除住房；4% 用于住房的土地储备以及其他活动（美国政府审计局，2010）。还剩下 9% 用于行政支出。

一些专家和学者从多个方面批评了 NSP1 项目进行（Newberger，2010；Mallach，2009）。其中一个方面是在 18 个月内拨放社区稳定计划基金时间太短，很难发展和执行地方重点恢复项目，很多NSP1资金的接受者在18个月的最后三个月分配了很大比例的资金。99%的接受者在2010年10月1日前分配了至少80%以上的资金，38%的接受者仍然只分配了不到60%的资金。如果了解了实行NSP1项目的难度和挑战性，那么多数接受者大量的资金在15个月内没有得到分配就不奇怪了。当然，这也反映了很多地方当局在执行项目时所遇到的挑战。尽管18个月的期限与住房和经济恢复法案所预计的紧迫性相符合，但这也许是资源最有效利用的方式。

在NSP1实行期间的最后几个月划拨大量资金，其副作用就是有些地方当局不得不在临近分配资金期限时改变社区稳定计划。例如有些地方政府的社区稳定计划本来着重于购买单户住房，但后来转向了收购多户式公寓止赎住房（Korte，2010）。

另一个批评是国会提出对地方政府从项目中获得的收益加大征收力度，虽然这一要求在项目的后续阶段取消了。法令还要求地方政府从贷款机构或贷款金融机构购买止赎住房时，其价格要比估价低5%～15%，这一规定在住房价格高度不稳定的时期很难实现。这一政策使得NSP1项目的执行者与投机的投资者或有较大购买能力的购买者相比竞争力不强（这一要求在后来被调低了1%）。该政策还禁止项目执行者售卖住房的价格要超过收购和恢复住房的成本，这就意味着地方政府不能用一所住房的收益为可能亏损的住房提供恢复资金。成功的空置住房再利用项目利用了这样的交叉补贴策略来提升项目的规模和全面影响力。

NSP1项目只允许10%的资金用于行政支出。如果绝大多数地方政府几乎没有对获取和恢复止赎住房建立基础设施，那么这一低水平的拨款比例可能会使政府在这一领域缺乏执行力。除此之外，在流经州政府的这一部分资金中，一部分重要的资金没有流向地方政府。在NSP2项目中，行政资源不足的缺陷可能会因为专用于技术援助的资金而得到部分调整。

在NSP1项目实行之时，大多数地方政府没有储备土地。尽管住房和经济恢复法案鼓励利用地方的土地储备，但这一法案没有为地方政府建立任何形式的国家土地储备，法案既没有提供实体物质支持也没有提供启动运转的资金或技术支持。

一些地区社区稳定计划实施的一大挑战是2008年底投资者对止赎住房越

来越强的需求（Immergluck，2011；Coulton et al.，2008）。一些社区稳定计划面临金融机构（或他们的房地产经纪人）在可以快速将住房出售给投资者并收到现金时不再愿意进入更缓慢的社区稳定计划的程序（Newberger，2010）。在亚特兰大和克利夫兰，NSP1 项目在实行时由贷款机构卖出止赎住房，尤其是价格较低的住房，其数量迅速增加（Coulton et al.，2008；Immergluck，2011）。因此在投资者能够得到社区稳定计划的资金前，由社区稳定计划战略性收购的住房都会落入投资者手中。

尤其是对于售价低于 10 万美元甚至低于 5 万美元的住房，金融机构要处理上千笔交易，对于成交前购买者的价格评估和环境评审是没有耐心的。因为社区稳定计划将注意力集中于特定的街区或社区，因此住房流入投资者之手会很麻烦。如果这些住房仍然是空置的，或没有得到充分修整，他们就会成为目标地区经济恢复的障碍。

为解决投资者竞争问题，全国社区稳定信托（NCST）、政府支持企业、各大全国贷款金融机构以及联邦住房管理局合作推出了“先看”项目。在该项目中，贷款机构或金融机构同意让地方政府，有时是特定的社区稳定计划执行者在住房公开向市场出售前可以优先购买。2010 年，全国“先看”项目由全国社区稳定信托和住房和城市发展部提供资金。当银行屋归政府支持企业所有时，社区稳定计划的资金接受者就会得到通知，联邦住房管理局或一些大银行就可以进入社区稳定计划的目标区域。社区稳定计划的执行者接下来会有24～48 小时的时间选择他们所感兴趣的住房。“先看”的期限会持续 5～12 个工作日，在此期间社区稳定计划的执行者进行检查并估测修整费用。社区稳定计划执行者必须在“先看”的期限前承诺购买，否则住房就会放到市场上出售。

2009 年初，在美国恢复和在投资法案起草的同时，第二阶段的社区稳定计划（NSP2）也设计出来了，这是一个竞争性的而非按规定分配资金的项目，此项目部分解决了资金接受者的能力问题。NSP2 以竞争性提供资金的方式提供了 20 亿美元资金，大约是 NSP1 提供的一半。除此之外还提供了 5000 万美元用于技术援助，用以帮助 NSP1 和 NSP2 的资金接受者。技术援助资金很及时，因为一些 NSP1 项目的执行者 18 月内将资金分配好是有难度的。NSP2 项目同时还鼓励无收入来源的地方政府机构中的非营利组织和联盟申请基金。

尽管 NSP2 项目解决了 NSP1 项目中出现的一些问题，但还是遇到其他的挑战。其中的一个变化是所有住房恢复都要以住房使用为目的。NSP1 项目允许恢复非居住用的住房。考虑到一些社区住房的过度供给以及很多住房荒废的状况，不少人认为这样的限制会阻碍人们得知恢复住房的计划。另一个挑战是 NSP2 与 NSP1 项目一样依赖于联邦—地方政府间的资金约束与要求这样一个现有的基本结构。

NSP3 项目包括在 2010 年《多德—弗兰克华尔街改革和消费者保护法案》。这一项目共有资金 10 亿美元，其中有 2000 万美元留出专用于技术援助。NSP3 项目也像 NSP1 项目一样按规定分配资金，虽然对失业率较高的地区关注更多。

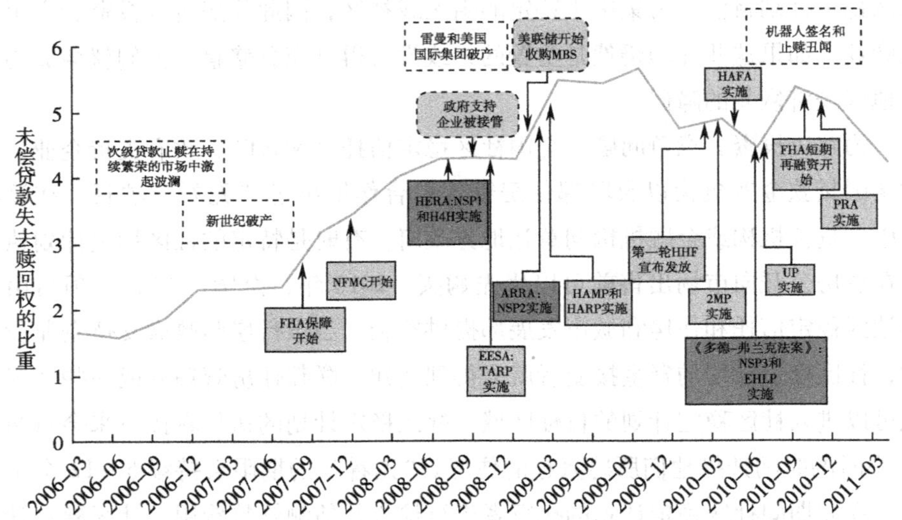

注释：浅色阴影方框代表抑制止赎的政策，浅色方框是缓解政策。虚线无色方框是外部因素，虚线深色方框是可能会对止赎产生重大的非直接的影响的政策。ARRA 代指美国恢复和再投资法案；EHRA 代指住房和经济恢复法案；FHA 代指联邦住房管理局；NSP 代指社区安定计划；2MP 代指二次抵押贷款高速项目；HARP 代指住房可偿付再融资计划；HHF 代指重灾区基金；EHLP 代指紧急房屋贷款计划；PRA 代指本金减免替代；HAFA 代指住房可偿付止赎替代；GSE 代指政府支持企业；UP 代指家庭可负担失业项目；Dodd - Frank 代指《多德—弗兰克华尔街改革和消费者保护方案》。

图 9.1　美国联邦政府应对违约和止赎危机的措施

第四节　州政府的干预措施

与联邦政府干预政策相对应，各州也倾其所能防止并减少止赎以及降低止赎住房对周边社区产生不良影响。其重点同样体现在协商修改住房抵押贷款合约条款、保证借贷双方的信息沟通顺畅、支持并鼓励发挥贷款机构、保险公司等金融机构的作用、动用财政拨款基金以及紧急贷款援助计划、提供援助咨询和救助，等等。在房贷危机开始发生的2007—2014年这段较为严重的时期，各州政府几乎都出台了具体干预措施。①

一、2007年

- 科罗拉多州

第1章 H. B. 1157　公共受托人或州长在处理止赎时应在住房拍卖日前45天将止赎通知寄给业主。

第2章 S. B. 85　禁止抵押经纪人错误地影响房产评估以及欺骗性的交易惯例，并明确这些不当行为的刑事处罚。授权管理机构注册部门负责人公布相关条例，若经纪人错误地影响房产评估或者在过去五年里被任何州的法院禁止代理抵押贷款，将被取消注册。

- 特拉华州

H. B. 250　划拨资金以支持一项止赎权的研究和消费者保护。

- 伊利诺伊州

S. B. 1167　为管理委员会提供不少于400万美元的担保基金，建立防止止赎贷款基金，为那些可能被强行止赎的合格申请者提供低利率紧急贷款。

- 印第安纳州

H. B. 1753　批准印第安纳州住房和社区发展局建立一个程序，为已经拖欠或面临拖欠住房抵押贷款困境的业主提供免费抵押贷款止赎咨询。该项目包括设立免费热线以提供抵押贷款止赎咨询，并培训咨询人员，为其成为该程序法律顾问设定一些考核标准。允许从私营部门、非营利组织和联邦政府处获得

① 参见美国各州相关网站。

帮助以开展该程序，每年向立法委员会提交一份相关报告。

- 缅因州

L. D. 1244　授予缅因州住房委员会与金融机构签订合约获得贷款的权限，替独户式住宅付清现存贷款以帮助陷入拖欠贷款和面临止赎困境的业主。

- 新墨西哥州

H. B. 732　提高宅地税减免额度和财产税减免额度。

二、2008 年

- 阿拉斯加

允许阿拉斯加住房金融机构帮助无家可归者，包括丧失住房赎回权和从住房里被驱逐的家庭。

- 亚利桑那州

S. B 1137　法案授权指定 HUD – certified 房地产咨询机构、律师或其他顾问与抵押权人、受益人或授权代理人讨论代表的选择，以避免丧失抵押品赎回权。该法案规定在 2013 年 1 月 1 日前，授权拥有租入住房单元的租户或转租人在其住房因取消抵押品赎回权而被出售之后 60 天搬出住房。

- 科罗拉多州

H. B. 1402　由住房部门在当地事务部创建防止止赎资助基金，目的为在丧失抵押品赎回权率高的和社区的人提供拓展服务和防止止赎通知援助。拨款 10 万美元基金到防止止赎资助基金，从防止止赎资助基金分配到地方事务部门。

- 康乃迪克州

H. B. 5577　建立三个抵押贷款援助项目，并成立 10 个成员组成的援助计划委员会制定抵押贷款资格标准和抵押人紧急贷款援助计划、紧急援助的范围等。州长、众议院议长、参议院议长、众议院和参议院多数党和少数党领袖、银行专员和银行委员会主席必须各自任命一位抵押贷款援助计划委员会委员，主席从委员会中产生。

H. B. 5623　当住房进入止赎判断（而不是财产所有者的权利赎回已经过期）时，允许临时家庭援助（TFA）或国家补充福利获得者在成为丧失抵押品赎回权被告后有资格获得社会服务部门（DSS）紧急住房福利。

● 路易斯安那州

S. B. 590　授权路易斯安那州住房金融局（LHFA）建立程序为违约或有违约危险的业主提供抵押贷款止赎免费咨询和教育。

● 明尼苏达州

H. F. 3346　增加财政援助以防止抵押贷款止赎。

S. F. 3239　提供止赎预防咨询。

● 新泽西州

S. B. 1853　如果抵押贷款经济上不可行，该法案允许与债权人协商更合理的条件以避免因丧失抵押品赎回权而导致债权人受损。

S. B. 8　拨款250万美元资金资助新泽西的住房和抵押贷款金融机构提供的咨询服务。社会事务部拨款950万美元给新泽西住房抵押贷款金融机构支持止赎中介服务，给管理办公室拨款50万美元支持中介服务。

S. B. 1599　创建了抵押贷款稳定计划和住房援助和恢复计划，拨款长期义务和资本支出基金4000万美元。

● 北卡罗来纳州

H. B. 2463　制订减少住房止赎应急计划，授权银行使用基金预防住房止赎。

● 弗吉尼亚州

S. B. 797　如果业主表示希望避免止赎，抵押贷款银行或金融机构应当给予30个日历天的忍耐期。

● 华盛顿州

S. B. 6711　在住房金融机构中建立智能选择项目部门，协助低收入和中低收入家庭面临的止赎问题。需要华盛顿住房金融委员会帮助拖欠还款的业主对其贷款产品中进行再融资。

三、2009年

● 阿拉巴马州

S. B. 95　为特定的抵押贷款提供180天的止赎权延缓偿付期，在此期间不增加任何费用和利息。禁止法院在此期间记录或归档止赎诉讼。

● 阿肯色州

H. C. R. 1020　鼓励阿肯色州抵押贷款机构对所有住宅的止赎诉讼提供90天的延缓期。

S. B. 396　建立阿肯色州住房信托基金，成立住房信托基金咨询委员会，该基金可用于提供住房和止赎咨询服务。

● 加利福尼亚州

A. B. 1588　建立了（MMW Monitored Mortgage Workout）计划。该法案授权加利福尼亚住房金融机构（California Housing Finance Agency）执行MMW计划。如果选择加入MMW计划，在完成计划前将不会丧失抵押品赎回权。该计划提供以下几点提议：减少利息至少五年；延长抵押贷款期限但不超过原期限40年；未付的本金余额中部分本金延期直到贷款到期；减少部分本金余额；按联邦政府授权的贷款修改项目修改贷款条款。如果在15天未接受这一贷款修改提议，那么这一计划将被取消；若接受提议，则立即执行。

H. R. 21　该法案要求州政府和地方政府查明没有为防止止赎做出努力的银行和其他金融机构，这些措施包括暂时延缓失抵押品赎回权，根据目前的价值重新谈判抵押贷款本金等。

● 科罗拉多州

H. B. 1213　允许从住房发展信托基金（Housing Development Trust Fund）中拨款或借款，用于增加可负担住房供给，为科罗拉多州防止止赎活动提供资金，获得必要的住房和经济数据，为当地住房状况提供建议。

H. B. 1276　要求当地住房部门（Division of Housing in the Department of Local Affairs）设立止赎顾问（Foreclosure Counselor）的资格限制，对他们进行培训以帮助推迟符合条件的被没收住房担保品的销售；允许推迟符合条件住房的拍卖90天；要求与一名止赎顾问取得联系，以判断是否符合资格要求；要求在这90天内履行付款义务。

● 康涅狄格州

H. B. 6144　丧失住房赎回权的时间可延长至2010年1月1日。

H. B. 6378　授权给康涅狄格州金融及住房管理局（Connecticut Housing Finance Authority）设立并实施项目，为面临经济困难并影响每月还款的业主提供住房抵押贷款再融资，包括接受可调利率抵押贷款的业主。

S. B. 948　改变紧急贷款援助计划（Emergency Mortgage Assistance Program，EMAP）的资格确定程序，包括：允许康涅狄格州金融及住房管理局确定收入显著减少的原因；扩大构成经济困难，超出控制的情况范围。该法案扩大了 CT FAMILIES refinancing program 的资格范围，从仅限于接受可调利率抵押贷款的业主扩大到接受固定利率抵押贷款的业主。

● 佛罗里达州

S. B. 2022　授权每个司法巡回区建立抵押贷款止赎权转移试点项目（mortgage foreclosure diversion pilot program），通过实践提供可行的规则。

● 佐治亚州

H. B. 899　在止赎前为付清前欠款和后来的费用、罚款提供机会，以免遭止赎。

H. B. 304　为违约的提供更多的时间面对止赎权。

● 夏威夷州

H. B. 1825　要求抵押人和抵押权人探究防止止赎的选择，包括修改贷款等。

S. B. 757　授权夏威夷公共住房管理局（Hawaii Public Housing Authority）设立试点项目，提供补助，包括向中低收入、因失业而面临失去住房风险的业主和出租人拨款、贷款或无息贷款。

● 伊利诺伊州

H. B. 360　颁布 2009 年紧急止赎权救济法（Emergency Foreclosure Relief Act of 2009）。

H. B. 453　颁布伊利诺伊州业主的紧急援助计划法案（Illinois Homeowner's Emergency Assistance Program Act），包括伊利诺伊州住房发展局（Illinois Housing Development Authority）的权利和职责，可获得援助的业主的条件，援助金额和资金来源等。该法案于 2011 年 1 月 1 日撤销。

H. B. 521　修改伊利诺伊州住房发展法（Illinois Housing Development Act），授权伊利诺伊州住房发展局建立和管理止赎预防咨询项目，其资金来源于止赎预防咨询基金（Foreclosure Prevention Counseling Fund），并向住房和城市发展部认证的房地产咨询机构提供资金，使其对购买前和购买后的业主进行教育，提供止赎预防咨询。修改州财政法案（the State Finance Act），从止赎预防追加罚款中为止赎预防咨询基金提供资金。

H. B. 1011 颁布住房保护试点项目法案（Home Protection Pilot Program Act），要求伊利诺伊州住房发展局执行该试点计划，帮助因经济状况变化而失业的工人避免遭受止赎。

H. B. 2653 修改无家可归者预防法（Homelessness Prevention Act），提供给业主的资金必须足够避免止赎，项目工作人员应确定业主在接受帮助期间仍居住在原住房内，并且生活状况稳定。

H. B. 3751 修改伊利诺伊州劳动者调整与再培训通知法案（Illinois Worker Adjustment and Retraining Notification Act），如果雇主在没有通知的情况下大量解雇雇员，那么雇员可以停止住房抵押贷款付息 180 天，然后在余下的贷款期限内等额分期支付递延利息。

H. B. 3806 修改民事诉讼法，向止赎贷款人提供一份宣誓书，可以推迟司法拍卖时间，并提供计算每月支付额的公式。

- 印第安纳州

H. B. 1633 债务人在 2009 年 6 月 30 日之后违约，债权人应提供一份书面通知，告知债务人，并向债务人提供共同协商一份止赎预防协议的机会。债务人需要在 30 天内安排一次会议。在 2009 年 6 月 30 日后，债权人不能提起取消住房抵押赎回权诉讼，除非债权人向债务人提供会议机会，债务人 30 天内没有答复，或双方在会议上无法达成一致意见，且债权人发出通知超过 90 天。法院在递交止赎权诉讼 60 天内不会处理，以防止债务人在 30 天内回复了债权人的通知。

H. B. 1637 债务人在 2009 年 6 月 30 日之后违约的，在提起止赎权诉讼前，债权人应提供一份通知，告知债务人可能被起诉，债务人可以获得止赎顾问的帮助以及联系止赎顾问的方法。债权人若提起诉讼，还需要提交一份给债务人的通知，告知其有权参与一次和解会议，债务人若同意参加，必须在 30 天内通知法院，法院在 60 天内不会受理诉讼。若双发达成共识，则债权人需向法院提交一份止赎预防协议。若债务人违反该协议上的内容，则债权人可再次提起诉讼而不用向债务人发出通知。在 2009 年 6 月 30 日之后、2013 年 1 月 1 日之前提起止赎权诉讼的需缴纳 50 美元费用，作为止赎预防咨询和援助项目的资金。

● 艾奥瓦州

H. F. 429　给抵押人的通知需包括关于全州免费抵押贷款帮助热线的信息，该热线为经济困难的人提供帮助。

● 密歇根州

H. B. 4052　设立密歇根业主保护基金，用于金融扫盲计划、业主培训和业主保护培训拨款，向寻找住房贷款的人提供预付定金帮助，向低收入、寻求避免止赎帮助的人提供借款和拨款。

H. B. 4453　出现一项或多项下列情况时，禁止提交住宅止赎权诉讼：债权人没有给债务人寄出通知；寄出通知后，住房顾问设计修改方案的期限未满；通知寄出 14 天内，债务人要求与指定联系人会面且离通知发出未满 90 天；债务人要求与指定联系人见面并提供需要的文件，指定联系人未与债务人见面或协商；债权人和债务人同意修改抵押贷款，且债务人未在修改后的协议范围内违约。

● 明尼苏达州

S. F. 340　在开始止赎权诉讼程序开始前，需要接受强制调解。

● 密西西比州

H. B. 935　设立业主紧急抵押贷款援助计划（Homeowner's Emergency Mortgage Assistance Program），向符合要求的密西西比居民贷款。设立业主紧急抵押贷款援助基金。

● 密苏里州

S. B. 268　将不动产登记的一种费用从 3 美元增加到 10 美元。其中的 9 美元存入密苏里州住房信托基金（Missouri Housing Trust Fund），6 美元用于官方计划，其重点在于鼓励自置居所的活动，包括止赎预防。剩下的 1 美元存入国库，供登记办公室使用。

1. S. B. 370　在取消赎回权之前，债权人应在 60 天内通知违约的债务人，告知其有权参加由财务部提供的免费调解服务，可尝试修改贷款偿付安排或提供纠正违约的方法。债务人可以在发出通知 60 天后或在第一次见面调解后 30 天后开始止赎诉讼，以较迟者为准。

● 新泽西州

A. B. 2517　该“新泽西业主保护法案”（New Jersey Homeownership Preservation Act）设立了止赎保护循环信托基金（Foreclosure Prevention Revolving Trust Fund），来帮助本州面临止赎风险的业主。该基金资金来自债权人提起止赎诉讼时缴纳的2000美元费用，100万美元来自新泽西州住房和抵押贷款融资机构（New Jersey Housing and Mortgage Finance Agency）的拨款。该基金为符合条件的咨询机构和非营利机构提供补助和贷款：符合条件的咨询机构必须用基金帮助业主，提供止赎预防咨询服务，提供紧急止赎预防援助贷款；非营利机构必须用基金帮助业主根据债权人的要求重组贷款或修复房产。债权人必须按债务人要求给予6个月的宽限期以使债务人能获得贷款修改、再融资或其他替代方案。在宽限期内，利率不能增加，债权人除了发布通知告知债务人其意图外不能采取进一步止赎行动。债权人还必须向银行和保险部门（Department of Banking and Insurance）提交报告，告知其止赎情况和帮助债务人解决抵押贷款偿付问题所进行的尝试。

S. B. 1956　合法权利受侵害的雇员或为违反工厂关闭法（plant closing law）的雇主工作过的雇员，可以要求暂停支付抵押贷款利息。暂停期可长达180天，在此期间的利息应在剩余的抵押贷款期限内分期等额支付。

S. B. 2338　根据住房援助和恢复计划（Housing Assistance and Recovery Program，HARP），非营利实体如教会组织、银行合伙人可帮助面临止赎或租房回收的人。这些非营利实体和抵押人合作，购买房产并将房产以负担得起的租金重新租给原业主。HARP的目标是帮助业主在7年内加强经济实力，把房产重新卖给业主，或和业主一起居住的人。HARP购买或转移房产的目的是避免止赎或回收，因此不用缴纳房地产转让费。为了防止欺诈，如果房产卖给了原业主或与原业主一起居住的人以外的其他人，将缴纳两倍的房产转让费。

S. B. 3138　设立止赎预防和社区稳定信托基金（Foreclosure Prevention and Neighborhood Stabilization Trust Fund），该基金筹集的钱将用于止赎预防活动，如为面临失去住房风险的中低收入业主提供法律服务、调解服务，培训非政府组织在止赎程序中帮助业主。该基金资金来源于提起止赎诉讼时收取的临时性800美元附加费。该附加费有效期为从该法案生效起5年，或当全州止赎申诉案件少于2万件，以较早者为准。社区事务部（Department of Community Affairs）将从基金中提供上限为50万美元的资金用于培训当地政府和非营利实体，以协助维护社区稳定。社区事务部还可能在第一年利用50万美元、以后每年30万美元，用于收集和传播止赎的数据。收到资金的实体应该每季度报告其止赎预防项目的细节情况。基金中多于100万美元资金将提供给地方政府，或非营利社区发展或住房组织，用于缓解止赎对周围居民住宅区的消极作用。

S. B. 1602　要求新泽西州社区事务部建立、维持和更新网站，用于为业主和其他有兴趣的人解答关于再融资和纠正抵押贷款违约的问题，并列举、描述和提供其他为抵押贷款和信用提供服务和指导的联邦、州、地方的营利或非营利组织的联系方式。

- 纽约州

S. B. 127　建立乡村业主援助计划，帮助乡村社区中低收入或少数民族业主免遭止赎。纽约住房和社区更新部门（Division of Housing and Community Renewal）与当地社区保护公司签订合约，为乡村居民提供帮助。

S. B. 126　建立城市业主援助计划，帮助城市社区中低收入或少数民族业主免遭止赎。纽约住房和社区更新部门将与当地社区保护公司签订合约，为城市居民提供帮助。

S. B. 4109　颁布2009年止赎预防法案（Foreclosure Prevention Act of 2009）；为止赎提供1年的延缓期；要求业主参与辅导会议。

- 威斯康星州

在以下情况全部满足时，要求法院推迟取消房贷抵押赎回权诉讼90天：该抵押房产是抵押人的主要住所；抵押人不拥有其他任何房地产；抵押房地产包含少于6个住宅单元。

四、2010年

- 阿拉巴马州

S. B. 533　现行法律要求止赎通知应连续三周每周一次刊登在当地报纸上，没有要求在止赎前寄给债务人通知。该法案要求应给住宅房地产抵押贷款人寄一份通知，该通知仅限于住宅，不适用于商业和农业房地产。该法案延长了第一次刊登抵押拍卖通知的时间至向抵押人寄出通知的60天后。

- 亚利桑那州

H. B. 2626　该法案规定，在2003年1月1日至2008年12月31日第一次签订信托契约的房地产，在受托管理人发出拍卖通知前至少30天，债权人应尝试与债务人联系以寻找避免止赎的途径。

H. B. 2715　允许受托管理人拍卖有一个暂停期，要求业主提供宣誓书。业主在60天的推迟期内可协商修改付款或其他贷款条款，可接受私人非营利机构的代表人，城市、城镇、乡村或州政府的代表人，或联邦机构的代表人的帮助，共同协商解决方案。受托管理人应协助提供信息。在未能达成协议或60天期满后不能按协议要求付款的，受托管理人可重新安排拍卖；若业主能按协议要求每月按时付款，受托管理人不能在原定拍卖时间1年内安排拍卖。在1年期满后，除非债权人修改贷款条款或直接要求受托管理人取消拍卖，拍卖可继续进行。

- 加利福尼亚州

S. B. 38　该法案要求，至2013年1月1日，抵押权人、受托管理人、受益人或授权代理人，在提交违约通知前，要给债务人提供一份贷款修改申请和其他避免止赎的选择方案，以及一份包含债务人在止赎诉讼中权利的通知。抵押权人、受益人或授权代理人在提交违约通知的同时要记录一份符合性声明，证明符合要求，并向债务人寄出通知声明上述要求已符合。不能提供符合性声明的，或符合性声明没有满足特定要求的，将构成债务人避免止赎的理由，或可取消赔偿金或法定损害赔偿1万美元。

- 科罗拉多州

S. B. 45　现行法律要求住房抵押贷款持有人在提交止赎前30天向债务人寄出书面通知，该法案将时间改为60天，并要求通知包含以下内容：持有人有义务协商一份双方都能接受的协议来避免止赎；如果止赎诉讼开始，持有人有义务参加调解。该法案要求持有人在止赎开始前协商双方都能接受的协议。在授权拍卖抵押房产前，法院应安排一次调解，核实调解的费用已经由持有人支付，并收到调解人证明无法达成协议的通知。该法案要求处罚没有出面，没有提供调解人要求的文件或没有真诚参与谈判的人。

- 康涅狄格州

S. B. 225　要求止赎的住房抵押贷款出借人应向被告人提供一份通知，告知其可以寻求再融资的途径。若抵押贷款出借人没有提供这样的通知，法院可以拒绝或推迟抵押贷款出借人的止赎请求。

S. B. 502　通过 Education Services（CT FAMILIES）program 可向拖欠债务的业主提供30年固定利率的再融资贷款。

● 华盛顿哥伦比亚特区

B18－691　要求住房抵押贷款出借人在止赎前，向业主提供违约通知并告知业主有参加调解的权利。

● 夏威夷州

H. B. 2196　要求对公寓房产提起止赎诉讼的债权人支付所有诉讼期间和房产有关的费用和税收，从诉讼开始的第 6 个月进行支付。

● 伊利诺伊州

H. B. 3806　修改民事诉讼法，符合条件的债务人可向债权人提供一份宣誓书，推迟拍卖一定时间。推迟期结束，债权人可重新安排拍卖。在此期间，债权人和债务人必须真诚协商。

H. B. 5735　修改民事诉讼法，如果抵押人证明申请了财政部的住房可负担计划（Making Home Affordable Program）且抵押房地产拍卖明显违反了计划规定的司法拍卖要求，法院可取消司法拍卖。这一规定在 2013 年 1 月 1 日后无效。

H. B. 6951　修改民事诉讼法。在住房止赎开始前，原告应服从联邦、州、地方的契约损失缓解项目的要求，如果没有项目能促成抵押贷款修改，原告应该利用其他项目审查抵押贷款。每一份止赎申诉都必须包括一份损失减轻宣誓书（a loss mitigation affidavit），描述原告如何通过联邦项目寻求抵押贷款修改。如果原告没有遵守这样的项目要求，那么诉讼程序将暂停，直到法院确定原告遵守了这样的项目。

● 密歇根州

H. B. 6423　债权人没有执行协议帮助密歇根州住房发展局（Michigan State Housing Development Authority）的受灾最严重计划（hardest hit program）且住房发展局没有证明债权人不符合参与条件，债权人不能提起住房抵押贷款的止赎诉讼。

● 佛蒙特州

1. H. B. 590　成立项目，要求对小于等于 4 个单元且被作为主要住所的抵押住房，止赎诉讼应先进行调解。

● 华盛顿州

1. S. B. 6694 对领取失业救济金的人有 1 年的止赎宽限期。要求委托管理人发出拍卖通知时支付 25 美元费用。

2. H. B. 3215 止赎诉讼期间保护和帮助消费者和业主免遭不公平的借款业务侵害。对业主居住的住宅房地产发出拍卖通知应收取额外费用。设立保护华盛顿调解项目账户。额外费用和账户的有效期至 2014 年 12 月 31 日。

五、2011 年

● 阿拉巴马州

H. B. 343 在此前法律下，当事人可以赎回依据法院裁决出售或者抵押期满拍卖后达到一年的房产；而新法案将这一期限缩短至 90 天（用于农业的不动产除外），适用于 2011 年 9 月 1 日后发生的抵押期满拍卖住房。

● 亚利桑那州

H. B. 2124 允许受托人拥有暂时性的 60 天出售权，在此期间，业主有机会协商修改付款或修改贷款期限，可以接受来自私人非营利组织、联邦机构和市、镇、郡、州政府的援助，以促成与贷方会面、协商解决方案。受托人应该给予帮助，提供贷方联系信息，并且协助完成借贷双方的会面和商谈。

H. B. 2383 抵押贷款服务商应该做出合理且与惯常的行业标准相符的真诚努力，这一条款涉及一些包括贷款修改的损失缓解选择以避免丧失抵押品赎回权。服务商必须有充足的人员配置、书面程序、资源设备，为关于可用的损失缓解选择的咨询提供及时且恰当的回应，以确保在申请损失缓解选择时不需要呈递多份必要文件的复印件。

● 阿肯色州

H. B. 1811 在发起法定取消抵押品赎回权前必须为业主提供附加信息并鼓励其参与拟定损失缓解和贷款修改方案。

● 加利福尼亚

A. B. 856 《个人所得税法》严格遵照《抵押贷款债务减免的税收豁免法案（2007）》的相关明细条款，纳税人符合要求的主要住宅负债税额减免部分必须是在 2007 年 1 月 1 日和 2010 年 1 月 1 日内产生的。《联邦紧急经济稳定法案（2008）》拓宽了这些条款应用的时间范围，延期至2013年1月1日。该法案进一步遵循这些联邦法案。

S. B. 729　该法案要求每份拖欠记录通知要附上相符的申明，没做申明的拖欠记录无效，申明有具体的形式规定。

- 科罗拉多州

H. B. 1023　继续推行丧失抵押品赎回权延期程序，将原本2011年期满日顺延至2016年。

H. B. 1136　授权地方事务住房处接受并使用从公共受托人处集资成立的以防止止赎的咨询服务基金。该基金经美国住房和城市发展部批准用于支持住房咨询机构防止止赎的费用，并要求这类机构收集并存储有关基金所资助的相关活动的资料。

- 康涅狄格州

H. B. 6351　对于司法部门的止赎仲裁程序做了很多改变，包括：（1）针对2009年7月1日后的止赎诉讼案件，延期该程序截止日期2年至2014年7月1日；（2）将该程序拓宽应用于宗教组织所有的不动产；（3）除特殊情况外禁止当事人在案件结束后8个月内再诉讼；（4）增加必要的文件材料证明。该法案强制要求熟悉康涅狄格州住房管理局的损失缓解程序。

S. B. 950　一旦法院发现抵押权人出现如下情况，即获得延期止赎裁决的授权：（1）没有提供法案要求的通知证明和合同信息；（2）没有在合理时期内对抵押人再融资或修改抵押以避免止赎的要求作出回应；（3）违反《康涅狄格州不公平贸易法案》，参与构成不公平或欺骗性行为活动。

- 特拉华州

H. B. 58　建立必然住房抵押止赎仲裁程序以确保业主有机会面对面和贷方在审判或拍卖前协商是否保留住房。

H. B. 59　消费者保护部门鉴别抵押止赎欺诈案件以减少止赎发生。另外，政府机关接到贷款违约电话时转接给住房法律顾问或其他机构。

S. B. 42　保护业主在贷款违约（止赎诉讼申请）60天内的权益。设立抵押贷款修改公司的注册要求，注册费和更新费被用于支持一系列房贷解困程序。

S. B. 48　禁止欺诈性的不当记录、文件或申明来支持止赎诉讼。

- 爱达荷州

H. B. 331　贷方必须在45天内回应借方贷款修改的请求，否则不能进行拍卖。禁止收取贷款修改费用，除非修订人员有职业证明或是爱达荷州法律所保障。

- 伊利诺伊州

H. B. 1810 500　抵押贷款止赎预防费用从房产拍卖中收取并存入抵押贷款止赎预防基金。基金里的钱只能用于减缓止赎的合适项目，包括抵押贷款止赎住房咨询、抵押贷款止赎法律服务、基于社区的延拓服务和管理法院援助止赎仲裁程序。提出合适的实体解决如何将资金分配至郡。修订州政府财政法案，将该基金纳入特殊基金。

S. B. 16　修订州政府财政法案，建立止赎预防咨询服务基金，规定75%的资金用于除芝加哥外的住房咨询服务，25%用于芝加哥住房咨询服务。

S. B. 1370　实施“社区稳定计划”，政府部门监管该计划，将社区稳定计划基金和其他目的相同的基金用于非营利组织以服务那些房价指数很高的社区。

- 路易斯安那州

S. B. 269　授权路易斯安那住房市政局制定免费抵押贷款止赎咨询程序，为那些贷款违约和面临违约的家庭服务。

- 马萨诸塞州

H. B. 1183　授权马萨诸塞州住房抵押贷款融资机构进一步救济房贷未拖欠的业主，包括但不局限于低收入或中等收入家庭，使居民支付得起房贷以避免丧失抵押赎回权。

- 密苏里州

H. B. 922　要求巡回法庭在每个郡设立损失缓解申请部门和抵押贷款仲裁协商程序，帮助抵押权人和抵押人对止赎达成双方均满意的结果。若抵押权人或其法人代表没有出席安排好的协商会议，止赎不会继续，直到再次安排会议进行协商。

- 纽约州

1. A. B. 6896S. B. 1649　制定城市业主援助程序，帮助第一次、中低收入或少数民族家庭避免止赎，主要通过授权并指导州政府住房和社区复兴部门行政人员与社保公司联合救助这类城市居民，并拨款。

2. S. B. 1674　制定农村业主援助程序，帮助第一次、中低收入或少数民族家庭避免止赎，主要通过授权并指导州政府住房和社区复兴部门行政人员与社保公司联合救助这类农村居民，并拨款 100 万美元。

- 波多黎各

H. B. 3310　制定家庭保护程序，为那些正处于止赎危机的主要居住地家庭提供合理的选择。

- 罗德岛州

H. B. 5942　抵押人开始止赎程序时须和抵押权人进入强制的由住房和城市发展部批准的抵押贷款咨询机构，若没有参与，止赎无效。

- 华盛顿州

1. S. B. 5275　鼓励业主尽早在止赎程序开始时听取住房法律顾问的专业判断；为业主和受益人搭建相互沟通的框架机制，使其达成一致，避免止赎；当住房法律顾问或律师认为调停是恰当的选择时，提供止赎仲裁程序。

2. H. B. 1558　提供激励机制，使贷方和拥有负资产但有能力偿付更低的反映住房真实价值的抵押贷款的借方重新协商贷款，避免止赎。

- 威斯康星州

A. B. 137　允许第一次住房抵押贷款违约的借方在抵押贷款止赎期间继续进行贷款修改。在债权人或其代理人开始止赎时，必须向其提供一份书面通知，包含以下信息：（1）抵押贷款违约的理由和采取救治的措施；（2）介入关于贷款修改等协商的合法谈判者的姓名、地址和电话；（3）为业主提供信贷咨询服务人员的姓名和地址；（4）是否在收到债权人谈判者通知后的十天内申请贷款修改；（5）被用于判定是否适合任何贷款修改的标准和考量；（6）用于证明总收入的文件；（7）如果及时申请贷款修订且提供证明总收入的文件，将在律师或者其他人员的陪同下和债权谈判者会面协商修订问题；（8）如果没有及时申请贷款修订或提供证明总收入的文件，抵押贷款止赎程序将继续进行；（9）如果双方达成一致，修订贷款，且遵循修订协议中的条款，将不发生止赎；（10）借贷双方可能同意除了贷款修订外的其他方法解决贷款违约。房贷超过总收入 38% 的为符合要求的申请者，抵押权人必须向其提供至少一种以下的贷款修订方案以减轻房贷占其收入的比重：（1）降低利率，但最低3%，至少5年的固定期限，其后可以相应提高利率；（2）延长分期付款期限，从贷款修订日算起40年；（3）延缓支付20%的贷款未付余额，直到贷款期满后，再融资贷款或者拍卖房产；（4）减免滞纳金或罚款。然而，对于一些住房抵押贷款，必须遵循政府的贷款修订原则。在提交申请文件后30天内，贷方必须决定是否符合贷款修订要求。如果不适合，通知里面必须解释为什么不符合相应的标准，并至少20天后再开始进行止赎。如果符合，通知里面必须包含贷款修订协议和签订协议的告知书的复印件，在收到协定副本后十天内将告知书寄回。如果符合贷款修订标准，但贷方认为不可能将其房贷降低至其收入的38%以下，贷方应该通知其决定，并解释原因。如果贷方向符合要求的申请者提供贷款修订协定，但没有及时接受，止赎将发生。该法案即日生效，至2014年12月31日。

六、2012年

- 亚利桑那州

H. B. 2300　销售信托契约规定，该法案提供保证暂时保留受托人的销售。受托人应该设定60天的推迟时间给予业主协商修改后的付款条件。

H. B. 2326　提供违约业主租住止赎房产的权利。

- 加利福尼亚州

A. B. 278　规定在止赎前抵押权人、受托人、受益人或授权代理人联系通知违约行为，以避免丧失抵押品赎回权。法案规定，推迟抵押品拍卖且新的销售日期延后至少10天时，需要书面通知以便了解新的拍卖日期和时间。法案对要求防止止赎的选择，每年或在一个年度报告期内销量超过175件止赎品住房抵押贷款金融机构须设立一个单一的联系点，为其提供一个或多个直接交流的方式与单点联系。

A. B. 1547　法律授权指定HUD－certified房地产咨询机构、律师或其他顾问代表选择避免丧失抵押品赎回权的与抵押权人、受益人，或授权代理人讨论止赎的相关事宜。

A. B. 1620　法案授权寻求禁令待出售抵押品如果销售已被记录且有理由相信有理由认为抵押权人、受托人、受益人，或授权代理人未能符合指定的要求。该法案要求建立业主保护办公室，有责任应对个人对丧失抵押品赎回权和其他程序和要求的投诉，试图寻找与由抵押权人、受托人、受益人或授权代理人关于丧失抵押品赎权和其他程序和要求作出的承诺相一致的方式，并建立和维护互联网网站，能够收到个人查询和投诉，提供信息向公众公开可用的资源，旨在帮助个人避免丧失抵押品赎回权，其中办公室基金通过特殊存款基金划拨。

S. B. 435　现有的州和联邦法律规定了贷款期限和条件以及信托契约。在未能满足指定条件义务时，现有的州法律要求将违约通知发送到抵押人或委托人处提醒可能会取消抵押赎回权，从而能够有权纠正违约并建立自身账户的信用。

S. B. 900　现行法律规定至2013年1月1日，抵押权人、受托人、受益人或授权代理人需要联系，通知违约行为从而为提供选择避免丧失抵押品赎回权。现存法律规定违约通知需要包括抵押权人、受托人、受益人或者授权代理人尽职联系的内容，特殊原因除外。这项法规还增加对抵押贷款金融机构的要求：执行这些规定和无限延续这些规定，除非它取消对销售通知的规定。法规额外规定需要在信息备案前提供指定的材料以便记录违约行为。该法案禁止抵押贷款服务商，抵押权人、受托人、受益人，或授权代理人在完整的第一留置抵押贷款修改未决之前登记违约通知或登记销售通知或进行受托人销售。法案决定在推迟抵押品销售时需要书面通知，为提供新的销售日期等信息。该法案规定一个实体不得违约记录通知或者启动止赎，除非它的持有者收益权在信托契约之下，原受托人或者制定代理受托人拥有其收益。法案禁止备案违约或出售通知以及通知受托人出售的行为，如果防止止赎的选择已经批准或在特定条件下存在。法案规定直到2018年1月1日，在防止止赎的选择正在考虑时，禁止收取应用程序费用和滞纳金。如果某些条件得到满足，要求后续抵押贷款服务商记录先前批准防止止赎的选择。

S. B 1006　法案规定利用国库建立国家抵押特别存款基金作为持续拨款基金，需要在国家抵押贷款结算中提取一定的国家直接付款存入基金分配。这项法案进一步授权财务总监分配的货币基金用来弥补普通基金在2011－12，2012－13，2013－14的财政年支出，其目的与国家抵押协议一致。

S. B. 1471　法案定义2013年7月1日开始，抵押贷款金融机构要在住房抵押贷款或信托契约拖欠60天或更长时设立抵押贷款服务商单点联系，与进行通知违约记录，或者寻求缓解贷款修改或其他损失问题的沟通。

- 科罗拉多州

S. B. 71　该法规定债务证据拥有者（通常为抵押贷款），在开始或者完成没收住房前，要直接联系，进行真诚的谈判，以完成修改违约而不是直接进入止赎程序；充分评估的资格、财产和任何可用的公共或私人贷款进行贷款修改或其他替代止赎；沟通并告知在丧失抵押品赎回权过程中每一步的最后期限和缺失的后果。

- 康涅狄格州

H. B. 6001　该法案使求职者更容易获得国家的紧急贷款援助计划（EMAP），为经历金融困难超出其控制的业主提供短期贷款，通过贷款帮助他们支付抵押贷款。项目涵盖独户和多户业主自住。该法案消除了养老金和退休基金价值 10 万美元或由 EMAP 申请人披露给 CHFA 更少的资产。申请人还必须报告所有家庭收入、负债和资产，包括：（1）家庭的储蓄和支票账户的总和；（2）市场价值的股票、债券和证券；（3）其他资本投资；（4）动产和不动产的股权，包括主题抵押财产；（5）养老金和退休基金价值超过 10 万美元；（6）一次性增加家庭资产。该项法案取消了合规债务被合同性推迟的要求。因此，申请人的资格可能由是否有契约责任支付其他被允许的债务来评定。这项法案也规定由联邦住房管理局担保的抵押贷款适用于 EMAP。该法案规定在确定抵押人在合理时间范围内偿还 EMAP 的能力大小时要考虑到抵押人在他家中居住的时间长度。现行法律允许考虑抵押贷款的结构，其还款时间表以及其他适当的相关因素或标准。该法案还允许 EMAP 接受者利用文件对协助抵押贷款止赎采取防御、反诉或抵消行动。根据现有法律，能使 EMAP 每月连续或非连续性支付给抵押权人偿还长达 60 个月。该法案规定，计算的最大 EMAP 60 个月支付始于第一次付款。

S. B. 360　该法案授权高达 6000 万美元的债券基金为康涅狄格州住房金融机构紧急贷款援助计划（EMAP）融资，这使得抵押人资格申请程序更加方便。该法案还对在出现涉及居民电脑化个人信息的安全漏洞时要通知财务总长的业务做出要求。它这样做并没有违反康涅狄格州的不公平贸易行为法案（CUTPA）。最后，该法案使在中介保存的丧失抵押品赎回权的信息广泛使用。

B19 – 675　制定有关贷方抵押贷款止赎通知缺少中介证书则止赎品拍卖

无效的法律。允许丧失抵押品赎回权基金中介将抵押相关或止赎相关的基金用于指定的抵押贷款相关及止赎相关额事项。

- 爱达华州

H. B. 703　消费者保护基金拨发一个 50 万美元的拨款帮助陷入困境的业主提供援助、咨询和法律援助服务。

- 伊利诺伊州

h. b. 174　可以用规定的行为代替止赎，抵押权人必须通过明确和令人信服的证明文件操作确认行为代替止赎，除了通过口头证词或证词，寻求判决确认实际行动代替止赎。

S. B. 16　补偿伊利诺伊州住房发展机构授权伊利诺伊州住房管理局采取行动，使用止赎预防咨询货币基金成立和管理止赎预防咨询项目，拨款 HUD - certified 房地产咨询机构支持知识和售后防止止赎住房所有权教育和咨询的情况。修改国家财政法案，成立止赎预防咨询资金。75% 的基金资金用于芝加哥以外的咨询，25% 用于芝加哥地区的咨询。

- 爱荷华州

H. F. 2327　该法案持续到 2013. 7. 1，债权人向面临止赎的房屋拥有者提供咨询和中介服务。

- 马萨诸塞州

H. B. 503　提供抵押贷款整合和解脱；给马萨诸塞州住房抵押贷款提供非过失业主救援金融机构更大的权力，包括但不限于低或中等收入的业主，以便英联邦将能够为其公民提供再次承受家园的一种手段，避免丧失抵押品赎回权。

H. B. 4096　允许寻求代替丧失抵押品赎回权。要求银行采取合理的措施，做出诚信的努力避免止赎在发出止赎通知前销售。

s. b. 767　允许抵押品止赎后租住。

- 明尼苏达州

H. F. 2820　对长期失业人士提供止赎容忍度。

H. F. 3015　授权止赎住房业主在家里滞留更长时间。

- 密苏里州

H. B. 1611　需要包括保险、金融机构和专业注册机构在内的金融部门设立丧失抵押品赎回权争端解决程序，债务人面临止赎时提供谈判机会，以避免丧失抵押品赎回权或在丧失抵押品赎回权不可避免时减轻损害。

- 新泽西州

A. B. 1435 成立了止赎预防和社区稳定信托基金。

A. C. R. 145 鼓励贷方允许住房拥有者止赎后在其家园留住。

S. B. 1343 该法案要求新泽西社区事务部（DCA）建立、维护并定期更新网站，为业主和其他利害关系方提供常见问题的答案，再融资和固化抵押贷款违约和列表、描述，并提供一个网站链接到各种联邦、州、地方、营利性和非营利性组织提供服务或指导相关的抵押贷款和信贷问题。

- 新墨西哥州

S. B. 38 拨款为丧失抵押品赎回权的高危业主提供缓解咨询并成立购房教育项目。

- 纽约

A. B. 6896/S. B. 1649/S. B. 1674 设立城市/农村家庭援助计划，协助低或中等收入或少数业主首次避免丧失抵押品赎回权，授权和指导住房和社区合同保全公司等为某些城市/农村社区居民提供这种援助。

- 俄勒冈州

H. B4140 设立中介基金避免丧失抵押品赎回权。

S. B. 1552 在住宅信托契约下的受益人或受益人的代理人需要向中介发送通知，与受托人一同协调为避免取消抵押贷款赎回权。

H. B. 2301 建立一项业主的紧急贷款援助计划基金。

- 波多黎各

H. B. 3310 制订家庭住房保护计划，为那些面临取消抵押品赎回权的家庭提供合适的替代居所。此项目管理机关为波多黎各的住房金融机构。

H. B. 164 委托人可以申请领取受益人或者服务中介提供取消抵押品赎回权的救济。

七、2013 年

- 阿拉巴马州

H. B. 501 在2013年12月31日之后执行的抵押贷款，贷款人不追究住房出售所得金额和债务、利息、费用以及在抵押住房物业费之间的差额。

- 亚利桑那州

H. B. 2033　如果止赎需要在私人抵押保险基础上支付，需要止赎的受托人完成并提交额外资金的契约声明。

H. B. 2281　如果业主收到受托人出售或止赎财产的通知，必须在五个工作日内提供给承租人出售或止赎财产的书面通知。

H. B. 2624　设立了止赎调解方案。

H. B. 2634　涉及包括通知要求、贷款修改等在内的住房止赎预防的援助必须通知住户。

S. B. 1401　允许业主把止赎权出租。

- 阿肯色州

H. B. 1844　对住房抵押贷款止赎程序和惯例进行了改革，要求一部分公务员加入司法机关进行法定止赎销售，销售所需费用分配到县政府。

H. B. 1847　废除权限，履行法定的丧失抵押品赎回权。

- 加利福尼亚州

A. B. 42　个人所得税法遵循联邦政府通过的排除主要居住债项的具体规定。

A. B. 1072　禁止任何人通过谈判或以其他方式执行住房抵押贷款修改或收费，禁止贷款人要求或接受除按揭贷款违约补偿金以外的任何赔偿。违反这些规定可处以规定罚款或监禁，或两者兼而有之。

S. B. 720　在分期付款合同用于购买房地产时，抵押贷款担保文书符合规定的借款人可在服兵役时暂缓合同执行义务，延期支付住房抵押贷款。禁止对在此期间的拖欠、延迟支付本金或利息进行处罚。

- 康涅狄格州

H. B. 6355　确定司法部门的止赎调解方案程序的目标并扩大其范围，包括作为替代止赎选项的卖空；设立预调解程序并要求在此期间交付和交换指定信息。

H. B. 6419　延长司法止赎调解方案两年。

H. B. 6435　通过消除避免止赎要求支付的营业税来增加收入。

S. B. 971　止赎销售必须从法院批准之日起至少 120 天，法院必须在批准之日前至少45天设置发售日期。该法律要求销售住房所得放在法院，由法院确定每个当事人的权利。它还要求法院确定并批准支付一定的营销费用。在取消抵押品赎回权市场转让，抵押人必须将标号传达至买方。

• 哥伦比亚特区

B20－267 制定法律规范，规定贷款人如果没有对住房抵押贷款止赎的最终调解证书通知，则其止赎销售无效。

• 格鲁吉亚州

H. B. 47 在某些情况下，对债务人所有逾期款项连同滞纳金费用提供付款方式限制，以给予防止丧失抵押品赎回权的机会。

H. B. 49 颁布了止赎救援欺诈防治法，为非法和无效的不公平止赎事物提供救援、补救措施。

• 伊利诺伊州

S. B. 1674 提供了预防止赎计划和废弃住宅物业市场救助计划的相关条款，止赎预防计划基金和赠款从民事诉讼法原告申诉费用中获得。

• 缅因州

L. D. 450 该法案规定了法律之外未经授权的做法，允许持牌房地产代理代表业主与抵押贷款机构进行谈判，以防止止赎。

• 马萨诸塞州

H. B. 947 设立公共协作办事处的止赎调解方案，提供取消抵押品赎回权的替代品服务。

• 密歇根州

S. B. 295 在由于某些私人原因的情况下禁止对止赎物业进行投标，并要求登记。

• 密苏里州

H. B. 800 要求在金融机构和专业注册部门设计止赎的争议解决方案，提供面临止赎时的谈判协议，以避免止赎或减轻损害。禁止有缺陷的止赎进行公开销售，推迟交付记录，并规定在贷款修改谈判完成前的止赎为非司法止赎。

• 新泽西州

S. B. 2202 要求房地产和抵押贷款融资机构扩大对住房保有项目的参与。

S. B. 2557 编撰司法机构的止赎调解计划，规定从止赎申请费和罚款中提取的款项。

● 墨西哥州

S. B. 1　颁布按揭止赎公平法案，需要事先以书面形式通知止赎。提供减少损失的机会。

● 纽约州

A. B. 2223　要求银行推迟拖欠客户的按揭付款。

A. B. 3892　颁布了2013年止赎防治法。成立纽约州止赎预防基金。提供临时住房援助活动。

● 北卡罗来纳州

S. B. 400　修订业主和购房者保护法，其中包括规范止赎救助事务。

● 俄勒冈州

H. B. 2662　禁止住房所有者在空置期间对不动产止赎。允许地方政府补救或通过签合约来弥补住房所有者的疏忽。

S. B. 804　需要担保人在进入止赎程序之前寻求与受托人之间的调解。制定了对受益人未能遵守止赎避税法规的措施。

● 宾夕法尼亚州

H. R. 118　建议缓解止赎为指导立法预算和财务委员会审核的最佳做法。

● 罗德岛州

H. B. 5332　禁止止赎住房拥有者驱逐租客。

● 弗吉尼亚州

H. B. 2005　该法案规定住房和社区发展部应与弗吉尼亚州住房发展局（HDA）协作工作，提供贷款发放和服务活动，通过资格机构提供灵活的融资低利息贷款。提供廉价住房，包括新建、改造、维修和购置住房，以帮助中低收入公民。提供购房者首付和成交价援助。提供短、中、长期贷款以减少购房和租赁住房的费用。针对止赎活动最多的地方提供抵押贷款止赎咨询。

● 威斯康星州

A. J. R. 2　修订关于建立交通基金的州宪法，建立国家抵押贷款结算基金。用2012年的国民抵押贷款结算资金存款成立政府雇员信托基金和税收抵免基金。

八、2014 年

● 加利福尼亚州

A. B. 1393 修改个人所得税法中符合联邦所得税法有关主要居住债项的排除规定。

● 哥伦比亚州

B20 - 237 修改法规，建立规范，允许贷款人对空置和被遗弃的住宅物业进行止赎处理，要求贷款人在法庭拿出令人信服的证据以证明财产的空置和被遗弃。提供更多服务，加强通知发放的要求。允许在止赎判决后 60 天确定住房空置和被遗弃的情况下出售物业。

● 格鲁吉亚州

H. B. 47 对于一般止赎，在一定情况下，在止赎之前为债务人提供挽回丧失抵押品赎回权、把之前的滞纳金和逾期费用变为当前债务的机会。提供支付方法和限额。

● 伊利诺伊州

S. B. 1740 修改房产税法，规定 300 万以上人口的县，如果有 10% 的人自 2005 年起每年至少遭遇一个止赎申请，则可以减少年度纳税额。

● 马里兰州

H. B. 595 从特定的房产所有者那里免除经过认证的社区发展金融机构的止赎，并加紧实施该保护止赎的法规。

H. B. 1319 定义了抵押贷款止赎和信托契约的术语“担保方”，且禁止判断不足的贷款人提出止赎的动议，即使收益不满足债务和利息。

● 马萨诸塞州

H. B. 938 涉及暂停对抵押贷款止赎。

H. B. 927 在马萨诸塞波士顿大学内成立公共协作办公室，为止赎提供替代的调解方案。

H. B. 1516 就止赎调解程序可行性调查的实施成立特别委员会。

H. B. 1617 要求对申请止赎的住房抵押贷款进行严格的司法审查。

H. B. 3507 涉及对没有经济能力偿还抵押贷款的公民的援助。

● 新泽西州

S. B. 2081　创建止赎预防和邻里稳定循环信托基金。为抵押贷款止赎的投诉提供临时附加费。

● 新墨西哥州

H. M. 15　成立提供住房房产咨询和止赎法律辩护的非营利性社区发展公司，组织工作组研究在新墨西哥州的止赎程序，并提出能够保护街道和社区稳定，避免不必要、不适当止赎的建议，维护财政困难家庭的正当权利。

● 纽约州

A. B. 2863　允许提起赎回抵押住宅诉讼的权利，并规定此项权利必须一年内在审判时使用。

S. B. 1723　为某些在经济上无法负担打官司的住房拥有者提供免费律师服务。

A. B. 6747　设立城市业主援助计划，使少数中低收入业主避免丧失抵押品赎回权。使国家划分的指导住房和社会重建专员进入邻里保全公司提供此类援助居民合约，并为此拨款。

● 北卡罗来纳州

S. B. 400　修订业主和购房者保护法，其中包括规范止赎救助事务。

● 罗德岛州

H. B. 8293　该法案要求债权人在发起止赎诉讼之前，参加诚信的调解会议。该法案适用于任何以 1 ~4 单元住宅为自住的主要住所的个人抵押贷款债务人。

第十章 结论与启示

美国住房抵押贷款市场非常庞大，在全球最为发达，却受到政府的高度干预，尽管美国是崇尚市场经济的国家，政府很少直接干预经济事务，但在住房领域却是例外。政府的高度干预在次贷危机期间表现最为突出。正是政府在遵循市场规律和效率的前提下的深度介入，才使得住房抵押贷款违约和止赎危机得到控制并以最快的速度回归正常状态。与美国能够充分满足富人和穷人不同社会群体需求不同，中国住房抵押贷款市场相当落后，差别化产品少，只有公积金委托贷款和商业贷款两种，而且这两种贷款几乎是“一刀切”，直到近年来房价暴涨后部分地区商业银行对商业贷款利率进行了首套房和非首套房的区分。与美国政府通过对住房贷款进行担保的商业化运作来实现“居者有其屋”同时兼顾民生、经济增长与地区平衡的保障房制度不同，中国是采用建造经济适用房、限价商品房这种易于滋生腐败且各种乱象禁而难止的制度。当然，任何发达的制度都不可能杜绝和消除违约和止赎问题。美国境内住房抵押贷款的违约率、止赎率在正常时期相当低，整体违约率低于中国，但在次贷危机期间这两个指标尤其是高风险贷款迅速上升。鉴于违约和止赎危机的巨大不良外部性，美国政府迅速介入，倾其所能遏制和消除危机，其经验教训特别是明确的干预目标及时机、救市并非救房价、救助对象是陷入困境中的低收入家庭、救助方案行之有效且注重防范道德风险、建立激励惩处机制、定期公布和曝光执行情况等方面的经验教训非常值得中国借鉴。

第一节 美国住房抵押贷款违约与止赎的结论

一、住房抵押贷款产品丰富完备

与中国不同，美国住房抵押贷款制度并非“一刀切”、一个模式，而是根据社会不同群体的信用、收入和财富等实际情况"量体裁衣"，产品丰富完备，充分满足不同层次市场需求。

就住房抵押贷款而言，美国通过政策保障和金融手段形成了活跃的一级房贷市场和二级证券化市场。在房贷一级市场，完备的贷款担保和保险提供了良好的信用保障，从而降低了二级市场的风险。这其中包括联邦住房管理局（FHA）为中低收入者提供的贷款担保，以及退伍军人管理局（VA）、农业金融机构（FSA）和农村住房服务局（RHS）为各自服务对象所提供的贷款担保。此外，贷款机构还会要求不同的贷款者提供相应的其他私人保险或担保。

住房抵押贷款一级市场由常规商业贷款和政府担保贷款组成。常规商业贷款基本形式有优级贷款、Alt－A 贷款和次级贷款三类，分别按照贷款者信用高低和风险高低划分，能够从三个层面满足美国境内不同层次家庭的购房需求。无论富人还是穷人都有贷款买房居住的权利和机会。即使条件不够，政府也要想方设法创造条件来实现每个美国居民的住房梦想。除常规商业贷款外，美国还通过设立政府机构对特殊人群在申请住房贷款时给予保险，包括联邦住房管理局为中低收入者提供贷款担保，退伍军人管理局为退伍军人提供担保，农业金融机构和农村住房服务局为农民提供担保。

常规商业贷款和政府担保贷款这两类基本贷款又衍生出形式各异的产品，目标是为融资、降低首付、少交或不交保险费、偿还其他负债等多样化选择。例如，有购房贷款和再融资贷款；有浮动利率、固定利率或两者组合的贷款；有第一留置权贷款和次级留置权贷款。以次级留置权贷款为例，如果与初始抵押贷款一道申请则可以避免支付私人或者政府抵押贷款保险费，可以用作将第一留置权抵押贷款的规模减少至房地美或房利美所要求的水平而不需要在初始贷款上缴纳更高的首付金；如果单独申请可用于独立于第一留置权贷款的次级留置权贷款申请诸多目的，为住房改善融资、偿还其他负债，或者在开放式住房净值信贷额度下随时获得所需要的资金。

也就是说，美国家庭只要想买房，都能够根据自身情况找到合适的实现方式。

二、保障房贷款商业化运作兼顾民生与增长

在美国，除了常规商业住房抵押贷款完全按照市场化运作，政府在为中低

收入家庭提供保障房过程也完全通过市场化运作的，在充分发挥资源配置效率的同时实现了社会公平，并具有反经济周期、平衡区域发展的功能。

在保障房抵押贷款市场，FHA 起到决定性作用。提高住房拥有率一直是美国政府长期努力的目标。“居者有其屋”是美国梦的核心部分，而让低收入者拥有住房则是实现美国梦的关键，穷人也要有“体面的生活”。FHA 通过为购房者提供贷款担保以提高住房拥有率。尤其是 FHA 为避免违约，对购房者进行限制以保证贷款价值不损失，从而使得这类贷款对放贷机构而言是无风险的。

在 FHA 成立之前，大多数贷款都是短期的，贷款价值比在 50% ~60%。如果购房者在期末不能还掉所有借款，会通过向同一家或者另一家银行进行再融资以付清其房贷。20 世纪 30 年代早期的银行危机迫使银行收回未到期贷款。而所有银行都被危机所累，再融资变得很困难，于是很多被迫违约。还有一些则因失业不能偿还贷款，银行因此收回了他们的住房。这些情况随着经济孱弱、房产价值下降变得越来越严重，由此陷入负资产状况，从而产生违约动机。到 1934 年，许多银行账面上都存在大量抵押品不足的不良住房贷款。住房抵押贷款市场陷入困境。政策制定者希望 FHA 通过贷款担保进入住房贷款市场，进而提高新住房开工率和建筑业就业率。

FHA 通过让银行再次开始放贷以及通过改变贷款产品和认购程序带来了贷款市场的一场革命。特别是 FHA（203b 类）通过 100% 担保以确保放贷机构无违约风险。最初，FHA 以 80% 的贷款价值比率担保 20 年的分期贷款。随后，FHA 开始以超过 95% 的贷款价值比担保 30 年的贷款。FHA 的 100% 保证在抵押市场起到了至关重要的作用，因为当时还没有可以降低贷款风险的再保险市场。

边际可能受益于由 FHA 担保的贷款，因为他们可以利用 FHA 贷款具有常规商业贷款不具备的性质。第一，FHA 允许比常规商业贷款更高的贷款价值比。常规商业贷款，即使是首套房购买者，也要求首付比例至少为 5%。FHA 贷款要求首付在 3% ~5%。第二，FHA 允许购房者借入贷款保险费和手续费，而常规商业贷款则要求这些费用在付首付时全部付清。第三，相比常规商业贷款，FHA 贷款允许把收入的更高比例花在住房成本上。这三个特点使得 FHA 贷款能够让一些本来买不起房的人能够购房。FHA 比常规商业机构的标准更宽松，能够为住房拥有者提供隐性补贴。这是由于政府是再保险人，FHA 不需要为政府资金获取市场收益。这种隐性补贴意味着即使商业贷款存在，FHA 仍然是成本最低的风险贷款保险人。同时，FHA 对待比商业性机构更加平等。金融市场中的歧视似乎广泛存在，如商业性机构在种族等问题上可能存在歧视，但 FHA 不会如此，从而会因此提高住房拥有率，尤其是那些被歧视的群体。

FHA 通过关注低收入家庭、非常低的首付比例、资助首次购房者以及为少数民族提供融资支持等方式帮助美国弱势群体圆住房梦；通过反向抵押计划帮助老者安享晚年；并负责特别住房救助项目。FHA 还有反经济周期和平衡区域发展的功能。

FHA 最初为抵御大萧条对住房市场重创而创立，如今已成为稳定美国经济的主要力量。在经济繁荣期，常规商业贷款抵押机构活跃，FHA 贷款的市场份额相对较低；而在当经济状况恶化时，商业贷款机构会收回其资金，政府项目在极端情况下甚至成为信贷的唯一来源。第二次世界大战时期的占比曾一度高达 30%；在第二次世界大战后的 1948 年、1958 年、1970 年和 2008 年前后，FHA 的市场份额在 18% 以上，而在 2001—2007 年，市场份额不到 5%。FHA 的反经济周期的功能在次贷危机期间表现突出，在市场流动性严重不足的情况下，FHA 继续发放贷款。

FHA 平衡地区发展的功能也非常明显。在经济风险特征较高的区域，FHA 在市场上所占的份额更高。原因是商业性抵押贷款保险公司由于其营利性特性，导致部分地区几乎不可能获得 LTV 比率高于 90% 的常规商业抵押贷款；相比之下，FHA 采取统一保险费率，不会根据地区不同而改变保险费率，使得地区之间能自动达到供需平衡。从单户新增贷款看，加州的份额波幅很大。2000 年，加州由 FHA 担保的购房贷款有 93338 笔；而在房地产处于巅峰状态的 2006 年，这一数字下降到只有 2316 笔。随着常规商业抵押信贷在经济衰退期间的紧缩，FHA 在加州的作用超过了以往的最高水平，2009 年达到了资助 35643 户家庭购房这一高点。地区集中度的变动体现了 FHA 对区域市场调控的重要性，特别是在经济不景气、流动性受限的时期，FHA 平衡地区发展的这一功能表现得尤为突出。2006—2009 年，FHA 的市场份额在大城市上升最多，而这些地区的房价下降也是最严重的。虽然在繁荣时期可有可无，但当危机来临时，这些市场因常规商业信贷撤离而遭受的损失也最多，同时也因FHA的复兴而受益最多。

三、违约与止赎问题

美国即便拥有完备的住房抵押贷款制度依然无法避免违约和止赎问题，甚至难以避免次贷危机的发生。

次贷危机发生之前，美国住房抵押贷款违约率和止赎率变化较为稳定。但随着房价持续上涨而形成的房地产泡沫的必然破灭，抵押贷款特别是次级贷款此前积累的风险迅速暴露。房价的下跌使得抵押品价值下降，还款额度加大、再融资变得困难，逾期还款乃至丧失住房赎回权的比例也随之大幅上升，最终引发美国乃至全球范围内的金融海啸，产生了巨大的不良外部性。

美国住房抵押贷款的逾期率变化在次贷危机发生之前基本平稳，即便在20世纪80年代后期至90年代初的储贷协会危机期间，总逾期率也仅在5%左右；逾期90天及以上的比例不超过1%。然而，从2006年第三季度起，所有类别贷款的逾期率开始上升，其中次级贷款出现了巨幅上升，而且无论是固定利率还是浮动利率的次贷升幅都相当大。到2009年底前后，达到了次贷危机中的高点。而浮动利率贷款的逾期水平远高固定利率贷款。

全部贷款的逾期率与逾期90天及以上的比例在次贷危机前基本在4%、5%的水平上波动，在2009年底达到此轮金融危机中的最高值，分别为10.4%和5.1%，是危机前的2~3倍。优级贷款的逾期率次贷危机前在3%水平以下，逾期90天及以上的比例在0.5%以下。然而在2009年底分别达到次贷危机中的最高值27.8%和15%，约为危机前的2.5倍和7倍。可见，优贷的逾期90天及以上的占比也即贷款机构的坏账出现了巨幅上升。虽然次级住房抵押贷款表现的变化趋势与优贷基本一致，但逾期水平比优贷要高得多。次贷危机前，逾期率基本在15%水平以下，逾期90天及以上的比例在4%以下；但到2009年底两者分别达到27.8%和15%的最高值，是危机前的近2倍和4倍。正是由于次贷坏账率居高不下，直接引起美国乃至全球金融市场动荡不安，故而称为次贷危机。值得注意的是，浮动利率贷款的逾期率高于固定利率贷款，在次贷危机期间尤为突出。就优级贷款来看，固定利率的低而稳定，而浮动利率的逾期率在2009年底高达13.5%的最高水平，逾期90天及以上的占比在2010年第一季度达到7.8%的最高水平。2006年底以来，浮动利率优贷逾期90天及以上的占比至少是固定利率优贷的两倍。浮动利率的次贷的逾期率、逾期90天及以上的比例在2010年第三季度分别达到29.6%、18.4%的最高比例。

与住房抵押贷款违约率状况相呼应，美国止赎率自2006年底开始全面上升，而此前整体上来说比较稳定，其中优级贷款的止赎率一直都非常稳定，次级贷款的止赎率则稍有波动。但此后，各类抵押贷款的止赎率均大幅上升，其中优级贷款的止赎率达到了危机前的数倍，而次级贷款的止赎率也达到了危机前的近两倍，不可谓不惊人。正因为如此，美国政府才倾其所能，采取各种政策措施降低减缓止赎危机的危害。

止赎率具有地域特征，与房价之间的相关性较强，而四个“沙州”亚利桑那（AZ）、加利福利亚（CA）、佛罗里达（FL）和内华达（NV）在经历最大幅度的房价下跌后伴随着止赎率的上升。

虽然各类贷款止赎变化趋势基本一致，但止赎水平不同。最高的是次级贷款，其次是FHA担保贷款，VA担保贷款与优贷相差无几。此外，浮动利率贷款比固定利率贷款止赎率在次贷危机期间要高得多。

止赎最严重的时期介于2008年第二季度到2010年第一季度，各类贷款止赎率最高峰出现的时间有些差异。从开始进入止赎程序的比例看，全部贷款在2009年第二季度达到次贷危机中的最高点1.5%，约为危机前的3倍。其中次级贷款最早，在2008年第二季度达到高点4.7%，而浮动利率次贷高达7.09%；优级抵押贷款在2009年第三季度达到最高止赎水平1.12%，约为危机前的5倍。从存量看，浮动利率优贷的最高水平10.4%出现在2010年第一季度，浮动利率次贷在2009年第四季度达到24.93%的最高点。从逾期90天及以上与止赎存量之和的指标看，次贷的高峰期比优级抵押贷款早一个季度，出现在2009年底，高达30.6%，也就是说，超过三分之一的次贷可能制造了银行坏账；浮动利率的次贷更是达到42.7%的惊人水平，也即近一半的选择严重违约。优级贷款的最严重时期是在2010年第一季度，为7.1%，是危机前的7倍以上；而优贷中的浮动利率贷款居然达到18.3%，是危机前的18倍以上，也就是说，10个浮动利率优贷中有将近两笔贷款成为贷款机构的坏账。在这种情况下，金融机构不破产几乎是奇迹。

四、次贷危机期间高风险贷款及其违约与止赎

次级贷款和 Alt－A 贷款是美国境内住房抵押贷款中的高风险贷款。在次贷危机中暴露出了很大风险。作为住房贷款中两类最平民化商业贷款，它们的共同特点：(1) 规模大，每千个总住房单位中就有 34.3 笔是这两类高风险贷款。(2) 自住率高，即使是 Alt－A 贷款的自住率也有 68%。(3) 信用低，特别是次级贷款的平均信用分只有 614 分。(4) 贷款动机分散，无论是次级贷款还是 Alt－A 贷款，用于购房的比例均不超过 50%。(5) 贷款条件宽松，贷款时候没有或者提交文件少的人在次贷中超过 1/4、在 Alt－A 贷款中超过2/3。(6) 违约率高，即使是 Alt－A 贷款的违约率也大于 22%。(7) 银行止赎率高，即使 Alt－A 贷款也有 6.1% 的止赎率。

（一）整体差异比较

除了服务对象不同外，次级贷款和 Alt－A 贷款的市场表现还存在整体上的差异。前者比后者规模略大且自住房比率高；其整体信用偏低因而市场利率比后者高。次级贷款的主要目的是提现金而 Alt－A 贷款用途主要是购房；相应地，前者超过一半是浮动利率贷款而后者相反。前者信用评分低、违约率高而后者信用评分高、违约率低，前者银行止赎率高而后者止赎率低。

1. 次级贷款规模比 Alt－A 规模略大

在 2008—2010 年金融危机间，美国各州平均住房单位有 4833754.66 户，次级贷款平均有 91563.64 笔，平均每 1000 户住房单位中有 18.9 笔次级贷款。各州平均有 Alt－A 贷款 74459.02 笔，每千户总住房单位有 15.4 笔 Alt－A 贷款。可见，无论是绝对规模还是相对总住房单位，美国次级住房抵押贷款都比 Alt－A 贷款规模大。

2. 次级贷款中自住率比 Alt－A 高

次级贷款中自住房贷款与非自住房贷款比为 90.72∶9.28。每 1000 个自住房有 14.82 笔次级贷款。而 Alt－A 贷款中自住房与非自住房 Alt－A 贷款比为 0.682∶0.318。平均每 1000 个自住房单位的 Alt－A 贷款有 8.288 笔。可见，尽管两类贷款中自住房贷款比例都超过半数，但次级贷款中自住率比 Alt－A 高。

3. 次级贷款比 Alt－A 贷款利率高、余额小、期限长

次级贷款的平均利率为 7.88%，平均余额为 155209.44 美元，平均贷款期

限为51个月。而Alt－A贷款的平均利率为6.31%，比次级贷款利率低；平均余额为225933.83美元，比次级贷款余额大；平均贷款期限为46个月，比次级贷款期限短。

4. 次级贷款在危机前的反应比Alt－A贷款迟

两类贷款都集中在危机前四年内发放，但年度分布不同。美国次级贷款在2006年和2005年发放的比例分别为27.43%和23.97%，累计超过50%。而Alt－A贷款的一半以上集中在2005年发放。金融危机对两类贷款发放都有影响。次级贷款在危机前一年发放比例锐减，至2007年只有9.69%；而Alt－A贷款却从2006年开始减少，至2007年为11.7%。可见，Alt－A贷款发放在2008年前两年就已经受到影响。

5. 次级贷款主要用途是提现而Alt－A贷款主要为购房

美国超过一半的次级贷款动机是为了提现，占比高达56.04%；而真正为了购房的次级贷款比例平均只有32.35%。此外，还有11.2%的次级贷款用于其他目的。相对来说，Alt－A贷款的主要目的是购房，占比达到43.6%；其次用于提现的占37.3%；其他用途占比19.1%。可见，Alt－A贷款用于购房的比例明显比次级贷款高。

6. 次级贷款的平均当期利率和LTV比Alt－A贷款高

两类贷款在购房与提现上差异一致。期间次级贷款平均购房当期利率为7.97%，平均余额为156492.90美元，平均FICO和LTV分别为628.88和93.80倍；平均提现当期利率为7.90%、平均余额为156530.09美元、平均FICO和LTV依次为605.85和80.14倍。Alt－A贷款的结构特征也类似。其购房平均当期利率为6.38%，与提现平均当期利率6.396%相当；购房平均当期贷款余额为211691美元，比提现平当期期余额232854美元低；而购房平均FICO为713、平均LTV为90.76，均相应地比提现平均FICO693、平均LTV76.63高。但必须指出，次级贷款的当期利率和LTV比Alt－A贷款高。

7. 次级贷款中浮动利率贷款超过一半而Alt－A贷款则仅占1/3

次级贷款中，浮动利率贷款占比超过半数，高达58.31%，而Alt－A贷款中浮动利率贷款仅占35.2%。而且，前者浮动利率高于参考利率的利差较大，其间次贷平均当期利率为8.03%、平均初始利率为8.20%，浮动利差平均达到6.04个百分点。后者浮动利差相对较小。整个Alt－A贷款市场平均初始利率为5.16%，平均当期利率为5.76%，浮动贷款利差平均为2.993个百分点，均只有次贷一半。

8. 次级贷款的贷款价值比比Alt－A贷款略高

整个次级贷款市场的LTV的均值为84.42%、中位数为86.52%。而Alt－A的LTV均值为83.43%、中位数为85.35%，与次贷相当；但具有高LTV比率的Alt－A放款数目为15441笔，比次贷少13698笔。

9. 次级的信用评分偏低而Alt－A信用则相对比较高

各州次级贷款的平均信用分值为614.88分，而且低于600分的客户占比高达41.%，高于660分的占比只有19.02%。大部分住房贷款不是处在信用不低于620分的高LTV就是处在低LTV且信用不高于620分的高风险状态。而Alt－A的平均信用评分为703分，比次级平均信用高出近90分。其中，信用低于600分的占比只有2.0%，而信用高于660分的Alt－A占比高达78.3%。这与次级的信用结构形成巨大反差。

10. 次级守信程度低而Alt－A守信度高

美国次级贷款有27.35%是没有或提交文件少就获得贷款的人。放款时有二次抵押贷款的数目有17120.11笔，占全部次级贷款的18.7%。还款时在过去12个月至少一次还款逾期的占比高达62.12%。而Alt－A贷款中没有或提供的文件少的客户占比高达62.7%，是同期次级贷款的两倍；而还款时在过去12个月至少一次还款逾期比例为31%，只有同期次级贷款的一半。可见，信用度高者守信程度也高，即使没有文件约束。

11. 次级贷款的违约率高而Alt－A贷款违约率低

次级贷款中，还款正常的比例只有54.77%，相当大比例的贷款已近发生逾期违约。从平均值看，逾期30～59天的贷款占比10.16%；逾期60～89天的贷款占比5.41%；逾期超过90天但没有出现止赎或REO的贷款占比14.64%；三者累计占比超过30%。

相对来说，Alt－A贷款违约率比次级贷款低很多，只有22.1%。其还款正常率为77.9%，比次级贷款的平均水平高23.2个百分点。在22.1%的违约Alt－A贷款中，逾期30～59天的有5.1个百分点，逾期60～89天的有2.4个百分点，逾期超过90天但没有出现止赎或REO的有6.3个百分点。

12. 银行对次级贷款的止赎率比对Alt－A贷款止赎高

美国各州平均每1000个住房单位有1.625笔次级贷款被银行止赎，有

0.6823 笔贷款被银行 REO。两项累计占总次级贷款 15%；其中，前者占比 10.85%，而后者占比 4.24%。

而 Alt－A 贷款的止赎比例为 6.1%，REO 的百分率为 2.2%，两者累计占比达到 8.8%，比同期次级贷款的 15.1% 低 6.3 个百分点。具体而言，每千个住房单位中 Alt－A 贷款的止赎数有 0.620 笔、REO 数量为 0.223 笔。

（二）州际差异比较

除了上述差异外，次级贷款和 Alt－A 贷款在美国境内各州表现也不尽相同。危机期间，美国境内次级贷款市场是高度统一融合的，不仅利率无显著差异，而且各州次级贷款的发放规模和风险资产结构比例都与总住房单位笔完全吻合。相对来说，美国境内 Alt－A 贷款市场则不然，表现出一定的区域差异。这种差异突出表现在各州 Alt－A 贷款利率的显著差异上，尽管各州 Alt－A 贷款规模也显示出与次级贷款类似的特征。原因可能是因为次级贷款得到美国政府的担保而 Alt－A 贷款是纯商业贷款。

1. 美国境内次级贷款市场是高度统一融合的

各州次级贷款市场的差异集中表现在次级贷款的规模及其相对数量上。如类型 1 州人口规模相对较小，次级贷款的数量及其结构资产规模也相应小。而这种差异正揭示出美国境内各州次级贷款环境的一致性。即类型 1 州是小州，其次级贷款的规模和各种结构的资产规模确实比类型 2 州小；而这个数字相对于各州总住房单位数由是一定的。唯一不同的只是类型 1 州次级贷款的违约率和止赎率比类型 2 州轻一点。

而那些真正反映市场结构和利率水平的指标则无显著差异。这表明美国境内各州次级贷款市场是高度统一融合的。

（1）各州次次级贷款价格高度一致

类型 1 州次级贷款的平均利率为 7.92%、平均期限为 50.2 个月，与类型 2 州的 7.78% 和 48.8 个月高度一致。类型 1 州贷款价值比（LTV）的均值为 84.9%、中位数为 87%，与类型 2 州的均值 84% 和中位数 86.4% 也无显著差异。可见，美国境内次级住房抵押贷款市场是高度统一的。

（2）各州自住房与非自住房的次级贷款比完全一致

类型 1 州这一比例为 0.91:0.09，类型 2 州该比例为 0.913:0.087，两者之间无显著差异。

（3）各州次级贷款的动机与结构用途完全相同

次级贷款通常有三个方面用途，即用于购房、再融资过程中提现和其他用途。类型 1 州这三者之比为 0.325∶0.571∶0.105，类型 2 州三者比为 0.330∶0.574∶0.096，它们的结构完全一致，都是以再融资过程中提现为主要目的。原因可能与美国境内各州不仅购房的平均当期利率、平均 LTV 和平均 FICO 完全一致而且提现的平均当期利率、平均 FICO 也完全一致有关。

（4）各州次级的信用结构无显著差异

类型 1 州次级平均信用评分为 614.1 分，类型 2 州同类平均信用分值为 616.6；前者信用低于 600 分与高于 600 分的之比为 0.416∶0.584，后者这一比例为 0.395∶0.605。它们均无显著差异。

（5）各州次级贷款的违约结构和风险结构均无差异

类型 1 州次级贷款在过去 12 个月至少一次还款逾期的占比为 62.3%，与类型 2 州的 64.5% 无显著差异。在实际发生逾期的三个阶段中，类型 1 州逾期 30～59 天、60～89 天、90 天以上（但没有出现止赎或 REO）三者比例为 0.103∶0.055∶0.148，类型 2 州三者比为 0.098∶0.053∶0.159，彼此也是完全对应一致。最后，两类州 REO 百分比和每千个住房单位的 TRO 数目都无差异。类型 1 州平均每千个住房单位有 0.680 笔逾期贷款被银行 TRO，REO 百分比为 4.3%，与类型 2 州的 0.897 笔和 4.9% 均差异不显著。

市场风险结构包括贷款的年限结构、品种结构和风险资产结构等。从年限结构看，类型 1 州 2007 年、2006 年、2005 年及其前发放的次级贷款结构与类型 2 州无显著差异，前者结构比为 0.097∶0.277∶0.665，后者比例为 0.095∶0.286∶0.657，均显示出危机前次级贷款锐减的趋势。

从品种结构看，类型 1 州浮动利率贷款与固定利率贷款比为 0.588∶0.412 与类型 2 州 0.594∶0.406 完全一致。两类地区不仅平均当期利率大小相当而且浮动利率高于参考利率的利差也无显著差异。从风险结构看，类型 1 州高 LTV 且信用低于 620 分与低 LTV 且信用不低于 620 分的次级贷款比为 0.147∶0.238，与类型 2 州的 0.127∶0.255 高度一致，而且在未来 12 个月、12～23 个月、24 个月以后三个阶段重设的次级贷款比上，两类地区也无差异。可见，美国各州次级贷款规模总量可能不同，但是风险资产的结构比例完全相同。

2. 美国境内各州 Alt－A 贷款是有差异的

这种差异不是因为其规模大小不同，而是突出表现在它们的利率水平、信用分值和违约程度、银行止赎等方面。与次级贷款相似，这里 Alt－A 贷款规模上的差异与各州总住房单位差异高度吻合，说明了美国境内各州住房抵押贷款的环境基本一致。

（1）类型 1 州 Alt－A 贷款的自住房比例只有类型 2 州的 77.1%

类型 1 州 Alt－A 贷款不仅总规模而且各结构资产规模都大约是类型 2 州的 2%，这一数字与它们的总住房单位比也温和。但是，类型 1 州自住房与非自住房 Alt－A 贷款比为 0.678∶0.322，而类型 2 州该类贷款比为 0.723∶0.277，两类州同。类型 1 州 Alt－A 贷款的自住房比例仅相当于类型 2 州的 77.1%。

（2）类型 1 州 Alt－A 贷款不仅总利率水平而且各结构利率均比类型 2 州高

类型 1 州 Alt－A 贷款平均利率为 6.332%，而类型 2 州该类贷款平均利率为 6.007%，前者比后者高 0.325 个百分点。其他结构利率，无论初始利率还是当期利率，无论是购房利率还是提现利率，基数浮动贷款利率关系也是如此。

（3）类型 1 州 Alt－A 信用比类型 2 州低

类型 1 州 Alt－A 平均信用 702 分而类型 2 州 704 分。不仅如此，前者高 LTV 且信用低于 620 分的贷款占比 1.1% 比类型 2 州 0.6% 高，而低 LTV 且信用不低于 620 分的占比 61.5% 比类型 2 州 69% 低。

（4）类型 1 州 Alt－A 贷款违约率低于类型 2 州

类型 1 州 Alt－A 贷款偿还正常率为 77.9%，比类型 2 州 70.5% 高出 7 个百分点。不仅如此，类型 1 州在过去 12 个月至少一次还款逾期比例为 31%，比类型 2 州 38% 也少 7 个百分点。

（5）类型 1 州 Alt－A 贷款止赎率比类型 2 州轻

类型 1 州银行对 Alt－A 贷款的止赎比例为 6.1%，而类型 2 州银行对该类贷款的止赎率为 9.4%。类型 1 州银行对 Alt－A 贷款 REO 比率为 2.2%，而类型 2 州 TRO 百分比为 3%。可见，无论是止赎还是 REO，类型 2 州的百分比都比类型 1 州高。

综合州际差异检验结果，我们发现原来美国境内各州之间贷款规模差异不是实质性差异。无论是次贷还是 Alt – A 贷款，它们与各州总住房单位的高度一致，恰恰说明了美国境内各地的贷款环境一样。次贷信用低、Alt – A 信用高，但是无论哪一类贷款似乎在州小的地方（如类型 1）实际守信度高些。其违约率和银行止赎率都低一些。尤其是高度商业化的 Alt – A，在类型 1 州信用评分没有类型 2 州高，可实际守信度比较高。这应该引起重视。

（三）危机期间变化比较

危机期间，美国境内次级贷款与 Alt – A 贷款规模均变化不大。无论次贷还是 Alt – A 贷款余额变化也不显著，但是它们平均利率持续下降、平均贷款期限延长。无论次级贷款还是 Alt – A 贷款，其购房动机整体在下降，它们的违约率和银行止赎率都在继续加重。

当然，次级贷款的特殊性也有突出表现：次级贷款由于自住房贷款比率上升因而单位自住房的贷款笔数出现下降；次级贷款用于提现的动机显著上升；次级贷款中浮动利率贷款比例下降。而 Alt – A 贷款在这些方面均无显著变化。此外，Alt – A 信用评分显著下降而次贷者无此变化，可能是因为次贷本身信用不高且得到政府重点救助。

1. 次级贷款与 Alt – A 贷款规模变化不大，但前者自住房贷款比率上升

危机期间，美国境内的次级贷款与 Alt – A 贷款的总规模变化不显著，仅略微减少。但它们的自住房与非自住房贷款比例却出现分化，前者自住房与非自住房贷款比例发生显著变化而后者却变化不显著，次级贷款自住房贷款占比由 2008 年的 90.21% 上升至 2009 年的 90.64%，再升至 2010 年的 91.16%；非自住房占比由 9.79% 下降到 9.36% 再到 8.86%。可见，危机期间美国次级贷款的自住房比率上升，而 Alt – A 贷款则未变。

2. 无论次贷还是 Alt – A 贷款余额变化不显著，但平均利率下降、贷款期限延长

次级贷款的平均利率由 2008 年的 8.46% 下降到 2009 年的 8.09% 后再降到 2010 年的 7.36%；平均贷款期限则由 40 个月延长至 48.9 个月后再延长到 60.2 个月。

各州 Alt – A 贷款的平均利率由 2008 年的 6.68% 下降到 2009 年的 6.38% 后继续下降到 2010 年的 6.05%；平均贷款期限由 2008 年的 34.16 个月延长至 2009 年的 43.57 个月，再延长至 2010 年的 55.004 个月。

3. 次级贷款和 Alt - A 贷款购房用途整体下降，但仅次级贷款提现动机显著上升

危机期间，美国无论次级贷款还是 Alt - A 贷款的用途均发生变化。它们用于购房的贷款比例都显著下降，前者由 2008 年的 33. 80% 下降到 2009 年的 32. 67%，再下降至 2010 年的 31. 14%；后者用于购房的贷款比由 44. 5% 下降到 43. 8% 再降至 42. 9%。但是，其间仅次级贷款提现动机显著上升，由 54. 52% 上升至 57. 73%。

4. 次级贷款中浮动利率贷款比例下降，而 Alt - A 贷款中该贷款变化不显著

次级贷款中浮动利率贷款占比由 2008 年的 59. 8% 下降到 2009 年的 58. 32% 后继续降到 2010 年的 57. 29%。但是，无论是次贷还是 Alt - A 贷款，它们的浮动利差均没有发生显著变化。

5. 次贷信用风险不变，而 Alt - A 信用显著下降

危机期间，美国次级贷款信用风险未出现变化，不仅信用评分而且信用结构均变化不显著。而 Alt - A 平均分值由 703 分显著下降到 702 分，而且信用高于 660 分的比例由 2008 年的 78. 6% 下降到 2009 年的 78. 4%，再降至 2010 年的 78. 0%。

6. 无论次级贷款还是 Alt - A 贷款，违约率都逐渐上升

危机期间美国次级贷款还款正常的比例由 2008 年的 59. 94% 减到 2009 年的 53. 84%，再下降到 2010 年的 52. 14%。Alt - A 贷款偿还正常率由 2008 年的 84. 8% 下降到 2009 年的 77. 7% 后再下降到 2010 年的 73. 7%，

7. 无论次级贷款还是 Alt - A 贷款，银行止赎率均显著上升

危机期间，美国商业银行对次级贷款的止赎率由 2008 年的 9. 49% 上升到 2009 年的 10. 97%、再升至 2010 年的 11. 60%。对 Alt - A 贷款的止赎率由 2008 年的 3. 6% 升至 2009 年的 6. 2%，再上升至 2010 年的 7. 7%。

五、违约率和止赎率上升的原因

住房抵押贷款违约理论和实证研究基本都认同失业、房价、收入、利率等变量影响到住房抵押贷款的违约和止赎。本章运用 2005—2014 年美国 48 个州的面板数据以及 2005—2015 年第一季度的月度数据对住房抵押贷款违约率和

止赎率的影响因素进行了实证检验，基本支持了以上因素会导致违约率和止赎率发生变化。

1. 失业率显著影响违约率和止赎率。失业率上升会导致违约率和止赎率显著上升，这是由于失业作为收入剧降的主要原因，会引起借款人违约乃至最终失去住房止赎权。

2. 房价对违约率和止赎率产生显著的负向影响。尤其对信用较差的借款人影响更大。在其他因素不变的情况下，房价指数下降 1% 会引起次级住房抵押贷款违约率上升 2.97%。

3. GDP 或收入与违约率和止赎率的关系显著。GDP 指标显著影响住房抵押贷款违约率，意味着总体宏观经济环境对违约率的影响显著。人均收入对次级住房抵押贷款的影响显著，而对优级住房抵押贷款的影响不显著，说明房地产市场、个人生活水平的变动对信用较差的借款人影响更显著。个人可支配收入对止赎率则有着显著的负向影响，个人可支配收入上升时，止赎率也会随之下降。

4. 抵押贷款利率对止赎率有显著的正向影响，利率上升会引起止赎率的上升。

六、止赎危机的巨大外部效应

美国次贷危机期间出现的大量住房抵押贷款违约并最终引发止赎危机，成为美国非常严重的社会问题，引起了美国乃至全球的高度关注。

止赎的社会代价表现在各个方面，对于贷款机构乃至整个社会来说代价都是很大的。要承担搜寻费用和搬迁的花费，面临家庭分离的问题，将来再次获得信贷也将困难重重。贷款机构的损失是止赎住房最终售价与贷款价值以及相关成本（如法律、物业管理、交易费用以及机会成本）之差。与止赎有关的社会损失来自直接的政府开支和房产价值下跌。空置住房导致的损失尤其严重，这些空置的房产会招致犯罪活动（这又导致了政府开支的增加）以及更差的物理环境（进一步导致价值降低）。

止赎的巨大外部不良效应突出表现在：止赎住房被低价出售，止赎住房贬值降低正常住房的价格，止赎引致犯罪率提高。

（一）止赎住房被低价出售

如果失去赎回权的住房会对其他正常房产的价值带来负面影响，那么这些住房自身就应该被低价出售。虽然对止赎住房估算方法和解释不同，但止赎住房贬值是客观存在的。至少有三点原因可以简单地解释止赎住房贬值：（1）住房特征普遍不同；（2）普遍较差的住房状况和较低的住房质量；（3）流动性贴水。

（二）止赎住房贬值降低正常住房的价格

止赎住房会低价出售，易于引起负面的外部效应，拉低正常住房的价格。此类溢出效应可能存在三个潜在渠道（Lee，2008）：（1）通过由于住房缺乏维护或疏忽导致荒废的渠道；（2）通过比较而拉低估价；（3）止赎住房的供应量增加。Leonard 和 Murdoch（2009）进一步提出周围住房失去赎回权意味着社区环境变差，这也导致了止赎对正常房价的负向影响。

（三）止赎引致犯罪率提高

止赎是否会导致犯罪率的上升是关系到居民生活和社会稳定的一个重大课题。理论和实证研究几乎都得出了一致结论：止赎会提高区域性的城市乃至整个国家的犯罪率水平，对社会治安和经济繁荣的消极作用不可小觑。信贷危机引发的止赎具有非同寻常的危害。

鉴于止赎与犯罪的联系关系到社会经济的安定繁荣，很多相关研究试图从理论上解释为何一个地区的止赎行为会引致犯罪。例如，在贫困地区（通常也是止赎高发区），被遗弃的空置住房往往就成了小偷、毒贩与娼妓的聚集地。例如在美国得克萨斯的奥斯丁，人均收入很低，数据显示有41%被空置的住房能够轻而易举地破窗而入，83%都被小偷、毒贩与娼妓非法使用过。其犯罪率是周围街区的两倍之多（Spelman 和 William，1993）。

社会解组理论、破窗理论和日常活动理论等犯罪理论从不同方面解释了止赎引致犯罪的原因。

实证研究几乎得出了共同结论，即止赎率的上升，会引起一定范围内犯罪率的明显上升。在纽约，止赎率的上升会导致区域内总的犯罪率、暴力犯罪率和公共犯罪率的明显提高。而财产犯罪率比较特殊，止赎住房附近的财产犯罪率几乎没有影响。可能是因为止赎房内的财物不吸引人或止赎房附近的财产犯罪相对而言汇报较少。但对印第安纳波利斯的研究结果显示，从区域整体而言，止赎的增加会导致财产犯罪率的提高。研究还发现止赎对区域内的暴力犯罪及财产犯罪有明显的影响。同时，止赎效应在其附近区域最为明显，同时具有负外部性，其影响范围可达 3250 英尺以外，随距离增大而减弱。但也有一项对路易斯维尔的研究表明，区域内的止赎率上升对周围地区的犯罪率的影响较小。该研究也将地区划分为一块块单位研究对象，结果显示：虽然止赎率止赎增加 1 个单位造成犯罪率增加了 0.6 单位，周边街区的犯罪率却增加不多，但该研究中的区块是相邻的，不排除研究者在测算犯罪率时该犯罪率已经受止赎影响的可能。

七、美国政府的干预措施

美国政府自次贷危机爆发后，即开始了历史上最大规模的干预行动，原因是止赎危机会造成巨大的负面外部效应，导致难以估量的社会损失。

正常情况下，住房抵押贷款一旦逾期超过 90 天即变成贷款机构的坏账，因此丧失住房赎回权。而贷款机构乃至整个社会都可能因止赎而付出很大代价。而一旦止赎演变成全社会现象，则可能导致非常严重的社会问题。正因为如此，在止赎危机愈演愈烈之际，美国联邦政府出台了一系列干预措施，各州政府颁布诸多法律规定，以防止贷款违约演变为丧失住房赎回权，同时减缓已经止赎的大量住房产生巨大的不良外部效应。

美国联邦应对违约和止赎危机的政策分为两类：一是对于有可能和已经违约的贷款，注重防止并减少止赎；二是对于已经进入止赎程序和已经止赎的住房，注重减轻集中的止赎住房对临近社区的影响。第一种应对措施包括布什和奥巴马联邦政府的主要行动，这些行动包括 2007 年底公布的国家缓解止赎咨询项目，在美国证券化论坛上被率先提出的简化的希望联盟和与之相关的调整计划，在 2009 年开始实施的住房可负担计划（MHA）项目（包括住房可负担调整项目和住房可负担再融资计划以及它们的辅助性项目）。第二种政策侧重于减缓止赎对当地社区的影响，这类政策包括三个阶段的社区稳定计划（NSP），NSP1，NSP2 和 NSP3。与联邦政府干预政策相对应，各州也倾其所能防止并减少止赎以及降低止赎住房对社区产生的不良影响。

概而言之，美国政府应对违约和止赎的干预措施从多方面综合考虑，创新方法，很大程度上使止赎得到了控制。其救助重点是针对居民住房抵押贷款的负担能力，让居民走出债务的困境，同时减缓止赎对社区产生的不良影响，而非像中国那样救房价，让过高的房价或房地产泡沫得以持续。美国地方和州政府的市场干预措施主要包括以下四个方面的内容。

（1）协商修改住房抵押贷款合约条款。为推迟还款提供条件，包括降低贷款利率；减少本金；延长还款期限；延长还款拖欠容忍期限。

（2）保证借贷双方的信息沟通顺畅。告知提醒其违约行为，并在改变抵押品销售日期后做出通知；设立业主保护办公室；建立互联网平台，公开信息。

（3）采用激励措施鼓励贷款机构、保险公司等金融机构积极参与贷款修改计划的作用。

（4）运用国家宏观经济手段。财政拨款设立基金，发布紧急贷款援助计划，提供援助咨询和救助。

对于已经进入止赎程序和已经止赎的住房，注重减轻集中的止赎住房对临近社区的影响。

第二节　对中国的启示

一、创新差别化住房抵押贷款产品

与美国能够充分满足富人和穷人不同社会群体需求不同，中国现行的个人住房抵押贷款只有两种：公积金委托贷款和商业贷款。而且这两种贷款几乎是“一刀切”，贷款条件和条款在全国各地、各家银行雷同。不能适应市场需求以改善居民居住条件。

公积金贷款仅适合缴存住房公积金的家庭，覆盖率过低。据住建部、财政部和人民银行的统计数据，截至2017年底，缴纳公积金的职工共13737.22万人，仅占全部人口的10%左右，绝大多数农村家庭几乎都被排除在外。

而各家商业银行对个人申请住房抵押贷款条件的规定大致相同，将相当一部分刚性需求的购房客户挡在门外，只允许相当于美国优级客户进入市场。更有甚者，许多商业银行还以“控制风险”为名私自增加一些内部成文和不成文条件。如某银行明确规定个人住房抵押贷款是该银行向客户发放的以客户本人（含配偶）名下房产为押，用于经营、消费以及其他合法合规用途的人民币担保贷款。申请人申请该行贷款时必须提供以下材料：（1）本人及其配偶有效身份证件、户籍证明（户口簿或其他有效居住证明）、婚姻状况证明原件及复印件；（2）个人收入证明，如个人纳税证明、工资薪金证明、投资收益证明、在该行或他行近6个月内的平均金融资产证明等；（3）贷款用途证明或声明；（4）抵押房产权属证明，如果抵押房产已办理了土地使用权证，则土地使用权证应同时提供；（5）银行要求提供的其他文件或资料。不仅如此，目前国内商业性住房抵押贷款还隐藏许多歧视性条款。例如，2015 年 7 月，上海一位小伙子仅仅因为其身份证号码首位是“350”而遭到上海多家商业银行拒绝贷款申请。

其结果必然加剧住房市场错位。一方面，许多刚性需求者无法及时购房；另一方面，许多房哥、房叔、房姐拥有大量住房空置，助长整个住房市场价格扭曲失真，中低收入者怨声载道。

因此，中国有必要借鉴美国，通过创新差别化住房抵押贷款品种，满足市场多样化需求，这既是市场成熟的体现，有助于提升银行盈利能力，又可以圆刚需者的“住房梦”，纠正住房市场的错位。虽然美国次级抵押贷款、Alt－A这类高风险贷款引发了金融危机，但不可否定的是，正是这些高风险贷款帮助无数人拥有了自住房，为实现历届政府努力提高住房拥有率作出了贡献。次级贷款产品本身没有问题，问题出在操作过程中的不规范和欺诈。

二、建议成立政府住房贷款担保管理局

美国联邦住房管理局借助市场力量实现政府所期望的“既保证民生又顾及增长”目标在国际上堪称典范，其成功经验值得中国借鉴。

既与民生和社会安定密切相关，又直接影响着经济增长的速度和质量，住房市场的重大作用历来为各国政府的一个重点关注领域。如何纾解民生问题与经济增长之间的困顿、平衡二者之间的关系直接考验政府的智慧，是一种高超的艺术。近年来，中国深受住房市场上的民生与经济增长难以兼顾的困扰。一方面，高房价使得相当比例的低收入家庭望而却步，为此，政府出台一系列措施控制房价过快上涨；另一方面，房价稍有下降，不少地方立即就有各种各样救市措施出台，削弱好不容易取得的调控成果，原因是在保增长的背景下，房

价下跌必然拖累经济增长率。因此有必要借鉴美国的做法，成立中国政府住房贷款担保管理局。

（一）用政府贷款担保取代房价补贴制度

建议成立的中国政府贷款担保管理局对中低收入者保障房提供贷款担保，以此取代房价补贴。

当前，我国保障房的乱象来自保障房制度缺陷，应该借鉴美国保障房的经验，推出适合中国的“居者有其屋”贷款担保计划，用抵押贷款政府担保制度取代房价补贴制度。

一直以来，我国保障房领域存在“骗钱、骗售、骗住”乱象，这些乱象的背后都是利益使然，只要有利可图，这些乱象就不会消失。因此只有切断利益输送的制度根源才能根治很多非受惠群体通过非法手段挤占受惠群体的权益。我国政府不是为保障房提供房价补贴，而仅仅为目标人群在商业银行的贷款提供信用担保，银行因为政府担保降低了违约风险而提供更低的利率贷款。这样既可以规范贷款市场，又可以满足中低收入者的住房需求，还可以帮助经济走出低谷。

（二）用政府担保取代商业“以房养老”

借鉴美国 FHA 的做法，推出政府“以房养老”的反向抵押贷款担保计划，避免如今有行无市的现状。

随着老龄化问题越来越突出，自 2005 年起，我国开始“以房养老”试点。2005 年，南京试行“给我房子，替你养老”的“以租换养”模式，以“无儿无女无亲戚的孤寡老人”作为服务对象，最终搁浅。2007 年，上海“住房自助养老”规定，65 岁以上的老年人可以将产权房与上海市公积金管理中心进行住房买卖交易，同样也遭遇搁浅。北京、杭州也推出了类似方案，但都无疾而终。2013 年 9 月，国务院在《关于加快发展养老服务业的若干意见》中提出“开展老年人住房反向抵押养老保险试点”。中国保监会则于 2014 年 6 月出台《关于开展老年人住房反向抵押养老保险试点的指导意见》，宣布北京、上海、广州、武汉四个城市于 2014 年 7 月 1 日至 2016 年 6 月 30 日开展试点工作。2018 年 8 月，中国银保监会发布通知，要求将“以房养老”试点推广至全国。其间，幸福人寿推出国内首款保险公司以房养老产品“幸福房来宝老年人住房反向抵押养老保险（A 款）”于 2015 年 3 月 27 日获得中国保监会批准。然而这个政府主导的试点同样不顺利，一年来全国四个试点城市只有22户家庭参与。幸福人寿4个月仅有12户家庭签约。更有甚者，越来越多公司以“以房养老”之名行集资诈骗之实，政策的推行遭遇巨大障碍。

之所以不顺利，是因为反向抵押业务风险高同时又具有社会保障功能，以盈利为目标的商业化经营根本难以胜任。而美国的成功做法是由FHA代表政府提供担保后由银行提供反向贷款。FHA担保的逆按揭项目为老年人提供了一笔稳定的养老金，实现了老有所居、以房养老的目的。老年人以房地产为抵押，定期从银行支取养老金，养老金总额为抵押品估值的一定百分比。在老人过世之后，银行拍卖抵押房产收回资金。FHA以政府信誉为这些逆按揭贷款担保，并收取保费。FHA在该项目中实现了住房保障和养老保障的双重目的。

(三) 纾解住房市场民生与经济增长的困扰

近年来，中国深受住房市场上的民生与经济增长难以兼顾的困扰，而政府住房贷款担保管理局所承担的反经济周期的功能与支持中低收入家庭的功能能够纾解这一困扰。

一方面，住房关系到民生这一重大问题，自1998年7月下发《关于进一步深化城镇住房制度改革加快住房建设的通知》开始，中国政府将解决低收入家庭住房问题作为一项重大政策，“住有所居”是维护社会稳定、构建和谐社会的重要举措；另一方面，房地产业又是中国国民经济发展中的支柱产业地位，该地位在国务院于2003年发布的《关于促进房地产市场持续健康发展的通知》中进一步得到了明确。不仅如此，土地财政已经成为地方政府的重要特征。因此，住房价格上涨不仅对地方经济增长，而且对其财政均有重大贡献。然而，高房价导致相当多的家庭特别是低收入家庭“望房兴叹”，成为社会稳定、构建和谐社会的隐患。为消除隐患，政府出台一系列措施以控制房价过快上涨。然而房价稍有下降甚至上涨放缓，为保增长，不少地方又会出台各种各样的救市措施，导致艰难取得的调控成果弱化。

一个好做法是借鉴美国FHA的成功经验，成立中国政府住房贷款担保管理局，借助市场力量实现政府所期望的“既保证民生又顾及增长”目标。在经济不景气时期，商业住房贷款担保机构的抵押愿意减弱，商业银行减少贷款，此时住房管理局通过提供政府担保，支持那些处于劣势地位、信用等级不高的人进入住房市场，因此可以阻止商业性抵押业务以及商业银行贷款的下降，在极端情况下，美国 FHA 的发展历史显示，住房管理局所提供的政府项目甚至成为住房市场的唯一信贷来源。而在经济繁荣期，商业贷款担保机构活跃，政府住房管理局的抵押贷款市场份额相对较少。

（四）以立法规范市场发展秩序

我国中央财政每年为各地住房保障项目提供了巨额资金，但并未达到预期效果，似乎缺少应有的市场秩序，甚至出现严重的腐败现象。原因是地方财政利益高于一切，特别在房地产市场调控、住房供需矛盾调解的敏感时期更是如此。

而美国 FHA 成功的借鉴意义在于，如果中国建立政府住房贷款担保管理局，将有助于改变这一现状。FHA 成功的背后是全面的法律法规体系作支撑。（1）FHA 本身就是《国家住房法》的一部分。（2）FHA 明确全国统一的规定，如以八条标准作为其项目价值评估的基础，并指示其代理人对估值较高的项目贷出更多贷款。同时，对政府面向中低收入家庭购房提供的抵押贷款制定最高贷款限额，防止利用政府担保的抵押贷款购买过于奢侈的住房，而且这一限额根据市场情况进行调整。（3）FHA 的营运受到严格监管，每年 FHA 的资金状况须接受独立机构的评估并向美国国会进行报告，确保了政策执行的效率与安全。（4）FHA 的运作过程及其经营绩效公开透明，需向社会公开，接受公众监督。

FHA 成功的另外一个标志是美国唯一完全自筹资金的政府机构，用自己的担保收入进行运行，没有使用纳税人缴纳的税金，尽管在次贷危机期间，国会对其进行了注资，但 FHA 在经营过程中并没有动用这些资金。

若成立中国政府住房贷款担保管理局，可通过相应的法律体系，从制度上既可更有效地为弱势群体提供住房保障，又可规范市场发展秩序，杜绝腐败，避免骗租、变相福利分房、利用职务侵占或违规转租转借、转售、闲置保障房等行为，同时还减轻政府财政负担。

（五）平衡区域发展

区域发展不平衡阻碍了经济发展和社会公平。而从美国的经验看，政府住房贷款担保管理局通过制定统一保险费率，使得所有地区的贷款担保费率不会因风险不同而不同，从而由于费率作用而使得经济风险较高的区域，政府担保贷款在市场上占有更高份额，使地区间的供需自动达到平衡，而不会像商业性贷款保险公司因其盈利特性而对高风险区域要求更高保费而使该区域不可能有LTV比率高于90%的商业抵押贷款。

（六）缓释银行风险

如果中国能构建类似FHA的担保支持机制，房贷违约风险将大大降低，这是由于获得政府担保的贷款对银行来说是无风险的，因此可以在一定程度上降低因泡沫集聚而形成的高企房价最终可能大幅下降而引起大量房贷违约的风险。

三、关注违约和止赎危机的隐忧

类似于美国的住房抵押贷款违约和止赎危机会不会在中国出现？这种可能性并非不存在，相反，如果不进行实时监控和防范，一旦危机爆发将可能导致无所适从的严重后果。

从导致美国住房抵押贷款违约和止赎率上升的一些主要影响因素可以看出，中国也出现了类似隐忧。（1）房地产泡沫难以持续。2005年以来，中国住房价格经历了四个上涨高峰，而且每个上涨高峰之后都出现了下跌，形成波谷，然后在地方甚至中央政府或明或暗的救市措施刺激下又开始新一轮上涨。但伴随着房价的进一步上涨，所经历的跌幅进一步扩大。房价越高未来的跌幅越大。因此，高企的房价是难以为继的。（2）房价下跌风险已经凸显。（3）房贷偿还环境不尽如人意。经济高速增长不再，GDP、人均可支配收入的增幅下降；由于实体经济不景气，失业率似乎有所上升。（4）违约率和止赎案例不断攀升。

为避免违约和止赎危机发生，应该关注并防范违约和止赎危机的隐忧变成现实。

（一）房地产泡沫难以持续

2005年以来，无论新建住宅还是二手住宅，其价格月度涨幅经历过四个高峰。涨幅开始下降。从70个大中城市住宅价格指数同比变化来看，新建住宅在2007年11月和2008年1月达到第一个上涨高峰，涨幅高达12.2%；二手住宅的第一个上涨高峰也在2008年1月，涨幅为11.9%。此时美国次贷危机处在初级阶段。第二个上涨高峰发生于2010年4月，新建住宅和二手住宅的涨幅达到历史新高，分别为15.4%和10.5%。第三个高峰发生于2013年12

月，两个指标的月度同比涨幅分别达到9.2%和5.2%。进入2016年，房价在房地产救市政策的刺激以及经济下行、货币宽松、土地供应下降的背景中和各种加杠杆的金融创新的助推下疯狂上涨，实现了V形反转，新建住宅在2016年11月和12月、二手住宅在2017年1月达到第四个上涨高峰，涨幅分别为10.5%、8.0%（见图10.1至图10.3）。

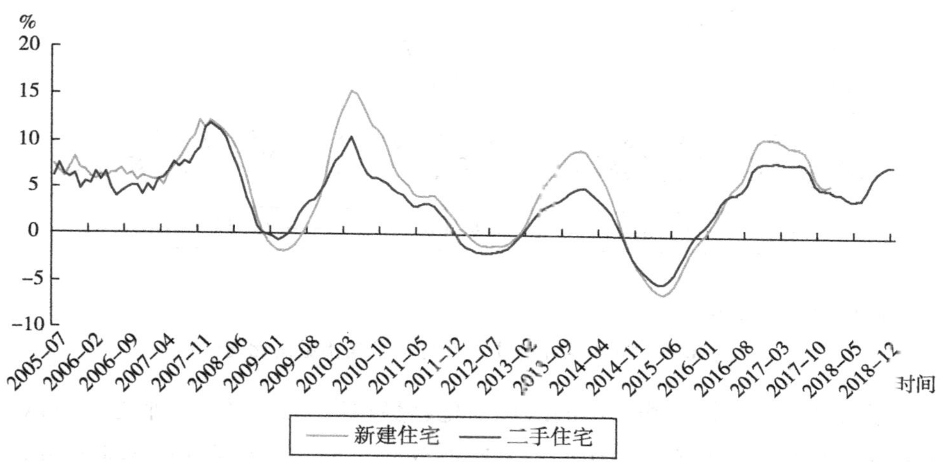

数据来源：国家统计局。

图10.1　70个大中城市住宅价格指数同比变化

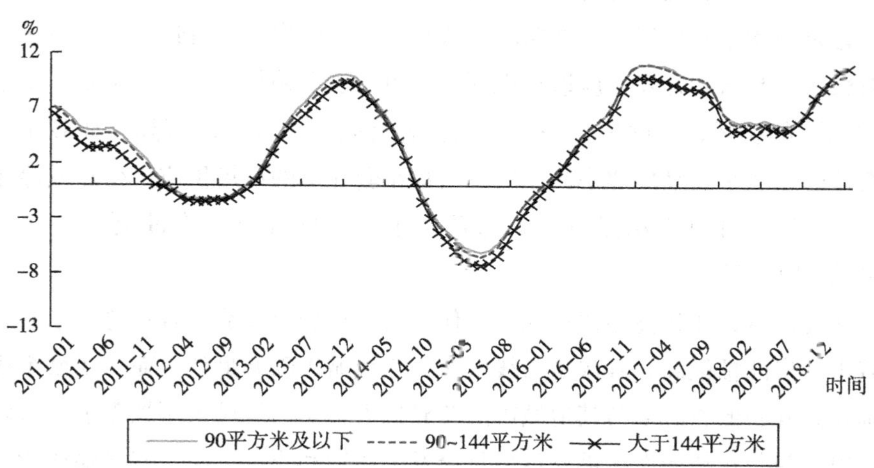

数据来源：国家统计局。

图10.2　70个大中城市新建商品住宅价格指数同比变化

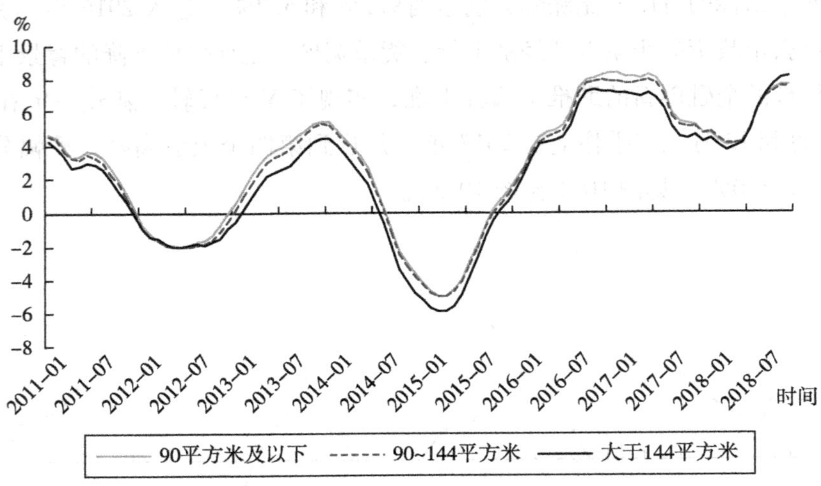

数据来源：国家统计局。

图 10.3　70 个大中城市二手住宅价格指数同比变化

从面积看，不同面积住房的房价变化趋势相当一致，但 90 平方米及以下的住房在房价上升时升幅越大，在下跌期跌幅越小。其次是 90～144 平方米。144 平方米以上的住房则在房价上升时升幅越小，在下跌期跌幅越大，特别是房价增幅在高峰和低谷时期与面积较小住房的差异拉大，其中二手住房尤为如此。这是由于小套住房是刚性需求者特别是首套购房者的首选，因此市场需求相对较大。政府和开发商应该意识到这一市场发展趋势。开发商千万不要陷入求“大”的误区，否则房价一旦下跌很容易陷入困境。政府如果要救市，一种有效的做法是鼓励多建小套住房，增加小套住房的市场供应，少建或停建大套住房。这样既可以满足刚需，惠及民生，又可避免房价过快下跌（见图 10.4 和图 10.5）。

从地区看，新建商品住房和二手住房的房价变化趋势一致；总体上看，一线城市住房涨幅最高，其次是二线城市，三线城市涨幅最低。而一线城市房价增幅在高峰和低谷时期与其他城市的差异拉大，是一线城市刚性需求无法解释的现象。为防止住房泡沫进一步恶化至发生违约和止赎危机，有必要继续一线城市的限购。

2011 年以来，新建商品住房价格月同比最大涨幅，一线城市出现于 2016

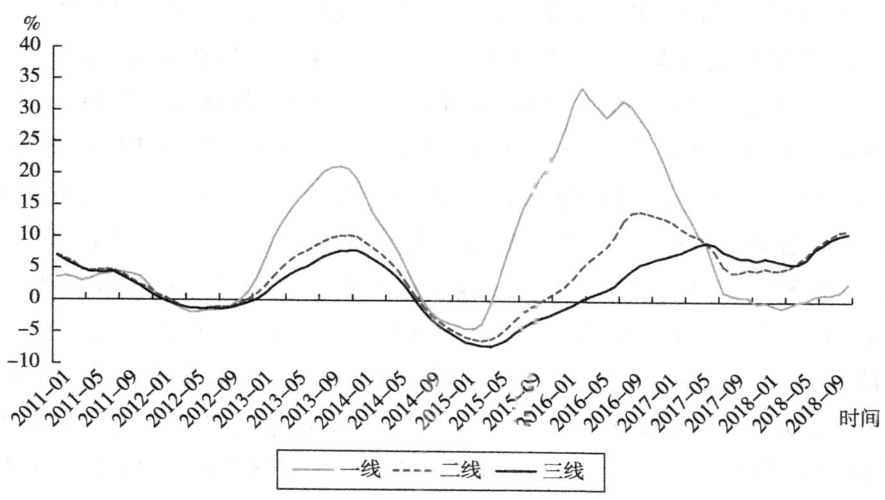

数据来源：国家统计局。

图 10.4　70 个大中城市新建住宅价格指数同比变化

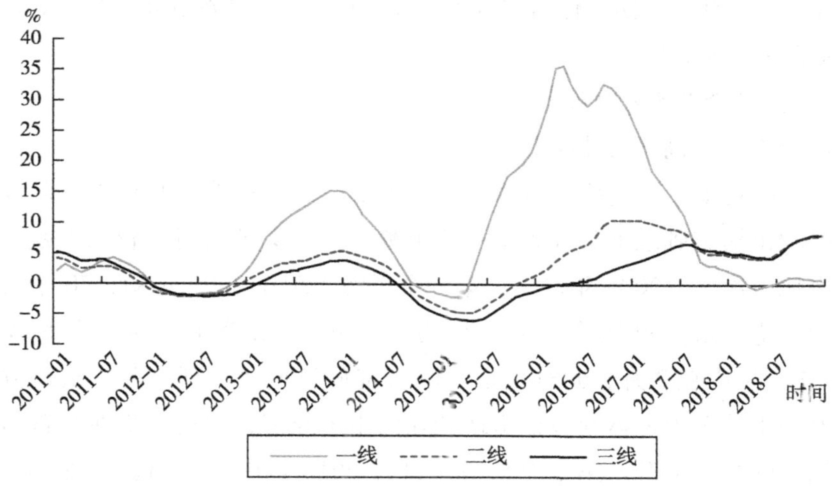

数据来源：国家统计局。

图 10.5　70 个大中城市二手住宅价格指数同比变化

年 4 月，为 33.9%；次高涨幅在 2013 年 11 月，为 21.2%；二线城市的最大月涨幅在 2016 年 11 月，为 14.2%；次高涨幅在 2013 年 11 月和 12 月，为 11.2%；三线城市的最大月涨幅 10.8% 发生于 2018 年 12 月，次高涨幅 8% 发生于2013年12月和2014年1月。一、二线城市涨幅差异高达19.7%；一、三线城市涨幅差异更是高达23.1%；二、三线城市的差异不大，但仍为3.4%。二手房的情况类似，差异情况相同。其价格月同比最大涨幅，一线城市发生于2016年4月和12月，为36.0%；二线城市在2016年10月—2017年1月，为10.5%；三线城市为8.2%，出现于2018年12月。一、二线城市涨幅差异高达25.5%；一、三线城市涨幅差异高达27.8%；三线城市的差异不大，为2.30%。对于次高涨幅，一线城市发生于2013年11月和12月，为15.2%；二线城市在2014年1月，为5.6%；三线城市为4.2%，出现于2013年12月。一、二线城市涨幅差异同样为9.6%；一、三线城市涨幅差异高达13%，比新建商品房高0.2个百分点；二、三线城市的差异不大，为1.4%。一线城市房价与二、三线城市在房价上涨期的巨大差异是难以用刚性需求来解释，因为刚性需求应该具有稳定或稳定趋势性，不可能在某个时期突然放大，唯一的解释一线城市的房价上涨不仅仅是住房刚性需求拉动的，还有投机性需求的拉动。因此，为防止住房泡沫进一步恶化至发生违约和止赎危机，对一线城市的限购是必要的。

（二）房价下跌风险已经凸显

1. 每个上涨高峰必伴随下跌

房价的每个上涨高峰之后都出现了下跌，然后在地方甚至中央政府或明或暗的救市措施刺激下又开始新一轮上涨，接着又进入新一轮的下跌，且跌幅一次比一次大。2005年以来，第一个低谷出现在2009年初，70个大中城市新建住宅的最大跌幅在3月，仅为-1.9%，二手住宅的最大跌幅仅为-0.7%，发生在2月，此时正是美国次贷危机愈演愈烈之际，从地方到中央政府均不遗余力地拯救包括房地产在内中国经济，致使房价在微跌后开始新一轮更强劲的上升。第二个低谷出现在2012年中，跌幅也非常小。新建住宅在2012年6月达到最大跌幅-1.3%，二手住宅在2012年5月和6月的最大跌幅也仅-2%。第三次负增长高峰发生在2015年3月和4月，上述两项指标分别为-6.3%和-5.2%，比前两次的降幅要大得多。值得注意的是，有些地方如温州房价在达到第二次高峰后由于太高直至2015年10月还是负增长。

从2011年以来区域房价的跌势来看，一线城市的跌幅明显低于二、三线城市，相互间的差异也较小。一线城市新建商品住房最大跌幅发生于2015年3月，为4.5%；二线城市发生于2015年4月，为6.4%；三线城市发生于2015年5月，达到6.9%。一、二线城市跌幅差异为1.9%；一、三线城市跌幅差异高为2.4%；二、三线城市的差异不大，为0.5%。二手房的情况类似，差异情况相同。其价格月同比最大跌幅，一线城市和二线城市均发生于2015年3月，分别为-2.3%和-4.8%；三线城市在2014年4月，为5.7%。一、二线城市跌幅差异为2.6%；一、三线城市跌幅差异高为3.4%；二、三线城市的差异不大，为0.8%。

2. 房价下跌城市状况不容乐观

与房价每次上涨之后必伴随下跌相对应，在房价都上涨之后，又将出现房价下跌。从2011年9月以来，每个月几乎都出现了房价下跌的城市。例如，2015年3月，对于新建商品住房，70个城市房价全部下跌，最高月同比跌幅达11%；对于二手住房，有69个城市房价下跌，最高月同比跌幅达14%；两者均与2015年1月和2月持平（见图10.6和图10.7）。

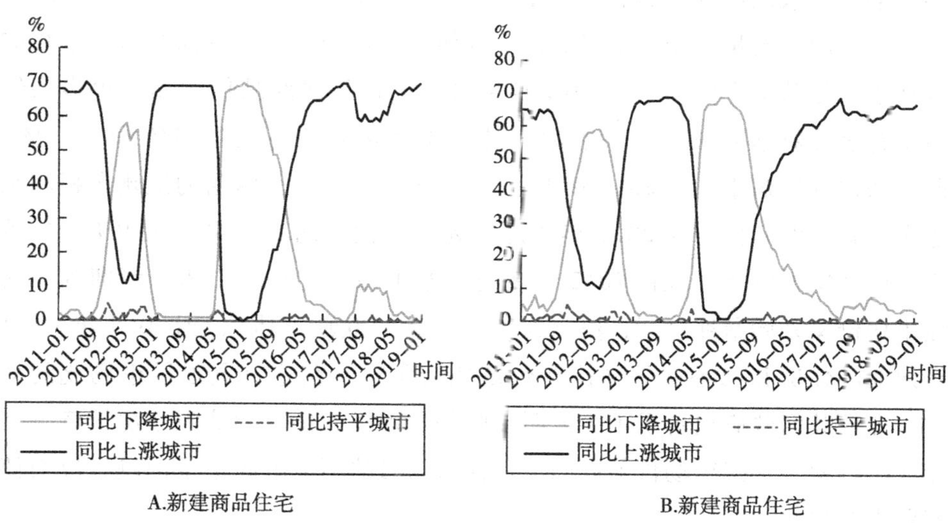

数据来源：国家统计局。

图10.6　70个大中城市住房价格同比变化状况

越吹越大的房价泡沫最终都会走向破灭的典型案例是温州，其去泡沫化过程非常艰难，深度调整导致其涨幅在全国第四个房价暴涨期比其他地区要

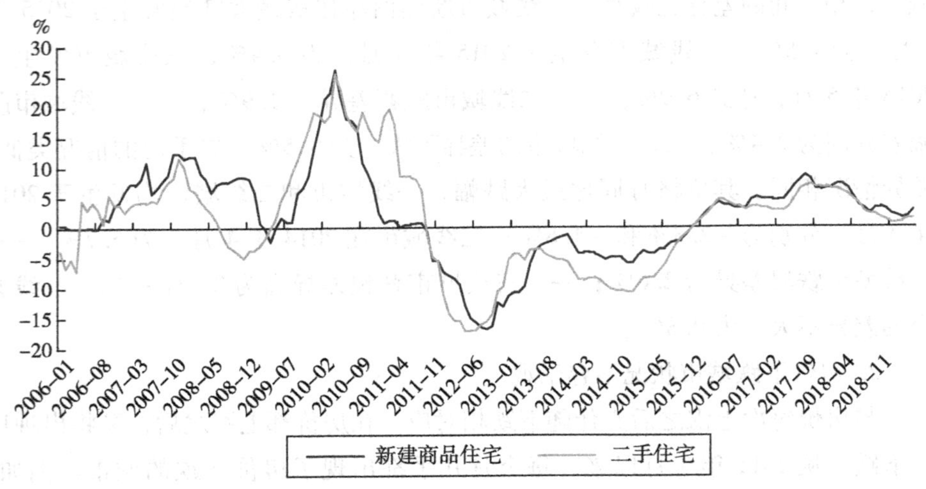

数据来源：国家统计局。

图 10.7　温州住宅价格指数同比变化

小得多。国家统计局的数据显示，2005 年以来，与其他地方经历了四次上涨高峰不同，温州只经历了三次，当其他地区在经历第三轮涨幅时，温州的表现不过是跌幅下降而已。2010 年 4 月，温州新建商品住房和二手房均经历了有统计数据以来的最大涨幅，月同比变化分别高达 26.1% 和 25.5%。此后涨幅开始缩小，到 2011 年 11 月开始出现负增长，跑路的温州老板越来越多。新建商品住房在 2012 年 8 月达到了最大月同比跌幅 -16.9%，二手房 -16.6% 的跌幅出现在 2012 年 7 月。在上海、北京、广州、深圳等一线城市房价又开始暴涨之际，温州的房价仍然“跌跌不休”，到 2015 年 10 月新建商品住房和二手房的同比变化依然为负值。在这个全国最市场化的地方，即便其间政府出台了不少或明或暗的救市措施仍然无法阻止房地产去泡沫化的进程。干扰市场价值回归的任何人为做法不但解决不了问题，反而使问题更加恶化。

（三）还款环境不尽如人意

近些年来，中国宏观经济发展开始进入新常态，经济高速增长不再，GDP、人均可支配收入的增幅下降；由于实体经济不景气，失业率似乎有所上升。而这些因素可能直接提高住房抵押贷款的违约和止赎率（见图 10.8）。

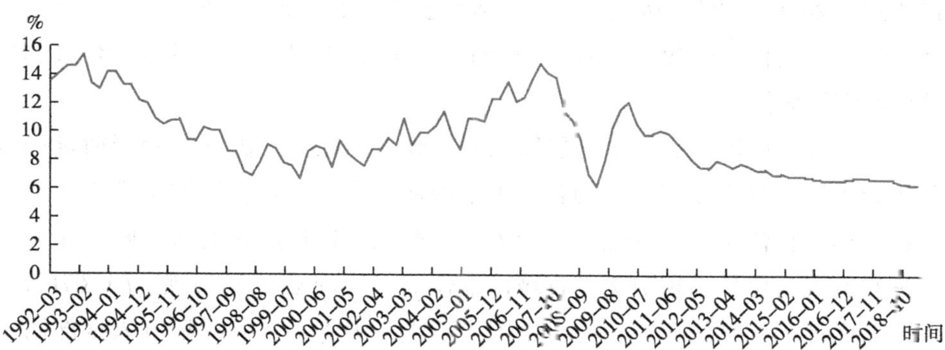

数据来源：国家统计局。

图 10.8 GDP 同比增长率

GDP 增长率反映了经济发展水平和经济周期，增速放缓意味着经济水平和国民收入增长放缓，还款来源受到不利影响，还款压力加大，可能导致违约率上升。中国 GDP 增长率自 2011 年第二季度以来一直处于持续下降态势，从第一季度 10.2%一直下降到 2019 年第一季度的 6.4%，降低了 3.2%，比 1992 年第四季度 17.3%下降了 10.3%（见图 10.9）。

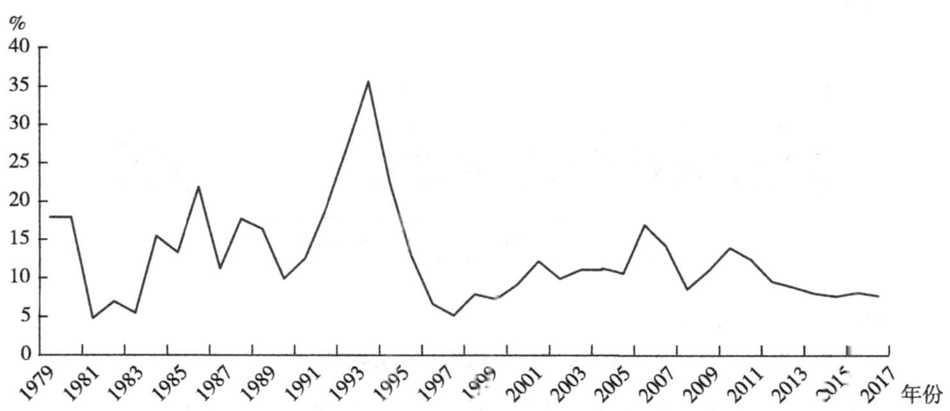

数据来源：国家统计局。

图 10.9 城镇居民家庭人均可支配收入年增长率

与 GDP 类似，中国居民家庭收入增长趋势也在不断下降。从城镇居民家庭年度人均可支配收入看，其增长率自 2007 年以来一直减少，从 2007 年的

17%降至2018年8%，人均可支配收入增长率降低了9个百分点。城镇居民家庭人均可支配收入在2018年底为39251元，仅为2011年的1.8倍，但其间房价已经涨了数倍。

房价收入比即住房总价与居民家庭年收入的比值是国际上用于衡量房价是否处于居民收入能够支撑的合理水平的通用指标，直接反映出房价水平是否超出购买自住房家庭的经济承受力。一般地，发达国家的房价收入比如果超过6就视为房价出现泡沫。百城样本住宅平均价格在2018底为14678元，如果以此计算，平均而言，一个中国人不吃不喝将一年可支配收入全部用于购房，只能买到0.37平方米。以100平方米、一家三口计算，房价收入比是12.3，大大超出发达国家的泡沫警戒区。而不同地区房价收入比分化明显，其中一线城市高企，2018年底，上海房价收入比高达26.1，深圳更是高达34.2。

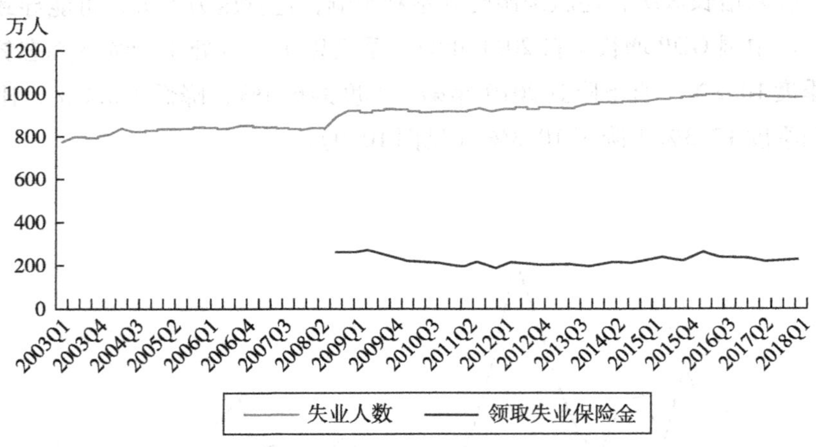

数据来源：国家统计局。

图10.10　城镇失业人数统计

从失业看，近年来失业人数开始上升，可从城镇失业人数与城镇领取失业保险金人数略见一斑。城镇失业人数从2013年第四季度开始上升，由第三季度的921万人升至2014年底的952万人，到2018年第三季度达到975万人。城镇领取失业保险金人数从2013年第一季度的201万人升至2018年第三季度的224万人。失业既是家庭个人收入发生急剧下降的主要因素，也是由于偿债能力下降而导致住房抵押贷款违约的显著影响因素，同时未来失业不良预期也会妨碍履约。

（四）违约和止赎案例不断攀升

一个无法回避的事实是，一旦房价下跌、宏观经济形势变差，住房抵押贷款违约率和止赎案例必然增加，这已经被美国及中国的实践所证实。

1. 住房抵押贷款违约上升

表 10.1　　个人住房抵押贷款与房地产贷款不良余额与不良率

单位：亿元，%

年份	个人住房抵押贷款		房地产贷款	
	不良贷款余额	不良贷款率	不良贷款余额	不良贷款率
2007	293.00	1.09	905.10	4.91
2008	268.40	0.91	676.20	3.35
2009	264.40	0.59	504.10	1.93
2010	205.40	0.37	439.80	1.26
2011	192.20	0.30	353.20	0.97
2012	204.40	0.29	279.10	0.71
2013	225.80	0.26	214.40	0.48
2014	290.50	0.29	263.30	0.50
2015	482.70	0.39	455.90	0.8[illegible]
2016	607.10	0.36	576.90	1.04
2017	619.30	0.30	706.90	1.10

数据来源：中国银保监会。

个人住房抵押贷款的不良余额从 2012 年开始上升，从 2011 年的 192.2 亿元上升至 2017 年的 619.3 亿元，上涨幅度高达 2.2 倍，不可谓不惊人！虽然不良贷款比率没有变化。违约上升也可从房地产贷款侧面得到印证。其不良余额在 2017 为 706.9 亿元，比 2013 年增加了 492.50 亿元，上涨了 2.3 倍；不良贷款比率在 2017 年也有提高，由 2013 年的 0.48% 上升到 2017 年的 1.1%（见图 10.11）。

虽然缺乏金融机构住房抵押贷款表现方面的公开数据，但我们可以从其不良贷款数据中间接推断个人住房抵押贷款经营状况。中国银行业总贷款的 20% 左右是房地产贷款，而房地产贷款中大约有 67% 是个人住房抵押贷款。

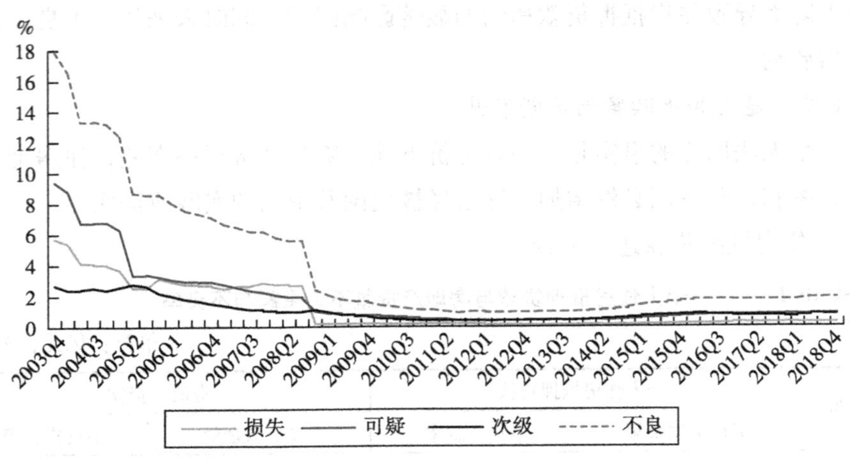

数据来源：中国银保监会。

图 10.11 商业银行不良贷款比率

商业银行不良贷款比率从 2012 年开始持续上升，由该年第一季度的 0.94% 上升至 2018 年第三季度的 1.87%；其中损失类和可疑类分别从 2012 年第四季度的 0.12% 和 0.41% 升至 2018 年第三季度的 0.27% 和 0.83%；次级类从 2013 年第一季度的 0.41% 升至 2018 年第二季度的 0.80%（见图 10.12）。

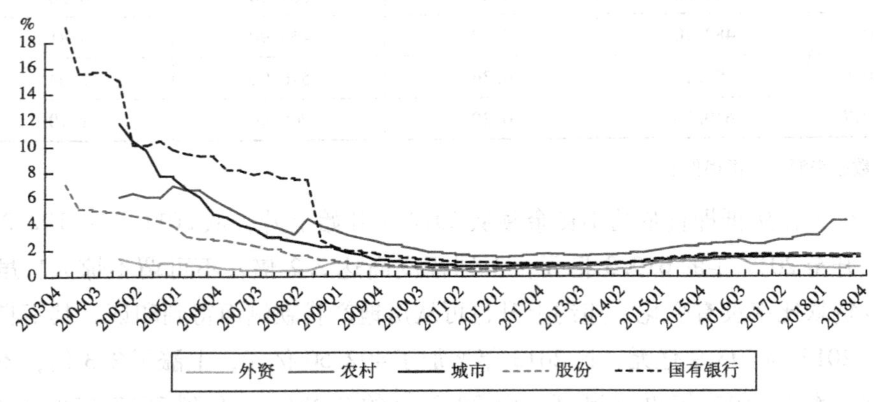

数据来源：中国银保监会。

图 10.12 不同类型商业银行不良贷款比率

不同类型商业银行的不良贷款比率同样持续上升。其中农村商业银行的不良比例最高，其次是国有银行，最低的是外资银行。股份制银行的不良率从

2011 年第二季度的 0. 6% 上升至 2017 年第三季度的 1. 76%；外资银行由 2011 年第三季度的 0. 4% 上升至 2015 年第四季度的 1. 41%；农村商业银行和城市商业银行分别从 2012 年第一季度的 1. 52% 和 0. 78% 上升至 2018 年第二季度的 4. 29% 和 2018 年底的 1. 79%；国有银行不良率从 2013 年第二季度开始上升，时间最晚，但到 2016 年第二季度已经达到 1. 69%（见表 10. 2）。

表 10. 2　　部分银行不良贷款余额及比率　　单位：亿元,%

年份	上饶银行		绍兴银行		杭州余杭农村商业银行		鄂尔多斯商业银行	
	余额	比率	余额	比率	余额	比率	余额	比率
2007	0. 78	2. 83	1. 92	1. 21	—	—	0. 10	0. 37
2008	0. 63	1. 82	5. 28	2. 84	2. 52	1. 99	0. 08	0. 18
2009	0. 43	0. 87	5. 22	2. 55	1. 96	1. 24	1. 45	1. 92
2010	0. 36	0. 52	4. 55	1. 94	1. 28	0. 68	1. 19	1. 26
2011	0. 23	0. 26	1. 59	0. 63	0. 75	0. 34	1. 88	1. 40
2012	0. 60	0. 55	3. 10	1. 16	1. 56	0. 62	1. 81	1. 28
2013	1. 10	0. 81	3. 64	1. 22	2. 70	0. 97	2. 48	1. 87
2014	2. 77	1. 55	5. 19	1. 56	5. 89	1. 88	3. 32	1. 88
2015	3. 88	1. 75	6. 24	1. 68	7. 03	1. 93	4. 63	2. 18
2016	5. 08	1. 85	7. 49	1. 73	7. 29	1. 80	7. 42	2. 48
2017	6. 64	1. 76	8. 43	1. 78	5. 72	1. 27	—	—

数据来源：中国银保监会。

具体到一些银行，可以看出那些地处房价上涨迅速然后跌幅过深的银行如鄂尔多斯市商业银行，其资产不良率在 2016 年高达 2. 48%，远高于城市商业银行的平均不良率水平。

2. 止赎案例攀升

止赎是“弃房断供”的结果，最早是随着 2011 年 9 月震惊全国的温州老板“跑路潮”开始进入公众视野的。温州当月新建商品住房价格月同比变化由最高涨幅 26. 1% 变成负值。接着，内蒙古鄂尔多斯、神木等地区房地产市场从 2011 年末开始陷入崩盘。相当多业主停止偿还住房抵押贷款，由此揭开了止赎的序幕。虽然“弃房断供”还未成为全国性普遍现象，但如果不予以重视，演变成类似美国的止赎危机并非耸人听闻。

温州原银监分局调查统计结果显示，2013 年，各类“弃房”案例 615 例，按揭贷款不良余额为 4.13 亿元。2013 年 8 月以来，温州“弃房”数量呈大幅增长趋势，至 2014 年 7 月底，温州处于不良状态的房屋为 2584 套，“弃房”数量已达 1107 套。而淘宝网数据显示，2015 年 2 月 5 日至 2015 年 8 月 31 日，在淘宝拍卖司法网上进行拍卖/变卖的房产多达 9164 套①，原告均是温州的银行。

无独有偶，其他不少地方也有类似问题。浙江杭州、江苏无锡、福建宁德、江苏新沂、河北邯郸、珠海、西安等地诸多违约而被银行起诉。苏州工业园区法院的数据显示，2014 年 1 月至 8 月，该院受理了 120 起银行向法院起诉个人住房贷款逾期不还案件，同比增加 68.7%，增幅之大近几年少见。由于违约引起房产拍卖案件激增，佛山市禅城区人民法院还专门于 2013 年 2 月成立金融专业审判法庭。禅城法院的数据显示，2013 年、2014 年因违约而被拍卖的现象到 2015 年日益突出。银行作为债权人申请司法拍卖的房产 2013 年有 125 处，2014 年飙升至 715 处，2015 年因不偿还银行借款而被法院司法拍卖的房产超过 1000 处。从 2019 年 1 月 1 日至 4 月 26 日，在淘宝拍卖司法网上进行拍卖/变卖的住宅用房多达 87823 套。

在中国被银行起诉止赎至少存在以下三个原因。

第一，主动违约。符合违约期权理论。与美国类似，一些买房不是自住而是投资，当预期房价下跌或者房价实际下跌到低于抵押贷款本息的时候，房屋变成“负资产”就会通过主动放弃偿还贷款来止损。呈现明显的投资性断供的证据是一人违约多套房的现象时有发生。具有弃房抵债明显意图的是违约被银行告到法院后缺席审判的比例较高，被告下落不明或经送达后拒绝出庭占 50% 左右。

第二，高风险违约。其风险堪比美国高风险贷款的。一些城市采取低首付等促销手段推动楼盘热销，一是吸引了不理性的炒房者趁机多套囤积，一旦有变故就会失去还贷能力，断供了之。二是导致部分还贷能力不足者盲目购房，在无法克服还贷压力的情况下只得选择违约。这些购房者之所以能够贷款还与银行对审贷不严有直接关系。很多银行在审核过程中往往打分不严、评估注

① http：//sf.taobao.com.

水，最典型的是对收入状况造假视而不见，导致其还款能力被虚假抬高，进而使得后期还贷面临压力。

第三，自住房陷入财务困境。一些刚需购房群体在遭遇家庭变故或超前消费时，贷款可能难以按时偿付，被迫违约。银行在加大收贷力度的背景下便起诉法院要求拍卖房子，收回贷款。

无论哪种原因导致的违约对银行乃至这个社会均造成了不小的损失，如果演变成全社会现象即出现止赎危机，后果将不堪设想。

对于借款人而言，从止赎案例看，不论是主动违约还是被动违约，结果都是损失惨重。不仅住房被银行止赎拍卖；而且损失了首付以及已经支付的贷款。止赎住房的拍卖价不仅一般会比市场价格低 10% 以上，而且相关的违约金、罚息、诉讼费、律师费、拍卖费等全都得支付。通常拍卖完的房子扣除费用后的净值可能只剩下市场价的一半。如果不足以抵付贷款余额，银行还会凭法院判决四处寻找其他财产，工资、存款等都可能会被银行划走。我国由于没有个人破产制度，法院判决进入执行程序后会终身有效，一辈子都得担心银行的追债。此外，逾期还款记录还会在征信系统，进而影响个人信用，对未来生活及商业活动形成诸多障碍，再想申请贷款甚至办理信用卡都可能被拒绝。

对银行来说，如果不按合同约定还款，在房价下跌背景下，就有可能无法全额获得所欠贷款，如果房屋是唯一居所，则法院没法执行。银行坏账风险上升，必然影响其经营绩效进而导致银行估值下跌。而且司法程序可能耗时耗力，特别是上市银行必须定期公布财务报表，银行的止赎过程会产生不良的市场反应。

更有甚者，如果不是一两个违约，而是像美国次贷危机期间一样有一两百万个乃至一两千万个违约，即便累垮银行、法院甚至保险公司，最终银行还是要因倒闭而清算资产。此时银行危机甚至金融危机难以避免，可能导致社会动荡，因为被止赎的住房太多，即使房价因供给巨增而非常便宜，也可能几乎找不到买方。

因此，为避免违约和止赎危机发生，现在就应该关注并防范违约和止赎危机的隐忧变成现实。（1）各地应该停止救“房价”，防止制造出更大的泡沫。在房价下跌过程中，几乎所有地方政府甚至中央政府都出台了拯救房价的政策，如 2015 年 4 月初，温州出台了《关于促进房地产市场持续平稳健康发展的若干意见》。美国和中国房价的经历表明，房地产泡沫最终都是要破灭的，只是时间迟还是早的问题，泡沫越大，破坏性越大。（2）采取措施限制房地产投机。包括提高房地产投资利润税率，尽快实现全国房地产登记系统联网，征收房产税。（3）改善还款的宏观环境。包括提高人均可支配收入，通过发展实体经济而非制造资产泡沫以提高就业水平。（4）限制高风险贷款。银行不应该为了暂时的业绩而放松贷前审查，包括审查配偶工作及收入的真实性，力避缺乏还贷能力的高风险，从而降低银行坏账增加的同时还要“被迫当房东”的风险。同时，对于资产状况不佳或地域性客户，应该要求提高首付，降低银行在止赎过程中出现更大损失。（5）要理性评估自身还款能力。应当有风险意识，有长远规划，正确评估自身的还款能力，避免在遭遇变故时丧失履约能力。万一确实还款出现困难，切忌撒手不管，应该积极与银行协商解决，如贷款展期，适当延长还款期限；调整还款合约如只还利息、暂缓本金等方式。美国的经验表明，正确的贷款调整方法可以显著降低再违约率，特别是更低的每月还款额能降低违约率。

四、美国政府干预违约和止赎的经验教训

由于美国政府在违约和止赎危机期间迅速介入，危机基本得到遏制，与其有效的做法干预措施有直接关系，包括有明确的干预目标及时机；救市并非救房价；救助对象是陷入困境中的低收入家庭；操作方案行之有效，同时防范道德风险；有激励机制，虽然缺少惩处机制；定期公布和曝光执行情况。这些经验教训值得中国借鉴。

（一）美国的干预成效

如果不包括住房可负担调整项目试行或永久调整已被取消的家庭，到2011年6月底为止奥巴马政府的住房可负担计划所帮助家庭的数量（包括超过80万个接受住房可负担再融资项目贷款的家庭）超过160万个。数据可能有些高估了被援助家庭的数量，因为房贷可负担计划中的一些项目（如二次抵押贷款项目和本金削减替代等）可能和住房可负担调整项目结合使用过，导致一些家庭得到不止一个项目的援助。不论这些细节，160万个家庭接受援助并非一个小数目。当然，其中一些家庭仍免不了以止赎告终。其他，尤其是一些住房可负担再融资项目的，是不可能以止赎告终的。

虽然从政治角度来看160万个家庭离住房可负担计划一开始的目标还相差很远，但其仍然成效显著。到2011年6月，住房可负担调整项目帮助获得可持续的永久调整数量不到80万个家庭。不仅如此，根据保守估计，一开始申请住房可负担调整的超过了300万个家庭，包括150万个家庭没有接受住房可负担调整项目的试行调整。当然，这些中的很多人不符合项目救助的条件，因为他们可能没有因大量贷款而破产（几乎有40万个家庭仍保持按期偿还贷款）或转换为永久调整的机会比较渺茫。一些接受了金融机构的非住房可负担调整项目的调整，虽然这种调整的获益和持续性不明确。研究表明，接受非住房可负担调整项目调整的再违约的比例较高（Agarwal et al.，2010）。尽管如此，申请者有大约300万个家庭。

如果用进入止赎程序的数量来保守估计防止止赎所需的服务，从2009年3月到2011年6月，房主居住的住房进入止赎程序的累计量估计超过530万个家庭。在这种情况下，少于80万个家庭的住房可负担调整项目的永久调整项目虽然看起来不是很多，但也不是个小数目。这里的住房可负担调整项目调整贷款的数量只包括接受永久调整的贷款，而不包括因试行调整失败或在永久性调整90天内违约而退出项目的。

除了接受永久调整的数量，其中有多少在更长时期能够持续下去？根据美国财政部的估计，住房可负担调整项目永久性调整的再违约率随时间降低，在第二年或更晚得到调整的贷款一年后再违约率倾向大约为15%，15个月后再违约率少于20%。不仅如此，调整贷款的性质和再违约率高度相关。偿付额减少50%或更多的住房可负担调整项目的调整贷款，其再违约率与偿付额减少20%以下的调整贷款26%的再违约率相比要低9个百分点。再违约率可能会超出15个月的时间继续积累，积累速度会随时间减小。总的来说，住房可负担调整项目的数据表明，在所有开始试行调整的项目中，只有远低于40%的在5年调整期内可以保持他们所持有的贷款。

不过，在止赎危机中，住房可负担调整项目用于为经济脆弱的破产家庭和服务。住房可负担调整项目所持有的所有贷款，无论在调整前还是调整后，其还款水平都非常高，在获得月债务收入比（每月包括贷款、信用卡、汽车贷款在内的贷款偿付额与每月总收入之比）降低15%之后，中值仍然达到61.7%。有超过一半的接受调整贷款的所持有的贷款在调整后的还款水平仍很高，希望其再违约率不高是不现实的。

此外，如果可以在住房可负担调整项目下保持 2～3 年就比止赎的情况好得多，在这一段时间内，可以大量减少贷款偿付额，可以待在家里并有时间寻找合适的机会搬家（包括寻找住房、学校等）。因此，可以从调整中获益，而原本应该被强制的搬家过程得以放缓，使其有更多的时间搬家并适应新环境。

住房可负担调整项目同样对减少或减慢止赎过程起到重要作用。在地区房价迅速下降时期，进入房地产市场的止赎住房的数量得到减少，并使住房处于使用状态，住房可负担调整项目对于稳定房价和减少空置住房流向社区和城市有着积极的影响（Hagerty，2010）。

原始房贷可负担计划中另一个关键的项目住房可负担再融资项目的目标是为贷款价值比超过 80% 的 400 万～500 万个家庭提供再融资机会。2011 年 5 月内，尽管美联储预计大约有 400 万个家庭符合条件，但只有大约 81 万个家庭的住房可负担再融资计划贷款得以发放（Duke，2011）。不仅如此，这些贷款中大约 93% 的贷款价值比在 80%～105%，符合原始的住房可负担再融资计划的处于很差的状态（贷款价值比在 105%～125%）。美联储解释了住房可负担再融资计划惠及的为什么没有预期多的原因（Duke，2011）。首先，政府支持企业向风险较高的再融资贷款收取较高的前端费用，风险因素就包括较高的贷款价值比。这些费用冲减了通过住房可负担再融资项目所获得的利益。其次，因为政府支持企业在止赎危机中变得更风险规避，更强烈地要求贷款机构再购买违反政府支持企业原则的贷款。这使得贷款机构变得更加风险规避，尤其是在包括较高的贷款价值比这样的高风险情况下。除此之外，有些次级留置权贷款持有者拒绝同意优级贷款的再融资，即使这样的再融资可能减少他们所持有的次级留置权贷款的风险。

（二）美国的经验教训

1. 政府干预的目标及时机应明确

首先，政府应该明晰在抵押贷款违约和止赎出现危机的情况下必须采取有效干预措施，因为如果止赎危机仅仅通过个人的力量来解决，其经济、社会成本将十分高昂。干预方案的设计要以降低贷款违约率、使资产的净值比止赎的净值高、尽量减少房屋空置为目标。与此同时，及早介入能够明显降低再次违约率，降低不必要的止赎所带来的强烈外部性。

可以设想，如果美国政府没有采取阻止危机进一步发展的一系列行动，不知道会有多少家庭被赶出房子，多少金融机构破产。美国在危机最严重的时候，次级贷款的逾期率高达30%，逾期90天及以上的比例超过18%。逾期90天及以上与止赎存量之和达到31%，浮动利率的次贷更是达到42.7%的惊人水平，也即近一半的选择严重违约。

其次，明晰干预目标。从借贷双方看，干预的方案应当使资产的净值比止赎高才可行。在该条件被满足的情况下，从社会的角度看，干预方案应当使那些受到止赎威胁的住房有人居住，通常情况下是希望原房主居住在其住房中。如果这样做已经不现实，住房应当通过卖空转手给新房主以避免空置。而对于止赎方案的设计，切记贷款调整应当以最小化违约率为目标。

最后，及时介入非常重要。能够减少不必要的止赎所带来的强烈外部性。美国的经验已经证明早介入可以大大降低再次违约比例。不少理论研究也提供了充分的证据，抵押贷款在出现违约后的最初几个月就制定及执行贷款调整，违约率会出现明显的改善。因此，当我们选择要对合适的执行贷款调整计划时，速度起到关键作用。不良贷款在及时进行贷款调整后的违约率要大大低于没有及时获得贷款调整的违约率。这一现象在FICO评分较低的贷款者身上尤为显著。然而美国在这方面做得还不够理想。在2008年的私人抵押证券贷款市场中，仅有5%的贷款调整是在违约出现超过12个月后进行的；然而在2012年这一数据跃升至超过40%。2011年7月，HAMP项目已经开始对调整更快的贷款给予更高补贴，但在违约一年以上方得到调整方案的比重仍在持续上升。

2. 救市并非救房价

美国政府之所以能够在不太长的时间内就在很大程度上控制和化解了违约与止赎危机，得益于其创新方法，多方综合治理。美国政府最值得称道的是遵循经济和效率原则，政府介入住房市场的方式采用的是市场化手段。同样是救房地产，美国主要针对的是居民住房抵押贷款的负担能力，扼制房地产泡沫，让居民获得负担得起的贷款，走出债务困境；而中国的救市政策很多是想办法让过高的房价或房地产泡沫持续，让居民进入高价房地产市场、成为几十年难以摆脱的房奴。在中国，只要房价稍一下跌，政府立即出台刺激房价上涨政策，如2009年年初、2012年年中以及2015年年初。中国这种救房价的方式使得房价越涨越高，但每次上涨的幅度开始变小，每次下跌的幅度开始加大。这意味着越吹越大的房地产泡沫总有一天会破灭，那时候必将付出更高代价。

美国在经济危机时期重点解决居民住房抵押贷款负担能力除了对贷款条款进行调整外，还提供政府担保的低利息长期贷款。2009 年与 2006 年相比，HMDA 报告的常规购房贷款总量下降了 77%，而政府担保购房贷款量却达到原来的 3 倍；政府担保购房贷款占全部贷款的 48%，几乎是半壁江山。对于 1~4 居户自住住房的购房贷款，常规商业贷款的市场份额由 2005 年的 91.17%，下降到 2009 年的 46.13%，而 FHA 担保贷款分别从 2005 年的 6.15% 升至 2009 年的 41.58%，全部政府担保贷款所占市场份额在 2009 年高达 54%，超过了常规市场贷款的份额。

因此，中国应该学习借鉴美国救市并非救房价这一遵循市场规律同时又救生民于困境的经验。

3. 救助对象是陷入困境的低收入家庭

许多在危机中受到沉重打击的中低收入家庭获得政府救助。美国政府则希望通过救助以帮助这些处于困境又希望保住住房的家庭免被无情地逐出市场，这与历届政府在解决中低收入阶层的住房问题上承担重要的社会和经济责任一脉相承。美国是崇尚市场经济的国家，政府很少直接干预经济事务，但在住房领域却是例外。

次贷危机期间所实施的住房可负担计划（MHA）项目（包括住房可负担调整项目和住房可负担再融资计划及其辅助性项目）就是为经济脆弱的破产家庭服务的。社区稳定计划（包括三个阶段的 NSP1、NSP2 和 NSP3）也是如此，以防止并减少止赎以及降低止赎住房对社区产生的不良影响。

救助陷入困境的低收入家庭主要由 FHA 负责实施。早在 2007 年 8 月，布什政府宣布实施 FHASecure 计划，帮助数十万陷入债务困境的特别是低收入和少数民族家庭避免住房被止赎。该产品将 FHA 的担保范围扩展至为信誉良好但在初始固定利率调整为浮动利率后无法支付月供的购房者提供再融资。其主要规定包括：（1）积欠的还款额必须是由于利率调整所形成；（2）在利率调整前必须至少按期支付六次贷款；（3）FHASecure 不适用于其他 FHA 贷款，同时要求贷款人必须有至少 3% 的自有资金；（4）FHASecure 贷款上限因地区不同而有所调整，最高可达362790美元。2008年3月，FHA临时提高了贷款限额直到该年底，以使低收入家庭能够购买或通过再融资支付得起住房贷款。该临时限额从271050美元到729750美元。2008年7月，FHA扩大FHASecure范围，帮助拥有可调整利率次级抵押贷款的购房者，在过去12个月内最多有3个月没有能力按月还贷。如此一来，符合条件的通过FHA进行再融资且贷款机构愿意冲销未清偿次级抵押贷款本金余额而保住住房。2008年7月底，布什总统签署了住房救援法案，支持FHA继续为目标住房所有者提供资助。该法案允许陷入还款困境的一些通过FHA保险的抵押贷款再融资而能够负担得起每月的还款额。FHA将为新贷款提供最高3000亿美元的再融资贷款提供保险，把陷入流动性困境的住房所有者无力按月缴纳的房贷转换成30年固定利率的贷款避免住房被收回。当然，需在开始时支付全部抵押贷款3%的保费以及每年支付未清偿贷款1.5%的保费。FHA所产生的任何额外费用均由房利美和房地美支付。HUD、财政部、FDIC和联储将组成由国会授权的理事会一起确定额外计划标准。这一计划实际上是帮助不想失去住房而又负担不起月供的低收入家庭而非投机者，对救助对象有严格限制。FHA只允许具有FHA担保按揭贷款资格的业主参与。此外，还必须符合以下条件：（1）抵押行为发生于2008年1月1日或其之前；（2）抵押债务收入比至少为31%；（3）还不起当前贷款；（4）并非故意违约；（5）没有第二套住房。新计划下的FHA保险贷款的特征有：（1）30年固定利率按揭；（2）贷款—价值比超过90%；（3）无预付款罚金；（4）抵押额不超过550440美元；（5）新房由FHA认可的估价师进行估价。当然贷款银行并没有被强制要求参与该还贷重组计划。FHA继续给予贷款机构是否行使止赎权的自由。与此前扩大FHA担保类似，鼓励贷款机构冲销未清偿按揭贷款本金余额至房屋重估价值的90%。该做法的成功之处在于许多情形下减少的本金比收回住房抵押权给贷款机构带来的相关损失要低。事实上，贷款机构本身也正在积极寻求各种不同办法尽力将部分房产从止赎边缘拉回来以减少自身损失。

这项还贷重组计划实施期为2008年10月1日至2011年9月30日。从2007年9月至2008年6月，FHA对930多亿美元的抵押资本进行了担保。从2007年9月至2008年7月，FHASecure已帮助了30万个家庭获得更安全、更易于偿付的抵押贷款，到2008年底，这一数字将达到50万个。据美国国会预算办公室的估计，该计划能帮助 50 万个家庭为总额 850 亿美元的贷款进行再融资。

4. 操作方案要行之有效

只有采取行之有效的方案才能够达到缓解违约和止赎问题。就美国的经验来看，正确的贷款调整方法可以显著降低再违约率，特别是更低的每月还款额能降低违约率，而本金削减的效果则更为明显。

有效的操作方案是通过设定合理的贷款结构以最小化再次违约的可能性。在次贷金融危机发生后，美国政府费尽周折希望能提升防止赎措施的实行率。布什政府采用了一个倚仗金融机构自觉自愿的方案，理所当然失败了。2008 年，大型银行在 12 个月中，逾期超过 60 天的再违约率高达 58%。此后，金融机构和决策者重新调整了方案以降低再违约的风险，在此后几年，再违约率稳步下降，2011 年的贷款调整后，再违约率降到了 23%，较 2008 年下降 60%。

降低月供已经被证明是干预措施方案成功的关键。通过观察比照可以发现，降低月供的不同手段也会对违约率有所影响。具体来说，本金削减相比降低利率会带来更低违约率。

2008 年，大部分的贷款调整都将逾期进行资本化，并没有采取降低每月还款额的其他措施。White（2009a，b）的研究发现，超过 2/3 的贷款调整增加了每月的还款额和本金，主要手段是引入延期利息和滞纳金。平均每笔贷款的本金增加高达 10800 美元。波士顿联邦储备银行一项研究证实了 White 的观点（Adelino 等，2009）。直至 2008 年底，增加本金的贷款调整方案仍然占据大多数。这样的资本化贷款调整方案到 2008 年第四季度为止占到总量的 61.5%，利率下降的方案占到 26.7%，本金削减的方案十分罕见，仅占 1.4%。到 2009 年，Ocwen Loan Servicing，LLC 和 Litton Loan Servicing LP 是仅有的两家提供本金削减的金融机构。10 大最大存款机构在 2008 年 1 月到 2009 年 5 月提供的 HAMP 之前的贷款中，只有资产组合贷款可以实行本金缓交，而其他的私人发行的证券化贷款是不可以的。然而在资产组合贷款中，只有 3% 的资产组合贷款调整包含本金缓交，仅 1% 实行本金减计。对于私人证券化贷款，利率缩减的幅度要大于银行持有的贷款；GSE 和私人证券化贷款相较银行持有的贷款更有可能将拖欠的贷款利息进行资本化。超过 98% 的 GSE 和 FHA 贷款调整将拖欠的款项进行资本化。而资本化增加了每月还款额。对于存在现金流问题的借款人来说，很多的贷款调整都不成功。

相对而言，贷款调整降低每月还款额，不论是通过降低利息、减少本金还是延长还款时间，均可以切实降低违约率。Adelino 等（2009）的研究发现，降低还款额可以降低 20% ~40% 的再违约率；Agarwal、Amromin 和 Ben - David（2011）认为月还款额每降低 10%，60 天以上的逾期率在平均 49% 的基础上降低 4.3%；Haughwout、Okah 和 Tracy（2010）的结论类似，认为月还款额每降低 10%，90 天以上违约率降低 8%；Quercia 和 Ding（2009）则发现，对于 Columbia Collateral File 公司 2008 年第二季度私人担保证券化贷款，降低月还款额的 30% ~40% 能够降低 30 天以上逾期率达 18%。可见，降低利率的方案较之将逾期贷款资本化的方案表现明显要更好，利率削减的幅度越大，违约率也越低。本金削减是违约率最低的一项措施，或许是因为这种措施不仅减少了每月还款额，同时也缓解了负资产的现象。

基于此，降低贷款利率、削减本金及本金缓交措施非常受欢迎。根据 OCC 的估计，在 HAMP 引入后，降低利率的贷款调整数量显著增加，最高曾达到 84%，在 2011 年和 2012 年略有下降。同时，本金削减和本金缓交的比例也大幅上升，尽管绝对水平仍然较低。到 2012 年第三季度，17.1% 贷款调整削减了本金，19.1% 采用了本金缓交。该趋势在私人标签贷款中尤其明显，两者分别占 38.0% 和 28.2%，总占比达到 2012 年第三季度贷款调整总量的三分之二。相对地，在资产组合贷款中，本金削减占到了所有贷款调整的 37.8%，本金缓交占到了 8.4%，总额达 46.2%。而房利美和房地美则没有实行任何本金削减措施。

5. 防范道德风险

在明确政府干预目标、有效的救助方案后，还应该通过制度设计防范道德风险。

有些金融机构特别是房利美和房地美及其监管部门 FHFA 不愿意参加削减本金计划，认为本金削减会导致本身可以还贷的通过策略性违约以降低还款额。截至 2012 年 6 月 30 日，1008 万美元（超过总量的五分之一）的贷款低于房价，这还是相较上季度有所缓和的情况下的统计结果。

就美国来看，道德风险问题在现实中确实存在，例如，Guiso、Sapienza 和 Zingales（2009）估计有 26% 的贷款是策略性违约。但还应该看到，绝大多数负资产并没有违约。以2012年第二季度为例，近85%的负资产仍然在偿付他们的贷款。此外，大部分由于现金流出现困难而违约，而非策略性违约。研究证实，负资产仍然不愿意停止偿还贷款直到套牢程度非常深，这也是道德力量带来的结果，因为那些违约的负资产将至少在几年内受到信用记录损害的困扰。

事实上，任何形式的政府救助都可能在一定程度上触发道德风险。如果道德风险的确是不可忽视的隐患，就贷款调整来看，金融机构同样会抗拒利率削减。此外，该观点没有考虑到减少影子住房存量对社会的收益，如果本金削减使用得当可以缓解因负资产而触发策略性违约行为的发生。

既然如此，在政府干预无疑义的情况下，对于切实可行的方案如美国的本金削减方案可以采用阻止在本金削减时出现道德风险的措施。一种方法是将本金削减提供给那些财务困难家庭而非策略性违约者。HAMP项目就是这样做的，将本金削减与其他的HAMP贷款调整提供给那些能证明其财务有困难的。另外一种方法是将本金削减措施限制为提供给那些在本金削减计划开展前有过违约记录的人。类似地，将本金削减措施提供给FICO得分较低的家庭可以缓解道德风险，因为信用分数更高的相比信用分更低的更有可能策略性违约。另外，也有办法通过设计与改进本金削减措施和细则以防止策略性违约。例如，特殊金融机构Ocwen在其贷款调整中设计了一些特殊条款以减少负资产出现道德风险。首先，Ocwen将所有贷款的现值先打九五折以使资产为正，原因是在净资产为正时更不容易违约。其次，只要持续还款，Ocwen在三年内削减本金总额的三分之一。最后，必须与投资者分享未来住房上涨幅度的25%，以防止策略性违约的可能。

6. 要有合适的激励和惩处机制

美国的经验和教训告诉我们，金融体系对于采取合适的止损措施有着内生障碍。因此，需要建立合适的激励机制鼓励金融机构对其贷款组合进行调整，同时还要有惩处制度。

金融机构更愿意处理和批准NPV为正的贷款，能帮助在未来免于崩盘之灾。但对于NPV为负的贷款则几乎没有多少积极性。因此，应当增加其对不良贷款执行止损计划的激励。

美国的HAMP就是想要通过补助来扭转现有体制下金融机构对于止赎操

作的偏好。贷款机构削减本金的趋势部分是由 HAMP 提供的更大激励幅度所带来的。自 2010 年 3 月起，HAMP 开始为执行本金削减和处理次级留置权的金融机构给予奖励。为了鼓励机构执行本金削减方案，联邦政府将承担本金减免的 10% ~21%。在 2012 年 1 月，联邦政府将政府的承担比例提高到 63%。在这些措施的鼓励下，该自愿项目最终得以付诸实践。在 2012 年 11 月，除 GSE 贷款之外 77% 符合条件的贷款案例得到了本金削减。

始于 2012 年 3 月的 250 亿美元的州政府及联邦政府的抵押贷款一揽子拯救计划进一步增加了本金削减的激励幅度。在该计划中，五大金融机构美国银行、摩根大通、富国银行、花旗集团及联合金融集团同意签约总额至少达到 100 亿美元的本金削减计划以拯救那些逾期未付及已经违约的。2012 年，一些达不到 HAMP 标准的非 PRA 的本金削减的数量出现上升，这种上升八成与该一揽子方案有关。截至 2012 年 12 月 31 日，五大金融机构报告了 60.4 亿美元的优先留置权贷款的本金削减，以及 116 亿美元的第二留置权的本金削减。超过 25000 名其他在优先留置权贷款调整的试行期，如果成功的话，将会带来额外的 34.9 亿美元的本金削减。随后这一进程进一步发展，因为 2013 年 1 月联邦银行监管机构又与受止赎危机影响最大的 10 家金融机构签订了价值 85 亿美元的一揽子救市计划，它们是 Aurora、美国银行、花旗银行、摩根大通、MetLife 银行、PNC、Sovereign、SunTrust、U.S. 银行与富国银行。在该方案中，银行投入 52 亿美元用于贷款调整。

然而，尽管在奥巴马政府为 HAMP 中的参与者提供补助激励后，该计划起色不少，但仍然低于政府的预期。这或许意味着补助本身并不足以帮助我们将止损操作的实行率提升到一个理想的水平上，还需要相应的惩处制度。

对于财政部调动所有金融机构大力实行住房可负担调整项目所取得的有限成果，金融机构不同的行为就有所反映。从 2010 年 6 月 1 日实行试行调整开始，几家最大的金融机构从试行调整到永久调整的转换率在 62% ~88%。虽然转换率可能会因为接受试行调整的风险有所不同，但有些专门从事次级抵押贷款的金融机构，比如欧克文转换率就相对较高。除此之外，一些较小的金融机构在实行本金削减时比大的金融机构力度更大。不仅如此，在分析非住房可负担调整项目时，Agarwa 等（2010）发现即使将大量贷款和特征考虑过去，调整行为还是和金融机构密切相关。这也许可以用金融机构的组织文化或其他特征来解释。

房贷可负担计划很少对金融机构实行制裁。尽管从项目实行开始对金融机构的批评从没有停止过，但美财政部有两年多时间没有对金融机构不遵守住房可负担调整项目规则的行为施加制裁。在早先的报告中财政部表示他们没有能力实施处罚。然而，2011 年财政部称撤销对住房可负担调整项目中的三家最大的金融机构美国银行、摩根大通和富国银行的财务奖励，这一制裁本身威慑力就不大，是项目实施以来的第一个制裁措施。

缺少处罚的问题不只是住房可负担调整项目，在重灾区基金项目中，几个州设计了包含资助本金削减的项目，在这个项目中重灾区基金以 1:1 的比例为缩减的本金提供资金（Immergluck, 2010）。然而，大金融机构以及政府支持企业抗拒这一项目。一开始财政部鼓励各州开发此类重灾区基金计划内的项目，但是得知金融机构和政府支持企业受到阻碍后，美财政部就不再考虑这些项目，而几个州却还在继续坚持（Weise, 2010）。不仅如此，在重灾区基金后来几轮的资金划拨中，财政部要州政府在向其提出由重灾区基金提供资金的项目前应该想办法使金融机构能够接受。

7. 执行情况要定期公布和曝光

定期公布和曝光干预计划的执行情况不仅有助于公众了解和监督，防止暗箱操作和官员腐败，有助于约束金融机构，同时还具有信息传播和示范效应。

各家金融机构案例操作成功率的不同意味着提高金融机构参与透明度的重要性。HAMP 项目会公布各个大型的金融机构的止损操作的月度统计数据。此外，HAMP 会对各家机构的合规性进行审计，并对表现不好的机构公开点名批评。这些做法通过定期公布和曝光各家金融机构的参与状况本身也促使其提高各自的操作规范度。

透明性的另一大重要价值是传播信息和操作示范。在有关美国不同操作技巧对违约率影响的研究问世之后，金融机构开始更多采用更为成功的操作方式。如果能够对定期公布的信息建立详尽的统计数据库和案例库将有助于学者更深入地开展这方面的研究。

参考文献

[1] 崔新明．住宅抵押贷款的融资效应对住宅需求价格的影响［J］．金融研究，2003（6）．

[2] 李晓广．我国股票市场与国际市场的联动性研究——对次贷危机时期样本的分析［J］．国际金融研究，2008（11）．

[3] 穆西安．次贷危机对国家金融安全体系建设的启示［J］．中国金融，2009（3）．

[4] 吴念鲁等．美国次级抵押贷款危机的警示与思考［J］．金融研究，2007（12）．

[5] 杨建莹，钱皓．商业银行抵押贷款问题调查［J］．金融研究，2008（3）．

[6] Adelino, Manuel, Kristopher Gerardi, and Paul S. Willen, 2009. "Why Don't Lenders Renegotiate More Home Mortgages? Redefaults, Self – Cures, and Securitization." Federal Reserve Bank of Boston Public Policy Discussion Papers 2004 – 2009.

[7] Agarwal, Sumit, Gene Amromin, and Itzhak Ben – David. The Role of Securitization in Mortgage Renegotiation." Working Paper 2011 – 2. Columbus, OH: Charles A. Dice Center for Research in Financial Economics, March 2011

[8] Apgar, W. 1989. The State of the Nation's Housing: An Update. Cambridge, MA: The Joint Center for Housing Studies, Harvard University.

[9] Ashley N. Arnio, Eric P. Baumer, Kevin T. Wolff, 2015. The contemporary foreclosure crisis and US crime rates, Social Science Research 49, 288 – 298.

[10] Campbell, T., and J. Dietrich. 1983. The Determinants of Default on Conventional Residential Mortgages. Journal of Finance 38 (5): 1569 – 1581.

[11] Clauretie, T. M. 1987. The Impact of Interstate Foreclosure Cost Differences and the Value of Mortgages on Default Rates. AREUEA Journal 15 (3): 152 – 167.

[12] Clauretie, T. M. 1990. A Note on Mortgage Risk: Default vs. Loss Rate. AREUEA Journal 18 (2): 202 – 206.

[13] Cohen, Lawrence, Felson, Marcus, 1979. Social change and crime rate trends: a routine activity approach. Am. Sociol. Review. 44 (4): 588 – 608.

[14] Cunningham, D., and C. Capone. 1990. The Relative Termination Experience of Adjustable to Fixed – Rate Mortgages. The Journal of Finance 45 (5): 1687 – 1703.

[15] Epperson, J., J. Kau, D. Keenan, and W. Muller. 1985. Pricing Default Risk in Mortgages. AREUEA Journal 13 (3): 152 – 167.

[16] Evans, R. D., B. A. Mans, and R. I. Weinstein. 1985. Expected Loss and Mortgage Default Risk. Quarterly Journal of Business and Economics 24: 75 – 92.

[17] FHA Refinance, http://www.bdnationwidemortgage.com/fha – refinance.html.

[18] Foster, C., and R. Van Order. 1985. FHA Termination: A Prelude to Rational Mortgage Pricing. AREUEA Journal 13 (3): 273 – 291.

[19] Foster, C., and R. Van Order. 1984. An Option Based Model of Mortgage Default. Housing Finance Review 3 (4): 351 – 372.

[20] Giliberto, S. M., and A. L. Houston. 1989. Relocation Opportunities and Mortgage Default. AREUEA Journal 17 (1): 55 – 69.

[21] Green, J., and J. Shoven. 1986. The Effect of Interest Rates on Mortgage Prepayments. Journal of Money, Credit and Banking 18 (1): 41 – 59.

[22] Haifeng Zhang and McCord, Eric S., 2014. A Spatial Analysis of the Impact of Housing Foreclosures on Residential Burglary, Applied Geography 54, 27 – 34.

[23] Haughwout, Andrew, Ebiere Okah, and Joseph Tracy. Second Chances: Subprime Mortgage Modification and Redefault. Federal Reserve Bank of New York

Staff Report no. 417. August 2010.

[24] Hendershott, P. , and R. Van Order. 1987. Pricing Mortgages: An Interpretation of the Models and Results. Journal of Financial Services Research 1: 77 - 111.

[25] Herzog, J. P. , and J. S. Earley. 1970. Home Mortgage Delinquency and Foreclosure. New York: National Bureau of Economic Research.

[26] Hope Now Alliance, http: //www. hopenow. com/.

[27] Ingrid Gould Ellen, Johanna Lacoe, Claudia Ayanna Sharygin, 2013. Do foreclosures cause crime, Journal of Urban Economics 74, 59 - 70.

[28] Jackson, J. , and D. Kasserman. 1980. Default Risk on Home Mortgage Loans: A Test of Competing Hypotheses. Journal of Risk and Insurance 3: 678 - 690.

[29] John R. Hipp, Alyssa W. Chamberlain, 2014. Foreclosures and crime: A city - level analysis in Southern California of a dynamic process, Social Science Research.

[30] Jung, A. 1962. Terms on Conventional Mortgage Loans on Existing Homes. Journal of Finance 17: 432 - 43. Kau, J. , D. Keenan, and T. Kim. 1991. Default Probabilities for Mortgages. Department of Insurance, Legal Studies and Real Estate, Terry College of Business, University of Georgia. Mimeo.

[31] McFadden, D. 1973. "Conditional Logit Analysis of Qualitative Choice Behavior." In Frontiers in Econometrics, edited by P. Zarembka. New York: Academy Press.

[32] Morton, T. G. 1975. A Discriminant Function Analysis of Residential Mortgage Delinquency and Foreclosure. AREUEA Journal 3 (1): 73 - 90.

[33] NCSL (National Conference of State Legislatures). 2007 Enacted Foreclosure Legislation, http: //www. ncsl. org/research/financial - services - and - commerce/foreclosures - 2007 - enacted - legislation. aspx.

[34] NCSL (National Conference of State Legislatures. Foreclosures 2011 Legislation, http: //www. ncsl. org/research/financial - services - and - commerce/foreclosures - 2011 - legislation. aspx.

[35] Office of the Press Secretary. Fact Sheet: The Mortgage Forgiveness Debt Relief Act of 2007, 2007 - 12 - 20, http: //georgewbush - whitehouse. archives. gov/news/releases/2007/12/20071220 - 6. html.

[36] Page, A. 1964. The Variation of Mortgage Interest Rates. Journal of Business 37 (3): 280 - 294.

[37] Price Waterhouse. 1990 (June). An Actuarial Review of the Federal Housing Administration's Mutual Mortgage Insurance Fund. Washington, DC: Price Waterhouse.

[38] Quercia, Roberto G. and Lei Ding, 2009. "Loan Modifications and Redefault Risk: An Examination of Short - Term Impacts." Cityscape 11 (3): 171 - 194.

[39] Quigley, J. 1987. Interest Rate Variations, Mortgage Prepayments and Household Mobility. Review of Economics and Statistics 119 (4): 636 - 643.

[40] Quigley, J. M., and R. Van Order. 1991. Defaults on Mortgage Obligations and Capital Requirements for U. S. Savings Institutions: A Policy Perspective. Journal of Public Economics 44 (3): 353 - 370.

[41] Quigley, J. M., and R. Van Order. 1992. More on the Efficiency of the Market For Single Family Homes: Default. Center for Real State and Urban Economics. University of California, Berkeley. Mimeo.

[42] Sandor, R., and H. Sosin. 1975. The Determinants of Mortgage Risk Premiums: A Case Study of the Portfolio of A Savings and Loan Association. The Journal of Business 48 (1): 27 - 38.

[43] Shaw, Clifford R., McKay, Henry D., 1972. Juvenile Delinquency and Urban Areas, rev. ed. University of Chicago Press, Chicago.

[44] SIGTARP, August 1, 2011. Special Investigator General for the Troubled Asset Relief Program, Quarterly report to Congress.

[45] Simons, R. A. 1990. Borrower Net Equity as a Decision Variable in Industrial Mortgage Default: The Experience of Subsidized Borrowers in New York State. Ph. D. diss., University of North Carolina at Chapel Hill.

[46] Spelman, William, 1993. Abandoned buildings: magnets for crime? J.

Crime Justice 21 (5): 481 -495.

[47] U. S. Federal Housing Administration. 1963 (January). FHA Experience with Mortgage Foreclosures and Property Acquisitions. Washington, DC: U. S Government Printing Office.

[48] U. S. Housing and Home Finance Agency. 1963 (June). Mortgage Foreclosures in Six Metropolitan Areas. Washington, DC: U. S. Government Printing Office.

[49] U. S. Savings and Loan League. 1964. Anatomy of the Residential Mortgage. Chicago.

[50] U. S. Veterans Administration. 1962 (April). Report on Loan Service and Claims Study. Washington, DC: U. S. Government Printing Office.

[51] Van Order, R. 1990. The Hazards of Default. Secondary Mortgage Markets Fall: 29 -31.

[52] Vandell, K. 1978. Default Risk Under Alternative Mortgage Instruments. Journal of Finance 33 (5): 1279 -1296.

[53] Vandell, K., and T. Thibodeau. 1985. Estimation of Mortgage Defaults Using Disaggregate Loan History Data. AREUEA Journal 13 (3): 292 -316.

[54] Vandell, K., W. Barnes, D. Hartzell, D. Kraft, and W. Wendt. 1991. Commercial Mortgage Defaults: Proportional Hazards Estimation Using Disaggregate Pooled Data. Department of Real Estate and Urban Land Economics, University of Wisconsin – Madison. Mimeo

[55] von Furstenberg, G. 1969 (June). Default Risk on FHA – Insured Home Mortgages as a Function of the Term of Financing: A Quantitative Analysis. Journal of Finance 24: 459 -477.

[56] von Furstenberg, G. 1970a. Interstate Differences in Mortgage Lending Risks: An Analysis of Causes. Journal of Financial and Quantitatiue Analysis 5: 229 -242.

[57] von Furstenberg, G. 1970b. The Investment Quality of Home Mortgages. Journal of Risk and Insurance 37 (3): 437 -445.

[58] von Furstenberg, G., and R. J. Green. 1974 (December). Home Mort-

gages Delinquency: A Cohort Analysis. Journal of Finance 29: 1545 -1548.

[59] Webb, B. G. 1982. Borrower Risk Under Alternative Mortgage Instruments. Journal of Finance 37 (1): 169 -183.

[60] White, Alan M, 2009a. Deleveraging the American Homeowner: The Failure of 2008 Voluntary Mortgage Contract Modifications. Connecticut Law Review 41 (4): 1107 -1131.

[61] White, Alan M, 2009b. Rewriting Contracts, Wholesale: Data on Voluntary Mortgage Modifications From 2007 and 2008 Remittance Reports. Fordham Urban Law Journal 36 (3): 509 -535.

[62] Williams, A. O. , W. Beranek, and J. Kenkel. 1974. Default Risk in Urban Mortgages: A Pittsburgh Prototype Analysis. AREUEA Journal 2 (2): 101 -102.

[63] Wilson, James Q. , Kelling, George L. , 1982. The police and neighborhood safety: broken windows. Atlantic Mon. 127, 29 -38.

[64] Zorn, P. , and M. Lea. 1989. Mortgage Borrower Repayment Behavior: A Microeconomic Analysis with Canadian Adjustable Rate Mortgage Data. AREUEA Journal 17 (1): 118 -136.

后　记

本书是国内第一本系统研究美国住房抵押贷款违约与止赎问题的专著，凝聚了作者近十年的心血，终于得以出版面世。作为国家社科基金优良项目成果，真可谓十年磨一剑。

美国拥有世界上最发达的住房抵押贷款市场和完善的住房抵押贷款制度。一方面，住房抵押贷款业务的创新发展在实现“居者有其屋”的美国梦中发挥了基础性推动作用；另一方面，美国住房抵押贷款的违约与止赎问题曾经也非常突出，甚至发生了21世纪以来全球唯一的次级住房抵押贷款危机，给美国经济社会发展乃至全球金融市场带来严重冲击。如今经过十年努力，美国已经走出了次贷危机阴影，但是美国住房抵押贷款违约与止赎问题却给包括中国在内的全球新兴经济体敲响警钟，留下了丰富的可资借鉴的研究资源。

与美国相比，中国住房抵押贷款市场起步晚，发展相当滞后，品种少、结构单调、制度薄弱，而且违约率正在上升，止赎案例近些年来经常发生，存在不断攀升的风险。如何发挥后发优势，吸取美国经验教训，更好地防范和控制住房抵押贷款违约和止赎风险，以充分发挥该市场在新时代中国经济转型升级和人民美好生活创造中应有的积极作用已刻不容缓。我们坚信本书的问世无论对中国住房抵押贷款市场健康发展还是对带动相关研究发展均具有重要的引领作用。

在此，我们要特别感谢上海社科院应用经济研究所的杨咸月研究员，他对本书的出版做了大量工作，直接参与到本书的形成工作之中。从选题到提纲、从文献查阅到写作等的每个环节都倾注了他大量心血。其次要感谢复旦大学经济学院的姜波克教授、陈学彬教授、庄起善教授、张晖明教授、严法善教授、张军教授、刘红忠教授、陈诗一教授、陈钊教授、田素华教授、沈国兵教授、封进教授、范剑勇教授、程大中教授、王弟海教授、寇宗来教授、张宗新教授、刘庆富教授等，好友张徐乐教授，上海财经大学的柳永明教授、刘莉亚教授、徐龙炳教授和陆蓉教授，芝加哥大学的何治国教授，美国埃默里大学的师弟陈凯迹教授。他们学识渊博、眼界宽广、敏捷而睿智，是我的良师益友，更是我学术不断精进的一个动力之源。

最后要特别感谢中国金融出版社王效端主任和编辑肖丽敏老师。写一本好书难，出一本好书更难。本书得以出版，完全得益于她们的支持和帮助。

何光辉
2019 年 10 月